외우지 않고 재밌게 연습하는

Unique English Conversation

Jonghap Books

오석태

학력: 한국외국어 대학교 한국어교육, 영어 전공

경력: 전) SBS TV, KBS TV, MBC TV, EBS TV 그리고 케이블
　　　　　TV에서 영어프로그램 진행
　　　전) SBS Radio, CBS Radio, MBC Radio, KBS Radio, EBS
　　　　　Radio 등에서 영어프로그램 진행
　　　전) 이화여자대학교, 한국 루터대학교 영어과 강사 및 교수
　　　현) 곰국영어 컨텐츠 대표

저서: 프랙티컬 영어독해(종합출판ENG),
　　　2030 영어회화(종합출판ENG) 외 다수

외우지 않고 재밌게 연습하는
독특한 영어회화

발 행 일	2020년 11월 27일 (초판1쇄)
저 자	오석태
발 행 인	문정구
발 행 처	종합출판 | EnG

출판등록　1988. 6. 17　제 9 -175호
주　　소　04002 서울시 마포구 월드컵북로5길 65 주원빌딩 4층
홈페이지　www.jonghapbooks.com
전자메일　jonghap@jonghapbooks.com
대표전화　02-365-1246
팩　　스　02-365-1248

ISBN 978-89-8099-731-2　13740
낙장 및 파본은 바꾸어드립니다.

첫머리에

    이 책을 통해서 어떤 변화를 경험할 수 있는지를 알아차려야 합니다. 겉모습으로는 사람의 진짜 모습을 알 수 없습니다. 그 사람의 본성을 알아 내려면 내면을 봐야 합니다. 이런 말이 있습니다. Beauty is fleeting, but character is forever.(아름다움은 덧없음이요 본성은 영원하다.) 이 책의 본질을 이해하십시오. 이 책에 담긴 제 영혼을 느끼셔야 합니다. 그러기 위해서 이 책을 소리 내서 읽고 또 읽으셔야 합니다. 그래서 여러분의 것으로 완전히 소화하셔야 합니다.

    이 책은 영어회화 책입니다. 대화에 의존하고 패턴에 의존하는 여느 형식적인 회화 책들과는 다릅니다. 근본적으로 다릅니다. 이 책은 영어를 이해할 수 있게 만들어주는 책입니다. 영어는 출발입니다. 영어에 암기는 없습니다. 언어는 암기가 아니라 이해입니다. 평생을 살면서 우리는 대한민국의 우리말, 한글을 한 번도 암기해본 적이 없다는 사실을 아십니까? 미국인들은 영어를 암기했을까요? 아니요, 어느 나라 국민도 모국어를 외우지는 않습니다. 그런데 왜 외국어를 공부할 때는 무조건 외우려고 합니까? 아닙니다. 외우는 게 아닙니다. 영어는 이해가 출발입니다. 그리고 나서 그 말을 자연스럽게 구사하기 위해서 읽는 연습을 하는 것입니다. 그게 전부입니다. 그 전부가 있을 수 있도록 초기의 확실한 근거를 제공해주는 책, 바로 「독특한 영어회화」입니다.

제가 여러분께 드리는 선물, 「독특한 영어회화」입니다.

    Let the character of this book change your life. Don't lose this opportunity. Fix your mind on this book and find yourself buried in here. Success is in the air. Breathe success all around you.

오 석 태

구성 및 특징

1. 〈독특한 영어회화〉는 하루 30개의 실용회화표현을 50일에 걸쳐서 공부하게 되어 있으며, 총 1,500개의 표현을 담고 있습니다.

2. 이 1,500개의 표현은 두 가지 설명 방법을 적용하여 크게 두 개의 Part로 나뉘어져 있습니다.

3. Part Ⅰ은 1일부터 25일까지로 표현에 대한 자세한 해설로 꾸몄으며, Part Ⅱ는 26일부터 50일까지로 제시문에 쓰인 핵심어휘의 파생문장 중심으로 설명했습니다.

Part Ⅰ ▸▸ 고정관념을 깨주고 진실이 느껴지는 해설

• 영어는 무조건 외우는 거라는 고정관념 속에서 살아오고 있습니다. 그래서 어휘를 외웠고 문법을 외웠으며 문장을 외웠습니다. 그 외우는 행위에 제동을 거는 사람은 아무도 없었습니다. 설령 제동을 거는 사람이 나타났다 해도 종교적 이단아 취급하며 사정없이 내몰아 쳤습니다. 아니, 아예 관심조차 주지 않고 철저한 무시와 냉대의 눈길을 보냈습니다. 그 결과로 우리는 영어를 절대 하지 못하는 민족이라는 누명을 쓰고 말았습니다. 우리 대한민국 국민이 말입니다. 정말 영어는 외우는 겁니까? 외웠기 때문에 영어를 못하게 된 거라는 생각을 혹시 해보신 적 있습니까? 절대 없으시지요? 사실입니다. 그 동안 영어문장을 외웠기 때문에, 영어단어를 외웠기 때문에, 문법을 외웠기 때문에, 그것도 무작정 외웠기 때문에 영어를 잘할 수 없었던 겁니다. 외운 것은 절대 기억에 남지 않습니다. 외운 것은 활용이 적절한 장소에서 절대 떠오르지 않습니다. 외운 것은 반드시 까먹게 되기 때문입니다. 언어는 외우는 게 아닙니다. 언어는 숙달입니다. 언어는 연습입니다. 언어는 머리와 입에서 반사적으로 동시에 터져 나오는 습관입니다. 외우는 것만으로는 불가능한 습관입니다.

• Part I에 실린 750개의 제시문장은 그것을 잘 이해할 수 있는 설명과 함께 제시되고 있습니다. 무작정 외웠던 어휘들의 진정한 의미, 무턱대고 외웠던 문법의 형

식과 그 문법이 주는 내용의 이해가 자세히 설명되어 있습니다. 영화와 소설 속 대화에서 발췌된 750개의 표현이 주는 실용성만으로도 Part I의 존재감은 엄청납니다. 제시문장들의 값어치만으로 따져도 타의추종을 불허하는 최고의 표현들만 소개되고 있습니다.

책속의 예 ▶▶▶

MP3 #**037**

01 I'm in a hurry.

in a hurry는 '시간이 없어서 급하다'는 의미라는군.
할 일이 많아서 바쁜 busy와는 절대 혼동하지 말아야 되는 거지.
"정말 바쁘다."고 강조할 때는 I'm in a big hurry.라고 한대.

02 I'm sure sorry.

어? I'm sorry.면 될 것을 sure가 들어갔네.
이건 sorry의 의미를 강조하기 위해서 들어간 거지.
그렇다면 "정말 미안하다."? 그렇지. 앞으로 그렇게 활용해 보도록.^^

Part II ▶▶▶ 어휘의 다양한 활용에 초점을 맞춘 해설

• 제시문장의 의미를 주도하는 핵심어휘들이 영화, 소설, 잡지, 신문 등에서 어떻게 다양하게 활용되고 있는지를 보여줍니다. 그렇게 함으로써 활용도 높은 어휘들에 대한 신뢰감을 키우고 보다 세련된 말을 할 수 있는 가능성을 키워줍니다. 문장은 외우는 것이라는 이론에 초점을 맞추면 대단히 부담이 될 수 있는 내용이 Part II에 담겨 있습니다. 하지만 문장의 이해에 초점이 맞추어진 경우라면 대단히 설득력 있고 무한한 도움이 되는 파트이기도 합니다.

• Part II에 쓰인 750개의 제시문장들 역시 영화와 소설 속에 등장했던 것들입니다. 실용성과 현실성을 갖춘 표현들만 발췌했기 때문에 영어회화 실력 향상에 결정적인 역할을 하게 될 것입니다. 여타 패턴 중심의 서적들에 수록되어 있는 어색하고

활용도 낮은 표현들과는 근본적으로 출신성분이 다른 표현들을 익힘으로써 여러분은 영어회화의 지존의 자리에 설 수 있습니다. 어휘의 응용문장으로 제시된 또 다른 750개의 예문들을 통해서는 세련된 말을 익힘은 물론, 나아가서는 세련된 글을 쓸 수 있는 능력까지 기르게 됩니다.

책속의 예 ▶▶▶

MP3 #**076**

01 It's very profitable.
이득이 되는 |
It is the most profitable way to operate. (그게 운영[경영]하기에 가장 이득이 되는 방법이야.) – from a novel, *The Firm*, by John Grisham

02 That's completely unacceptable.
받아들이기 어려운 |
She should have told him it's completely unacceptable. (그녀가 그에게 그건 완전 받아들일 수 없는 거라고 말해줬어야지.) – from a novel, *Disclosure* by Michael Crichton

Supplement ▶▶▶ 오석태가 제안하는 바람직한 영어학습법 핵심 10가지

영어에 관심있는 누구나 한 번쯤은 고민하게 되는 "어떻게 공부해야 영어를 잘할 수 있을까?"에 관한 핵심적인 학습방법을 아래의 10가지 사항으로 분류, 간단명료하게 요약하여 Q&A 형식으로 제시했습니다.

1. 원어민이 옆에 없어서 영어를 자꾸 까먹어요!!!
2. 영어는 해도 해도 안 돼요!!!
3. 영어회화에 문법은 필요 없는 거 아닌가요?
4. 리스닝을 잘하려면 어떻게 해야 돼요?
5. 단어를 도대체 몇 개나 외워야 되는 건가요?
6. 수없이 많은 영어회화 책들, 도대체 어떤 책을 봐야 하나요?
7. 받아쓰기는 좋은 방법인가요?
8. 친구들과 영어로 대화하는 건 좋은 방법인가요?
9. 중학교 교과서로 영어를 다시 공부하는 건 어떨까요?
10. 영작공부는 어떻게 해야 하나요?

학습방법

〈독특한 영어회화〉는 책과 전체 원문 원어민 음원 및 저자해설 강의(MP3파일), 그리고 영어의 필요성·학습지침 등에 따른 설명, 이렇게 두 종류의 컨텐츠를 담고 있습니다. 각각의 컨텐츠를 공부하는 방법을 설명드리겠습니다.

1. 책 학습방법

　기본적으로 영어책을 이용해서 영어를 공부한다 함은 소설책 읽듯이 한 번 쭈욱 읽고 끝나는 것이 아닙니다. 그건 그저 읽어본 것뿐이지 공부를 한 것은 아닙니다. 영어책을 통해서 영어를 공부한다는 것은 그 책의 내용이 통째로 내 것이 되도록 만든다는 것을 의미합니다. 그렇게 하려면 단순히 외워서는 안 됩니다. 문장들을 계속 읽고 또 읽는 연습을 통해서만 그 책을 내 것으로 만들 수 있는 것입니다.

　이 책은 50일로 구성되어 있으며 하루에 30개의 표현을 익히게 되어 있습니다.

1　먼저 Part I 학습방법을 말씀 드립니다. 첫 날에는 당연히 첫 날 것 30개의 문장만을 공부합니다. 가장 먼저 문장의 발음이 중요합니다. 스스로 처리하지 못하겠으면 MP3파일 원문녹음 음원을 이용해서 원어민의 발음을 확인하세요. 그리고 원어민의 발음을 그대로 따라서 발음연습을 합니다. 그렇게 30개 표현의 발음이 정확해지면 각 문장마다의 의미이해에 집중합니다. 의미이해가 끝나면 다시 30개의 문장을 큰 소리로 읽습니다. 한 두 번 읽는 것으로는 충분치 않습니다. 첫 날에는 30개의 문장을 공부하는 데 30분 정도만 소화하십시오. 충분합니다. 두 번째 날에는 새로운 것 30개와 첫 날 30개, 합해서 60개를 공부합니다. 첫 날의 경우와 마찬가지로 새로운 30개의 표현은 발음연습과 문장이해, 그리고 또 다시 발음연습을 합니다. 그 연습이 끝나면 총 60개 문장의 발음연습에 들어갑니다. 이렇게 60개 표현을 연습하는 데 드는 시간은 40분 정도로

하십시오. 충분합니다. 세 번째 날입니다. 새로운 것 30개, 지난 것 60개, 도합 90개 문장을 연습하는 겁니다. 시간은 50분으로 잡으십시오. 충분합니다. 네 번째 날은 120개를 연습합니다. 시간은 1시간 잡으세요. 자, 이제 다섯 번째 날입니다. 이때부터는 방법이 좀 달라집니다. 새로운 것 30개 추가하고 첫 날 것 30개를 뺍니다. 그러면 전 날과 마찬가지로 120개의 표현을 읽게 됩니다. 이런 식으로 하루에 120개의 표현을 최소한 한 시간씩 읽는 연습하는 것으로 목표를 세웁니다. 이렇게 해서 25일까지 진행합니다.

2 Part II 학습방법입니다. Part I과 방법이 다르지 않습니다. 하지만 예문이 하나씩 추가된 상태가 Part II이기 때문에 학습량이 많아져야 합니다. 그렇다 해도 앞선 25일 분량을 제대로 학습했다면 학습량이 하루 30개에서 60개로 초과되었다 해서 큰 부담이 되지는 않습니다. 하루 최소 한 시간 20분을 잡고 읽는 연습을 합니다. 그게 전부입니다.

이렇게 제시 문장 1,500개, 그리고 추가 문장 750개, 모두 2,250개의 문장을 50일 동안 하루도 쉬지 않고 연속으로 공부한다면 여러분은 정말 뜻밖의 경험을 하게 될 겁니다. 영어에 대한 자신감이 하늘을 찌를 것이며 그로 인해서 생기는 다양한 파생 감정들을 경험하게 되고 사고의 확장이 이루어질 것입니다. 또한, 극단적으로는 내 인생의 항로 자체가 바뀔 수도 있음을 염두에 두십시오. 최고의 긍정적인 변화를 경험할 수도 있게 된다는 것입니다. 50일의 기적, 여러분의 손 안에 있습니다.

2. 오디오 저자 해설강의 활용 학습방법

오디오 해설강의는 책에 제시된 1,500개의 회화 문장 해설이 MP3파일로 녹음·수록되어 있습니다. 문장 이해에 필요한 어휘, 문법, 구문 및 활용법 등 자세한 해설을 듣게 됩니다.

   자동차에서는 물론이고 휴대전화에 담아서 깅의내용을 수시로 들으세요. 원어민의 발음을 들으면서 크게 따라 읽는 연습도 게을리하지 마십시오. 물론 저자의 강의를 들으면서도 발음연습은 계속 되어야 합니다. 책을 보면서 강의를 들어도 좋고 오디오 강의만 별도로 들어도 전혀 문제되지 않습니다.

   모든 것은 반복되어야 합니다. 책을 50일 동안 쉼 없이 읽어야 되듯이 오디오 강의 역시 매일 50일 동안 쉬지 않고 들으셔야 합니다. 책을 읽고 오디오를 듣는 것을 완전히 습관화 시키는 겁니다. 습관이 빨리 들수록 남과 비교해서 영어실력이 빨리 향상됩니다.

| MP3파일(저자 해설강의 및 원어민 원문녹음) 트랙 구분 안내 |
⋯▸ 무료다운로드 www.Jonghapbooks.com

   ① 먼저 원어민(미국인 남 · 녀)이 읽은 원문을 들은 다음 저자의 해설 강의가 시작되는데, 원어민 음성은 하루씩 걸러 남자 성우 → 여자 성우로 바꿔 가며 읽는다.

   ② 각 하루마다 주어진 30개 문장을 10개씩 끊어서 1개 트랙으로 구분했으며, 교재의 매 해당 부분마다 트랙번호(# No.)를 표시해 놓았다.

참고 학습의 효율성 · 편의성을 고려해서 원어민 음성만을 집중 반복하여 들을 수 있도록 역시 종합출판ㅣEnG 홈페이지(www.Jonghapbooks.com)에 별도 수록해놓아 무료 다운로드를 받을 수 있도록 했다. (여기에서는 PART 1 Day 1 ~ Day 10, PART 2 Day 26 ~ Day 35 각각의 30개 문장을 남자 성우가 읽은 다음 여자 성우가 한 번 더 읽어 남 · 녀 원어민 음성에 골고루 익숙해져서 듣기에도 도움되도록 했다.

Contents

Part I
고정관념을 깨주고 진실이 느껴지는 해설
Day 1 ~ Day 25 MP3 #001 ~ #075 · · · · · · · · · · 13

Part II
어휘의 다양한 활용에 초점이 맞추어진 해설
Day 26 ~ Day 50 MP3 #076 ~ #150 · · · · · · · · · 165

부록
오석태가 제안하는 바람직한 영어학습법 핵심 10가지 · · 316

Part I

고정관념을 깨주고 진실이 느껴지는 해설

MP3 #001

01 That looks good.

"좋아 보인다." 아니야? 그러면 너무 쉬운 거 아닌가?
아, good이 '좋다' 뿐 아니라, '맛있다' 도 되니까 "맛있어 보인다"는 의미도 되는구나.

02 Are you on your lunch hour?

설마…점심시간이냔 얘기? 정말? 와…신기하네.
그럼 전치사 on에 '진행' 의 뜻이 있단 말씀?
그렇지. 그래서 I'm on a diet는 "난 다이어트 중이야"가 되는구나.

03 Any news in the paper?

뭔가 생략됐네.
그렇구나. Is there any news in the paper?에서 Is there를 생략했네.

04 That's the last thing I want to do.

the last thing 진짜 많이 배웠다. '마지막 것' ?
어? 이게 뭐였지? 맞다 맞아. 제일 하기 싫은 걸 말할 때 이거 쓰는 거다.

05 I'll be there at about twelve-thirty.

be there가 뭐지? '거기 있다' ? 아니지.
be동사는 맨날 '있다' 로만 해석하는 게 아니라 여기에서는 '가다' 로 이해해야겠다.
어라? 그러니까 쉽게 이해되네. go there와 같다는 말씀.
이게 말이지 갑자기 뒤에 아라비아 숫자가 아닌 알파벳 숫자가 나오면
'시간' 을 말하는 것인지가 혼동될 때가 있지. 요거 정말 신경 써야 되겠는걸.

---

01 그거 맛있어 보이네.   02 지금 점심시간이에요?   03 신문에 볼만한 뉴스 있어요?
04 난 그런 건 정말 하고 싶지 않아.   05 12시 30분경에 그리 가겠습니다.

06　What should I bring?

뭐야 이거? 뭘 가지고 와야 되지?… 아닌가?
아, 그게 다가 아니구나.
내가 너한테 뭔가를 가지고 갈 때에는 take 대신에 bring을 쓰는구나.
그럼 두 가지 뜻이 다 되네. 고것 참.

07　I want to know up front.

야, 이건 뭐 up front를 알아야 해석되는 거잖아.
이게 뭘까? up은 위로, front는 '앞으로'? 그렇다면…혹시 '미리' 라는 뜻?
진짜? 정말 그 뜻이야? 허허 참. 영어 재미있네^^.

08　I'm allergic to chocolate.

아, 이렇게 쓰는 거구나. 초콜릿 알러지 있단 말이지?
맞아, 맞아. allergic to를 쓰는구나.
"걔 정말 싫어"는 I'm allergic to him. 하하하, 그거 좋다.

09　Check it out.

이거 정말 많이 나오는 말이다. 확인해 보라는 얘기지.
그런데, '진짜 그런지', '네 생각은 어떤지'
한번 제대로 확인해 보라는 의미로 이해하고 있어야 정확히 아는 거다. 유휴…

10　Did you get that?

여기선 get이 중요한 것 같네. 뭐지? 아, 그거 배운 적 있다.
'이해하다'. 그래서 I got it하면 "알았어"로 해석하게 되는 거다. 훌륭해.^^

---

06 제가 뭘 가져가면 되죠?　07 미리 좀 알고 싶은데요.　08 난 초콜릿 알러지야.
09 그거 확인해 보도록 해.　10 그거 이해했어?

MP3 #**002**

11 We're running late.

뛰는데 늦는다는 건가? 그거 좀 이상하다.
아, run에 '~의 상태가 되다' 의 뜻이 있었네. 그러면 run late는 '늦게 되다' 네.
그래서 be running late라고 하면 '늦겠다' 가 되는구나.

12 I better get a move-on.

get a move-on이 뭘까? 그래? 거기에 그런 뜻이 있었어? '서두르다' ?
어떤 행위 위(on)에 본격적인 움직임(move)를 올려 놓으라는 거야?
그래서 서두르다? 고거 괜찮다.

13 Let's go for a drink.

요건 쉽다.^^ 사실 뭐 다른 표현들도 설명 듣고 나면 다 쉬워지는 거구나.
go for a drink는 '한 잔 하러 가다' 네.
술 얘기만 나오면 꼭 술 땡기는 사람 있더라.

14 You don't know what I go through.

여기에선 what I go through가 문제네.
go through는 '통과하다' 도 있고…그래, '경험하다' 도 있다.
그러니까 what I go through는 '내가 현재 겪고 있는 일' 이 되겠구나.

15 I don't have a clue.

요거 어디에서 배운 것 같기도 하고, 아닌 거 같기도 하고…
가만, clue는 '실마리' 이니까 have a clue는 '실마리를 갖다' .
그래에에에에서… '알다' 가 되는구나.

---

11 우리 이러다 늦겠어. 12 나 좀 서둘러야겠다. 13 우리 술 한 잔 하러 가자.
14 넌 내가 무슨 일 겪고 있는지 몰라. 15 난 전혀 모르겠는걸.

16 I got pressures.

pressure는 '압력'인데. 그러네, 이게 '스트레스'의 의미로도 쓰이네.
그러니까 got pressures라고 하면 '스트레스를 받다'가 되는구나.
참, 이해하니까 모든 게 쉽군 그래.

17 It's going to be okay.

be going to는 '확실한 미래'를 말할 때 쓰는 것이라고 했겠다.
그렇다면 이 표현은 "그거 분명히 괜찮아질 거야." 정도의 해석이 되겠네.
우후후! 100점.

18 I have lost weight.

현재완료가 쓰였네?
가만, 현재완료는 과거의 시점이 정확하지 않은 상태에서
'과거의 사실'을 말할 때 쓰는 것이니까, "언젠지 모르지만 하여간 살이 빠졌다"는 뜻.

19 Give me a smile.

아니 줄게 없어서 미소를 주나 글쎄…^^
그렇다면 "나한테 좀 웃어주라"는 말씀? 하하하, 고거 쉽네.

20 I gotta go.

"나 가야 돼." 말고 또 무슨 뜻이 있나?
아, 영화를 보다 보면 전화통화를 하다가 끊기 전에 이 말을 하던데.
그렇다면 혹시? "그만 끊어야겠다"? 맞다, 그거다.

---

16 스트레스 받네 정말. 17 괜찮아질 거야. 걱정 마. 18 나 살 빠졌어.
19 한 번 좀 웃어줘라. 20 나 가봐야 돼.[전화 그만 끊어야 돼.]

MP3 #**003**

21 Have fun.

두 단어밖에 안 되는 쉬운 문장인데 만만치 않네.
"즐거움을 가져라"? 이걸 자연스럽게 바꾸면 "시간 재미있게 보내."
그렇군. 잠깐, fun은 명사라는 것 명심.

22 Just in case.

case에는 '경우', '상황', '처지' 등의 뜻이 있으니까,
in case면 '경우에', '상황에' 그런데 just가 붙었어.
아, 그래서 '그냥 만약의 경우에 대비해서'가 되는구나.

23 I've got to tell you something.

"내가 너에게 뭔가를 말해야 된다"?
자연스럽게는 "너한테 할 말이 있어"가 되겠군.
have got to는 '당연히 ~을 해야 한다'이고 tell은 '말을 전하다'의 뜻.

24 You get some rest.

"너는 늘 휴식을 취한다"? 이거 해석이 좀 이상한데?
그냥 현재시제로 보면 좀 이상하고, 그렇다면, 그러네, 명령문이네.
Get some rest. 앞에 You를 붙인 것 뿐이야. 그래서 "너 좀 쉬어라."가 되는 거네.

25 What's that supposed to mean?

이 표현 참 많이 들었는데. be supposed to는 '~하기로 되어 있다'이니까
'그것이 무엇을 의미하기로 되어 있는가?'를 "그게 무슨 뜻이야?"로 이해하는 것.
그렇군.

---

21 재미있게 보내. 22 만약의 경우에 대비해서. 23 너한테 할 말이 있어.
24 너 좀 쉬어야겠다. 25 그게 무슨 뜻이야?

26 You're looking for a fight?

look for는 '~을 찾다' 인데 아니 싸움을 찾는다는 게 무슨 소리야?
"너 지금 싸움을 찾고 있는 거야?"
아, 그러니까 "너 지금 싸우자는 거야?" 정도로 이해하면 되겠구나.

27 I promise you.

이건 아는 말이네. "너한테 약속할게."
그냥 "약속할게."는 I promise.라고 말하면 100점! ^^
promise는 절대 '시간 약속'이 아님. 시간 약속은 appointment를 씀.

28 I miss something?

"내가 뭔가를 잃어버렸나?" 이게 뭔 말이지?
나는 모르겠는데 다들 아는 눈치야. 그럴 때 이 말을 쓰던데.
그렇다면, "나만 모르는 뭔가가 있는 거지?"로 이해하면 좋겠군.

29 It's not due till Monday.

이런 게 참 어렵더라. 헷갈려.
due는 '도착 예정인', '(언제) ~하기로 되어 있는' 등의 의미.
결국 "그것은 월요일까지는 도착 안 해."라서 "그건 월요일 지나야 도착해."가 된다.

30 What's the difference?

difference는 '차이', '영향' 등의 의미이므로 "무슨 차이가 있는데?",
"무슨 영향이 있는데?" 정도로 이해하면 되겠네. 그러게.

---

26 너 지금 싸우자는 거야?　27 내가 너한테 약속할게.
28 지금 내가 모르는 뭔가가 있는 거야?　29 그게 월요일은 지나야 도착하거든.
30 그래서 뭐 달라지는 거 있어? 무슨 변화가 생기냐고.

MP3 #**004**

01 Sorry I'm late.

이거 누가 몰라. 하지만 잠깐. **Sorry to be late.**라고 말하면 틀린대.
왜? 부정사가 '조건', '미래' 등의 의미라서 "만일 늦으면 미안." 이런 뚱딴지 같은 소리가 된다는군. 거 참.

02 We talked on the phone of this and that.

전화로 통화한다는 말을 **talk on the phone**이라고 하는군.
맞아 '전화상에서'를 말할 때 전치사 **on**을 쓰지.
"걔 지금 통화 중이야."는 He's on the phone.
그리고 우리처럼 '이것저것'을 그들도 **this and that**이라고 하는군.^^

03 I'll call you later.

이걸 어떤 사람은 **I'll give you a call later.**라고 하던대.
맞아. **call someone**과 **give someone a call**은 같은 의미지.
영국에서는 **call** 대신에 **ring**을 쓴다는군.

04 Are you sick?

진짜 쉽다 이거. 그래도 잠깐. '아프다'를 미국에서는 **sick**, 영국에서는 **ill**을 쓴다네.
그리고 **sick**의 근본 뜻은 '역겹다', '구역질 난다'라는대.
I'm sick of you.는 "나 너 질렸어." 헐.

05 We'll figure it out.

figure는 '계산하다'가 원래의 뜻. **out**은 '처음부터 끝까지'.
그래서 **figure out**은 '총계를 내다'.
이게 파생돼서 '짐작하다', '이해하다', '해결하다' 등의 뜻이 되었다네.

---

01 늦어서 미안해. 02 우린 전화로 이것저것 얘기했어. 03 내가 나중에 전화할게.
04 어디 아파? 05 우리가 해결할게.

06 You're not alone.

이건 뭐, "넌 혼자가 아니야." 아닌가? 그런데 다른 뜻이 또 있다고?
맞아, 물리적인 것 이외에 '자신이 처한 상황'이나 '경험'을 이야기할 때에도 이 말을 쓸 수 있지. 그렇다면?

07 We'll talk on the phone.

talk on the phone이야 뭐 바로 앞에서 나왔던 말이니까 걱정 없고, 그럼 뭐야?
아, will은 '불확실한 미래'를 말하는구나.
그래서 100% 확실한 건 아니지만 아마 그럴 거다라는 느낌.

08 I'm going to take care of her.

be going to는 '진작부터 예정된 미래'를 말하고,
take care of는 '~을 돌보다', '신경 쓰다'이니까 뭐 간단하네.
역시 언어에서는 문법이나 어휘, 표현들이 주는 느낌 이해가 중요하군.

09 It will never happen again.

불확실한 미래 will, 또 나왔네.
happen은 무조건 '발생하다'라고만 기억하고 있으면 정말 섭섭하다.
'일어나다'가 훨 낫네. 그러니까, 뭐 100% 확신할 순 없지만 그런 일은…

10 Is that okay with you?

okay는 정말 익숙한 단어인데. "그게 너하고 okay야?" 이게 뭔 말?
여기에선 okay를 '괜찮다'로 이해하는 게 좋겠다.
그렇다면, "그게 너한테 괜찮겠어?" 정도가 되겠네. 맞다, 맞아.

---

06 너만 그런 거 아니야.   07 우리 전화 통화할 거야.   08 그녀는 내가 돌볼 거야.
09 다시는 그런 일 없을 거야.   10 그렇게 해도 괜찮겠니?

MP3 #005

11 Give me a minute.

1분만 달라네. 우리말하고 똑같네.
"야, 1분만, 1분이면 돼." 해놓고 나선 한 없이 시간 잡아먹는 친구들. ㅋㅋㅋ.
이런 건 만국 공통이다. 결국 잠깐만 시간 달라는 얘기.

12 My hair hurts.

머리카락 hurt하다? hurt는 아픈 건데?
아, 머리카락이 뽑힐 것 같고, 그로 인해서 생기는 통증 같은 거구나.
이런 문장 말하기 쉽지 않겠다. 꼭 기억해 두어야지. ㅎㅎㅎ

13 Is that you?

그게 너냐고? 잠깐 이거 좀 헷갈릴 수 있겠다.
"아니 이제껏 말한 게 네 얘기였어? 그게 바로 너였던 거야?"
"그게 너라는 거야? 정말?" 정도의 느낌이네. 꼭 기억해서 써먹어야지.

14 I did her hair.

내가 그녀의 머리를 했다는대….
그럼 미용사? 아니 뭐 꼭 미용사가 아니라 엄마가 아이 머리 해줄 수도 있는 거잖아.
아, 그렇겠구나. 그렇게 남의 머리를 해줄 때 쓰는 말.

15 I can't wait to go there.

그렇지 기다릴 수 없다고 말하는 상황들 있지.
왜 못 기다릴까? 당연하지. 빨리 하고 싶으니까. 급하니까.
맞다, 맞아. 그래서 can't wait to ~는 '빨리 ~을 하고 싶다' 는 말씀.

---

11 잠깐 시간을 좀 줘.   12 머리카락이 아프네.   13 그게 너야?
14 내가 걔 머리 해줬어.   15 거기 빨리 가고 싶어.

16 I want to make a phone call to him.

살다 보면 하고 싶은 게 왜 그리도 많은지. I want to ~를 입에 달고 산다 정말.
그런데 make a phone call? 이건 뭐 '전화하다' 즉, call과 같네.
I want to call him.과 같은 말.

17 Can you understand that?

이렇게 쉬운 말? 영어문장에는 난이도 없음.
입으로 자연스럽게 뱉을 수 있는지 없는지 정도의 구별만 있을 뿐.
Can you ~?는 '능력' 과 '가능성' 타진, 또는 '부탁' 의 구문.

18 It was nifty.

이거 봐 모르는 단어가 나오니까 금방 어렵게 느껴지잖아. nifty의 뜻만 알면 간단한 문장인데. '좋다' 는 뜻. good이나 nice와 같네. 때로는 '재치 있다' 로 쓰일 수도. 그렇다면?

19 Are you there?

아하, 이 표현은 두 가지 상황에서 가능하네. "너 거기 있니?"라는 뜻.
그리고 전화상에서 "내 말 듣고 있니?"의 뜻. 거기 있어야 내 말을 듣는 거니까.
표현 간단하고 좋다.

20 Everyone is pulling for you.

모두들 날 위해 잡아당기고 있다? 이게 뭐지? pull은 '잡아 당기다' 인데. 이렇게 생각하면 되겠네. 남의 도움이 필요한 상황이 발생하면 우린 잡아 당길 수 있는 모든 도움을 동원하겠지. 그래서 pull에 '후원을 받다' , '도움을 받다' 등의 뜻이 있어.
그런데 본문은 모두들 자기가 받을 수 있는 후원이나 도움을 잡아 당긴다잖아.
누굴 위해서? 바로 너를 위해서 말이야. 그러니까 결국 pull for ~는 '~을 돕다' , '~을 후원하다' , '~을 응원하다' 등의 의미를 전하게 된다는 말씀. 아, 그랬었구나….

---

16 그에게 전화를 좀 걸고 싶은데.   17 그거 이해할 수 있겠어?   18 그거 정말 끝내주던걸.
19 지금 내 말 듣고 있는 거냐?   20 모두들 너를 후원하고 있어.

MP3 #006

21 I can't talk much longer.

talk은 '말하다' 가 아니라 '얘기하다' 로 해석하는 게 정확하다는군.
두 사람 이상이 얘기할 때 쓰는 어휘가 talk.
그리고 much longer는 '지금보다 훨씬 오래/길게' 의 느낌.

22 Good for you.

너를 위해서 잘 됐어? 뭐, 그렇게 해석해도 틀리지 않네.
뭔가 일을 잘해냈을 때, 또는 지금 잘하고 있을 때 칭찬의 의미로 던질 수 있는 말.
요거 정말 자주 써먹어야겠다.

23 Is there coffee here?

이런 거 참 쉬운 건데 우린 아주 혼란스럽더라. 거기 여기 커피 있어요?
하이고 이게 뭔 소리야? 잠깐, There is ~ 구문은 그저 '어떤 상태' 를 말하는 구문이라서
해석할 때 '거기' 라는 말을 넣어서는 안 되잖아.
There's nothing wrong with it.은 "그거(it) 잘못된 거 하나도 없어."
이 문장에서 there는 '의미' 를 갖는 어휘가 아니거든. 그렇다면, There's coffee here.는
어떻게 해석하지? "여기 커피 돼." 정도면 좋겠다.

24 Don't drink much.

참 쉬운 말이네. 이런 동사 중심의 말들에 익숙해져야 영어를 편하게 말할 수 있게 되는데.
우린 숙어와 명사 중심의 표현에만 집착하니…. drink much는 '술을 많이 마시다' .

25 We hit it off.

이거 가끔 듣는 말인데 도대체 뭔 소릴까?
성질이나 취미가 같고 마음이 잘 맞는 사람들을 가리켜 hit it off 하다고 말한대.
서로 다른 성격의 두 사람이 충돌할만한 날카로운 부분들을 다 잘라서 없애는 것(hit it off)이니까 서로 잘 통하는 거겠지?

---

21 나 지금 얘기 길게 못해. 22 잘했어. 23 여기 커피 마실 수 있어요?
24 술 많이 마시지 마. 25 우린 잘 통해.

이것이 한 단어로는 congenial, 또는 compatible, 숙어로는 get along과 같대. 그래서 본문은 They're congenial to each other, They're compatible with each together, They get along with each other. 등과 같은 뜻이라니까 다 기억해 두면 좋겠다.

26 We have a lot in common.

많은 것을 공통점(common)으로 갖고 있다는 말씀?
이게 실제로 공통점이 많을 때에도 쓰지만 이성이 만나서 서로 잘 통하고 계속적인 만남을 갖고 싶을 때에도 쓸 수 있대.

27 She is a comforting person.

가만, comfort는 '위안을 주다', '편하게 해주다' 이니까
comforing은 '위안을 주는' 정도의 뜻이겠다.
그래서 comforting person은 '남에게 위안을 주는 사람' 이겠구나.

28 Do you mind if I talk to her?

mind가 쓰이면 의역이 생명이다. Do you mind if ~?의 속뜻은
'~해도 싫지 않겠어?' 이지만 "~해도 괜찮겠어?"로 이해해야 옳지.
"괜찮다면."은 If you don't mind.

29 I'll just be one second.

이건 또 뭔 소리? be동사의 의미가 관건이네.
'존재하다' 가 아니라 take의 의미로 쓰였군 그래. 그래 '시간이 걸리다' 야.
one second면 one minute보다도 신속한 걸.

30 That is not what I said.

what I said는 '내가 말했던 것' 의 뜻인데 그렇다면 이 말은 언제 써야 하나?
맞아, 내가 한 말이 왜곡되어 전달될 때나 상대가 내 말을 오해할 때 사용하면 딱이겠다.

---

26 우린 공통점이 아주 많아.   27 그녀는 사람을 참 편하게 해줘.
28 제가 그녀와 얘기를 좀 해도 괜찮겠어요?   29 잠깐이면 돼요.
30 난 말 그렇게 안 했어.

MP3 #**007**

01 Settle down.

어, 이거 '정착하다' 로 배운 숙언데. 원래 settle이 '해결되지 않고 어수선한 것을 제대로 정리하다'의 뜻이래. 그래서 결혼하지 못하고 방황하며 사는 사람에게 '결혼해서 정착하다'의 느낌으로 settle down을 쓴다네.
Why don't you settle down?이라고 말하면 "결혼해서 정착하지 그래?" 정도의 느낌을 주는 거래. 그런데 그게 다가 아니라지. 정리가 안 되고 어수선한 분위기에서 떠들고 있는 사람들에게 Settle down!을 외치면 "정착해!"가 아니라 "좀 조용히 하세요!"가 된다는군. 거 참 괜찮은 표현일세. 그럴 땐 Be quiet!과 같구만.

02 What does it have to do with this?

이거 참 헷갈리네. have to do가 눈에 띄어서 습관적으로 '해야만 하다'로 해석하게 되는데 그게 아니라네. What does it have를 먼저 해석하면 '그게 뭘 가지고 있는데?'가 되고 to do with this는 '이것으로 뭔가를 하다'가 되므로 문장 전체를 직역하면 '그게 이것으로 할 수 있는 무엇을 가지고 있는가?'가 되어 "그게 이것과 무슨 관계가 있는데?"로 해석한다는군. 쫌 복잡하긴 하네.
하지만 It has something to do with this.는 "그건 이것과 관계가 있다," I have nothing to do with this.는 "난 이 일과 관계 없어."로 해석하니 뭐 쓸만한 표현임에는 틀림이 없군. 그렇다면 "너 그 일하고 관계 있어?"는 뭐라고 말하지? Do you have anything to do with that? 그거 좋다.

03 Can you hold on a second?

왜 이런 말이 술술 나오지 않을까? Can you ~? 구문은 부탁할 때 사용한다지?
hold on은 '계속 잡고 있다', 그래서 '기다리다'.
a second는 '아주 짧은 시간'을 말하는 것이렸다.

04 They're out of control.

요건 좀 알 거 같다. out of control은 '통제에서 벗어났다'는 느낌.
이걸 out of hand라고도 한다는대. 결국 '손을 쓸 수 없다'가 되겠구나.
두 표현의 느낌이 비슷하네.

---

01 좀 조용히 해.   02 그게 이것과 무슨 관계가 있는 건데?   03 잠깐 기다려 줄래요?
04 걔들은 정말 통제 불능이야.

05 Get us out of here.

Get out of here.는 익숙한데 us가…. 그러면 우리를 여기에서 내보내달라는 건가? 똑똑하네.^^ 실제로 내보내달라는 것도 되지만 어떤 상황에서 빼내달라는 의미도 되겠다.

06 Why don't you get someone else?

Why don't you ~?는 나올 때마다 '왜 ~ 안 해?' 가 먼저 생각나서 미치겠다.
'~하지 그래?' 라는 의미의 '권유 구문' 이라고 참 많이도 들었는데 말이야.
get은 '구하다' 로 이해.

07 I won't do it.

won't 나왔다. '절대 ~하지 않는다' 는 주어의 강력한 의지를 나타내는 거지?
won't do의 발음은 '원두' 가 아니라 '워운두' 가 되어야 한다네.
강세는 '두' 에 두고 무지하게 많이 읽자!!!

08 I don't have another choice.

another choice는 '이것 말고 다른 선택' 인데.
결국 '이것 말고는 다른 선택이 없다' 는 거네. 말만 들어도 절박하고 안타깝군.
많은 선택의 기회를 얻으려면 평소에 실력을 쌓아야…

09 She won't talk to me.

Luther Vandross라는 유명한 흑인 가수가 불렀던 노래 제목과 같네.^^
talk to는 '~와 대화하다' 이니까, 그 여자 정말 나하고는 대화할 생각이 전혀 없는 거네.
속 터져 정말.

10 You have to understand that.

이거 참 쉬운 거 같은데 아닌가? have to에 각별히 신경을 써야 된다는군.
'당연히 ~을 해야 한다' 로 해석하는 거래.
그래? 그런 거였구나. 어쩐지…. must와는 분명히 다르구나.

---

05 우릴 여기에서 좀 구해줘.   06 다른 사람을 구해보지 그래?
07 난 그런 짓 안 해, 절대.   08 다른 선택의 여지가 없잖아.
09 걔 나하고는 통 얘기를 하지 않으려고 해.   10 그건 네가 당연히 이해해줘야지.

11 I didn't mean that.

나는 그것을 의미하지 않았다?
아하, 의도적으로 한 게 아니라는 말이네. 똑똑하다. ^^
일부러 한 게 아니라고도 해석할 수 있다는 말씀. 동사 mean이 '의도하다' 는 뜻이구나.

12 We'll work it out.

요거 헷갈린다. work은 '작업하다' 이고 out은 '처음부터 끝까지' 래.
그래서 work it out은 '그걸 해결하다' 라는대? 그래? 아, 비틀즈 노래 중에 "We Can Work It Out"이 그거구나.

13 Wait for me here.

'~을 기다리다' 로 wait for ~를 정말 열심히 배웠었는데 한 번도 활용해 본 적이 없지.
이 문장 정말 괜찮다. 매일 활용할 수 있겠네.
"야, 여기서 좀 기다리고 있어." ㅋㅋㅋ

14 What did you say about me?

눈으로 보면 이걸 왜 모르겠어. 헌데 이걸 말로 하려니까 그게 안 나오는 거지.
그렇담? 소리치면서 계속 읽자.
입에 붙을 때까지, 반사적으로 이 말이 나올 때까지 연습하자. 아자!

15 We can't hold out much longer.

hold만 나오면 참 어렵게 느껴지는 걸.
'붙들다', '지탱하다'. 여기에 '끝까지' 를 뜻하는 out이 연결되었구나.
그렇담 hold out은 '견디다', '버티다' 의 뜻.

---

11 나 일부러 그런 거 아니야. 12 그건 우리가 알아서 해결할게. 13 여기서 기다리고 있어.
14 나에 대해서 뭐라고 말했어? 15 우린 더 이상 버틸 수가 없어.

16 Did you mean what you said?

mean에는 '진심'의 의미가 포함되어 있음을 꼬옥 기억하자. 꼬옥.
what you said는 '네가 말한 것'이겠네.
이걸 내가 말할 때에도 꼭 써먹을 수 있어야겠는데. 읽고 또 읽자.

17 How long do we have to wait?

기다림에는 끝이 없는 걸까? 도대체 얼마나 기다려야 되는 거야?
당연히(have to) 기다려야 되는 거라면 기다리겠지만. 이거 정말 쉽지 않네, 기다림이란.

18 I miss you so much.

miss는 단순히 '그립다'로만 해석하면 되나?
가만, 그냥 그리운 게 아니라네. 있다가 사라진 사람이나 사물을 향한 그리움, 또는 후회의 감정을 뜻한단다.

19 There's something I've got to do.

좀 길게 느껴지는 걸.
하지만 이 정도는 입에서 수월하게 나와야 영어하는 기분이 드는 걸.
I've got to do는 '당연히 내가 해야 할 일'을 뜻하네. 그런 일이 있는 것도 행복.^^

20 You owe me five dollars.

요거야 뭐. 동사 owe가 '빚을 지고 있다'는 뜻이니까.
그렇다고 해석할 때마다 '빚지고 있다'는 말을 넣으면 참 식상하더라.
자연스러운 우리말로 바꿔보는 센스.^^

---

16 네가 한 말 진심이었어?   17 우리 얼마나 기다려야 되는 거야?
18 네가 얼마나 그리운지 몰라.   19 내가 해야 할 일이 좀 있어.
20 너 나한테 5달러 갚아야지.

MP3 #009

21 I have too much time on my hands.

왜 말을 이렇게 길게 해? 그냥 I have too much time.만 해도 되지 않나?
그러게. 그래도 되는데. 하지만 뭐 강조의 느낌으로 다양한 말이 나올 수 있는 거니까, 새로운 게 나오면 나오는 대로 알아두는 게 좋지 뭐. 말할 때야 내가 하고 싶은 말 하면 되지만 들을 때는 이것저것 알아들을 수 있어야 되니까, 다 알아두는 게 좋겠음.^^

22 Why did you get it sent here?

요거 좀 헷갈리네. get it sent를 어떻게 이해할까? 그냥 sent it과 다른가?
다르지 물론. 능동과 수동의 차이.
get it sent는 '그것이 보내지도록 시킨 것' 이니까 사람을 시켜서 보낸 것,
sent it은 직접 보낸 것, 엄청난 차이지. 중요도 최고이므로 반드시 기억할 것!!!

23 I'm all set.

동사 set은 '놓다', '조절하다' 같은 의미 아닌가? 맞지, 그렇지?
아, 그래서 be all set은 '모든 게 제대로 놓이고 정리된 상태'를 뜻하는구나.
역시 원 뜻에서 벗어나지 않는군.

24 That is correct.

correct는 안다 뭐. 말할 기회가 없어서 말로는 한 번도 써보지 못했지만.^^
사실과 비교해볼 때 '정확히 맞고 옳다' 는 뜻이지.
퀴즈의 정답을 맞추었을 때도 쓰면 딱이네.

25 I got some bad news.

세상엔 좋은 소식 나쁜 소식, 다 있겠지만 좋은 소식이 좀처럼 들리지 않는다면 참 답답하겠다. 허구한 날 한다는 소리가 "안 좋은 소식이 있어." 한다면 아, 정말 싫다, 싫어.

---

21 나 시간 정말 너무 많은걸.   22 왜 그걸 이리로 보낸 거야?   23 난 준비 다 됐어.
24 그거 아주 정확해.   25 좀 안 좋은 소식이 있어.

26 What are you waiting for?

이거 봐라. 그냥, "뭘 기다려?"하면 되잖아. 맞긴 한데,
잠깐. 우리가 이 말을 쓰는 상황이 하나 더 있네.
시킨 일을 빨리 안 하고 꾸물거릴 때. 맞다, 그 때 쓰면 딱이다.

27 How much time?

얼마나 많은 시간? 이걸 어느 때 쓰지?
"시간이 얼마나 필요해?", "시간이 얼마나 걸렸어?" 류의 상황에서 사용하면 좋겠네.
횟수를 말하는 How many times?와 혼동 금물!!!

28 We won't make it.

와, 이거 원 쉽지가 않네. make it이 분명 '그것을 만들다' 는 아닐 테고…. 그렇지,
'성취하다', '약속대로 하다', '약속 장소에 가다/오다', '시간에 맞게 도착하다' 등의 뜻
이 있구나. 그럼, will은 뭐야? 가만 있자…, 아, 요건 '불확실한 미래' 를 말할 때가 있구
나. 그렇다면 won't make it은 '(약속대로) 못할 수도 있다', '약속 장소에 못 올 수도 있
다', '제 시간에 맞추어서 도착하지 못할 수도 있다' 등의 의미를 전하겠네.
그렇지. 와, 이거 정신 똑바로 차려야겠군. 내가 쓸 때도 쓸 때지만 알아들어야 되니까 말
이지. 휴….

29 You're rambling again.

이런 걸 어렵다고 생각하면 안 되지. 그냥 ramble의 의미만 알면 되니까 말이야.
혼동될 게 하나도 없는 거야. 두서없이 주절주절 떠든다는 의미가 ramble이니까 뭐.

30 How do you know?

깜짝 놀라면서 이런 말하면 딱이겠다. ^^
아니, 네가 어떻게 알아? 너…. 요걸 How do you know that?라고 말해도 좋겠군.
know는 자동사로도, 타동사로도 쓸 수 있으니까.

---

26 너 지금 뭘 꾸물거리는 거야?   27 시간이 얼마나 필요한 건데[얼마나 걸리는 거야]?
28 우리로서는 가능하지가 않을 거에요.   29 너 또 두서 없이 떠들기 시작이다.
30 네가 어떻게 알아?

MP3 #**010**

01 There's no hurry.

가만, 이걸 후다닥 직역해버리면 "서두름이 없다."가 되네. 많이 어색하군^^.
이건 결국 "서두를 이유 없다."로 이해하는 게 맞겠네.
There is ~ 구문은 '상태'를 말할 때 사용하는 것.

02 A lot's happened since then.

처음 보는 표기법? 맞다, 이건 정말 생소하다.
A lot's가 뭐라? 분명 A lot has를 그렇게 줄인 거다. 사실 is를 줄여서 He's, She's, It's, That's 등으로 적는 건 봤어도 has를 줄인 걸 본 적은 별로 없는데. 그들은 의미 전달에 별 영향을 미치지 못하는 어휘들은 생략, 또는 축약하는 취미가 있다나? 이 문장 한번 풀어서 써볼까? A lot has happened since then. 아이고 훨씬 보기 좋네.^^
a lot은 '많은 일'이라는 뜻이겠다. since then은 '그 때 이래로'? 맞네. 하지만 그냥 '그 후로'로 해석하는 게 더 자연스럽겠다.

03 Pull over.

미국 영화나 Real TV를 보면 경찰이 범인을 쫓으면서 이 소리 정말 엄청 외쳐댄다. 근데 뭔 소리야? pull은 '잡아 당기다' 인데???!!! over는 '이쪽으로' 라는 뜻이고.
이게 뭐야? 이쪽으로 잡아 당겨? 허허 거 참. 이게 이런 거라네. 차를 타고 가다가 급한 상황이 발생해서 차를 갓길에 대는 경우가 있잖아. 이걸 갓길의 입장에서 얘기해볼까? 갓길은 내 차를 자기 쪽으로 잡아 당기는 꼴이잖아. 아, 그래서 pull over야?
맞아, 결국 경찰이 "갓길로 차를 대세요."라고 말할 때 이 말을 쓰게 되고 차 안에서 "차 좀 세워 봐."라고 말할 때에도 최적의 표현!!!

04 I'm proposing to you right now.

와, 우리가 프로포즈라고 말하는 걸 개들도 그대로 쓰나 보구나. 물론이지. 그래서 propose to는 '~에게 프로포즈하다'로 기억하면 된대. 하이고, 요런 거만 나오면 좋겠다.

---

01 서두르지 않아도 돼. 02 그때 이후로 많은 일이 있었어.
03 차 좀 세워봐.[갓길에 차 대세요.]
04 나 지금 너한테 프로포즈하는 거야.

05 I don't care about that.

care는 정말 많이 나오는 어휘인데도 정확한 해석이 늘 헷갈리네.
원래가 '신경 쓰다' 이니까 care about은 '~에 대해서 신경 쓰다', '~을 관심을 보이다'
등의 의미로 이해하면 되겠다.

06 Are you having a good time?

have a good time을 직역하면 '좋은 시간을 갖다' 잖아.
진행형이니까 '좋은 시간을 보내고 있다', '즐겁게 시간 보내고 있다' 정도로 이해하면 되
겠네. have가 진행형도 가능하군.

07 I don't intend to harm you.

이거 정말 필요한 말이네. intend가 '의도하다' 이니까 I don't intend는 '의도가 전혀 없
다' 는 뜻이고 harm you는 '너에게 해를 끼치다' 로 이해하면 되겠네.

08 Who am I talking to?

이거 뭐지? 내가 누구에게 얘기하고 있는 거냐고? 아하, 전화상에서 쓰는 말이구나.
상대방이 누군지를 묻는 말이네.
이거 보다 쉬운 거? 뭐… Who's speaking please? 정도?

09 I'll come to the point.

요거 봐라. 만만치 않은 걸?^^ point는 '핵심', '중요한 것' 등을 뜻한다지?
그렇담… come to the point는 '핵심에 이르다' 이므로…
그렇지, '핵심을 말하다' 라고 해석하면 좋겠다.

10 Don't answer it.

대답하지 마? 뭐야 이게. 그래, 이 표현은 쓰이는 상황이 중요하겠다.
실제 누가 질문했을 때 이 말을 써도 좋고, 전화가 왔을 때에도 이 말을 사용할 수 있겠는걸.

---

05 난 그런 거 관심 없어.　06 즐겁게 시간 보내고 있는 거야?
07 너한테 해를 끼칠 생각은 전혀 없어.　08 전화 거시는 분은 누구신가요?
09 핵심을 말씀 드리겠습니다.　10 그거 대답하지 마.[전화 받지 마].

MP3 #**011**

11 Is that clear?

이건 좀 어렵다. 단어들은 쉽디 쉬운데. "그게 분명해?" 이게 무슨 말이야.
이게 말이지, 무슨 말을 해놓고선 제대로 이해했는지를 묻는 말이래.
그래? 거참, 간단하게 표현하는군.

12 It doesn't stand a chance.

우린 stand만 보면 '일어서다' 밖에 생각이 안 나잖아.
stand에 '세우다' 의 뜻이 있대. 진짜? 그래서 stand a chance는 '기회를 세우다' 래.
그렇담... 기회가 있다? 똑똑하네^^.

13 We must keep this under cover.

must가 '의무' 인 거 맞지? 그렇다면 keep this under cover는?
'이것을 덮개로 덮어둔다' ? 아하, 그러면 겉에서 보이지 않으니까... '비밀로 하다' ?
어쩜 그렇게 머리가 좋을까. 헐!

14 If this comes out, we're gonna be in trouble.

come out은 '밖으로 나오다' . 그 말인 즉, '밝혀지다' 라는 거지?
그렇구나 정말. be in trouble은 '난처한 상황에 빠지다' 정도로 이해하면 되겠다.
가만, 가만. be gonna(going to) 이거 정확한 해석 또 까먹었지.
'확실한 미래' 를 말한다고 했잖아. 그러니까 '확실히 난처한 상황에 빠지다' 가 되는 거네.
문법 내용의 정확한 이해!!!

15 Get it?

이런 거 정말 싫더라. 무지하게 짧은데 이해 안 되는 문장들.
그 많은 get의 의미 중에 뭘 선택하라는 거야? 아니, get it 형태면 understand로 이해하는 거래. 그래? 그렇담 뭐.

---

11 무슨 말인지 알겠어?   12 그건 가능성이 없어.   13 우리 이거 반드시 비밀로 지켜야 돼.
14 이 사실이 밝혀지면 우린 정말 난처해져.   15 이해 되니?

16 I'm home.

나는 집이라고? ㅎㅎ 이게 "다녀왔습니다."의 뜻이라네.
우리 왜 이런 걸 진작에 배우지 못했던 것일까? 안타깝다, 정말. 요즘엔 어린애들도 다 아는 표현인데.

17 Are you kidding?

이건 뭐 워낙 많이 들었던 말이라서.... 그럼 무슨 뜻?
"놀리는 거야?" 맞다, 맞아. 하지만 그게 다가 아니래.
상대의 말에 약간 놀라면서 "정말?", "설마." 등의 느낌을 전하기도 한대.

18 He's my age.

"그는 나의 나이"? 그럼, 나하고 나이가 같단 말이겠구나.
그런데 이걸 이렇게 쓴단 말이야? 우리 같으면 same이 꼭 들어갈 것 같은데....
영어는 우리가 만드는 게 아니니까 뭐.

19 It's a pleasure to meet you.

이거 뭐 영어회화 시작할 때마다 외웠던 문장이네.
pleasure는 '즐거움', '기쁨', '만족' 등의 뜻이 있으니까 해석이야 뭐 식은 죽 먹기? ㅎㅎ
그럼 뭐해. 잘 써먹을 줄 알아야지. 맞다!!!

20 I'll take care of it.

이것도 학교 다닐 때 정말 수도 없이 외웠네.
하지만 외운 건 실제 활용해야 될 때에는 전혀 생각나지 않잖아.
그러면? 읽어야지. 무조건 큰 소리로 계속, 계속, 계속 읽자, 읽어!!!

---

16 다녀 왔습니다.(다녀 왔어.)   17 지금 놀리는 거야?(정말이야?, 설마 그럴 리가.)
18 걔 나하고 동갑이야.   19 만나 뵙게 되어서 정말 반갑습니다.
20 그건 내가 알아서 처리할게.

MP3 #012

21 I don't know about your past.

아, 그냥 '너의 과거' 를 your past라고 쓰면 되는구나. 당연하지.
복잡하게 생각할 것 없지.
그러니까 past에는 '과거에 있었던 일' 의 뜻이 포함되어 있다는 말씀.

22 I know him.

그를 안다는 거 아냐? 이게 뭐?
잠깐. 이건 정말 내가 그 사람을 개인적으로 잘 안다는 뜻이래.
개인적으로는 아니지만 그냥 잘 알고 있다고 말할 때에는 I know of him.이라고 한대.

23 Get this straight.

이게 뭘까? 이것을 똑바로 가져가라? 비슷하다.
그러니까, 이 사실을 곡해하지 말고 분명하고 똑바로 이해하라는 말인가 보다.
와, 아주 정확하네. 훌륭해요 정말.

24 You want to hear it or not?

영어를 이렇게 막 하면 되는구나. 어렵고 복잡하게 생각할 게 하나도 없겠어.
어려운 어휘가 있는 것도 아니고 말이야. 거참. 듣고 싶은 거야?
아니면 아니야? 이거잖아. 허허.

25 By all means.

어, 이건 뭐지? means가… '수단', '방법' 맞아 그런 뜻 있다.
그러면? "모든 수단과 방법을 다 동원해서"?
그래서…, "그렇게 하도록 하세요."라고 강조하는 대답…. 그렇구나!!!

---

21 난 네 과거를 모르잖아.   22 난 걔 개인적으로 아주 잘 알아.
23 너 이건 분명하게 이해하고 있어야 돼.
24 그걸 듣고 싶은 거야, 아니야?   25 그럼요. 마음 놓고 하세요. (승낙, 허락의 의미)

26 Let's stop wasting time.

그래, 이 말이 하고 싶었어. 본론은 말하지 않고 계속 수다만 떠는 애들한테 말이지.
waste time이 '시간을 낭비하다' 정도는 알지 물론. 야, 야, 시간 낭비 좀 그만하지!!!

27 I'm not qualified for that.

가만... qualified가 뭐더라? 들어도 들어도 까먹는 단어...
휴...맞아 '자격을 갖춘' 이구나. 그러면 qualify가 '자격을 주다'?
맞다! 그럼 You're not qualified! "넌 자격 미달!!!"

28 Don't mention that.

mention이 '언급하다' 잖아. 그러면 "그런 소리 마."가 되겠는걸. 정확하네.
가만, "천만에"도 있지 않았던가?
아, 그럴 때엔 보통 Don't mention it.이라고 하지. 상황 파악이 중요하네.

29 Give it a shot.

어, 이거 shot은 '발사' 아닌가? 설마 그걸 발사하라는 뜻은 아니겠지.
그러게. 그런데 shot에 '시도(試圖)'라는 뜻이 있대.
아, 그러면 결국 일단 한번 쏴보라는 느낌과 비슷하네.^^

30 I have an emergency.

아, emergency라고 하니까 갑자기 ER이 생각나네.
Emergency Room의 약자잖아. 몰랐어? 맞아, 응급실이야.
그러니까 emergency는 '비상 사태', '위급' 등의 뜻인 거지.

---

26 우리 시간 낭비 그만하자.   27 난 그 일을 할만한 자격이 안 돼.
28 그런 소리 마.   29 그거 한번 시도해 봐.   30 내가 좀 급한 일이 있어서.

MP3 #**013**

01 It's out of style.

왠지 안 좋은 의미인 듯. 맞아, 보통 out of가 들어가면 그렇더라.^^
style에서 벗어난 거(out of)잖아. 가만, 그런데 style을 뭐라고 하지?
아 맞다, '유행'. 그렇다면...

02 We'll be there in 2 hours.

be there를 어떻게 해석하면 좋을까? in 2 hours는?
미래와 in이 함께 쓰이면 in은 '~후' 래. 그래서 '두 시간 후' 라네.
아, 그러면 be there는 '거기에 가다' 가 좋겠다. Cool!!!

03 You've got my word.

이건 뭐지? 네가 내 말을 가졌다? 이게 뭐야? word에 무슨 특별한 뜻이 있나?
당연히 있겠지. 가만 있어보자... 아, '약속' 이라는 뜻이 있구나.
get my word는 '내가 약속하다' 의 뜻.

04 Freeze.

얼다? 그게 뭐야? 아하, 생각났다.
영화에서 보니까 경찰이 범인에게 총을 겨누며 Freeze! 하던 걸.
"꼼짝 마!" 라는 뜻이네. 몸이 얼어 붙는 것과 꼼짝하지 않는 게 같은 느낌이구나.

05 This sucks.

이게 뭐야? 원래 suck은 '빨다' 의 뜻인데. 맞아, 하지만 suck이 속어로 쓰일 때가 있다네.
상태가 엉망이거나 불쾌하고 짜증나게 할 때 suck을 쓴다네. 사람이 주어로 올 수도 있고.

---

01 그거 한물 간 거야. 02 우리 두 시간 후에 도착할 거야. 03 약속할게. 알았어.
04 꼼짝 마. 05 이거 정말 형편 없군 그래.[뭐 이런 일이 다 있어 정말. 짜증나게.]

06 I don't have a great deal of time.

a great deal of time은 중 · 고등학교 다니면서 배웠던 말 같은데.
진짜? 이거 배운 거야? 근데 왜 생각이 안 나지? 그럴 수도 있지 뭐.
'무지하게 많은 시간' 이지 아마.^^ 맞다, 맞아.

07 I guess we ought to get going.

이건 뭐 아는 말 같기도 하고...하여간 굉장히 생소하네.
내 짐작엔(I guess) 우리가 말이지(we) 지금 가급적(ought to) 가야 될 것(get going) 같은데(guess). 해석 잘하네.^^

08 Whatever you say.

이렇게 간단한 말들이 정말 헷갈린다니까. whatever는 '무엇이든지' 잖아.
그렇다면 '네가 말하는 건 무엇이든지' 인가? 그렇지.
그러니까 "네 말대로 할게." 정도면 좋겠네 뭐.

09 I have no idea.

나는 아무런 아이디어가 없다. 그 뜻이야?
거기서 멈추면 좀 섭섭하지 않은가? 뭔가 다른 게 있겠지.
그렇지? 맞아. 아이디어가 전혀 없으면 결국 아무 생각이 없는 거지. 그래서...

10 You're coming with us.

이건 무척 쉬운데. "너는 우리와 함께 오고 있어." 어? 해석이 이상하네. 그러게 말이야.
우리말의 의미 전달이 전혀 안 되잖아. 그러면 뭐지? 잘 들어.
'너와 내가 함께 간다' 거나 '내가 너에게로 간다' 고 말할 때, 즉 내(I)가 아닌 너(you) 중심으로 말할 때는 '가다' 의 의미로 go 대신 come을 쓴대.
그리고 이 문장에는 진행형이 쓰였잖아. '이미 정해진 사실' 을 말할 때엔 현재진행을 써서 '미래' 의 의미를 전하는 거라지. 그러니까 이 문장을 이해하기 위해서는 어휘와 문법 두 가지의 완벽한 이해가 필요한 거였어. 생각보다 만만치 않지?

---

06 나 시간 많지 않아.   07 우리 가는 게 좋겠어.   08 네 말대로 할 테니까 알았어.
09 난 몰라.   10 넌 우리와 함께 가는 거야.

MP3 #**014**

11 You don't look too good.

look이 나오면 항상 '겉모습', '안색(顔色)' 등을 말하잖아.
그러면 don't look good은 '안색이 좋아 보이지 않는다'가 되겠네.
not too good은 '그다지 안 좋다' 이니까 뭐…

12 Are you gonna make it through this?

요거 봐라. 이미 다 배운 내용이네. be going to 배웠고 make it도 배웠잖아.
이 문장에서 make it은 '해내다', '성취하다'로 해석하면 되겠다. 맞아.
그러면 through는 뭐지? 이게… 원래 '통과하다'이니까 직역하면 '이것을 통과하면서 해 내다'? 결국, '이 일을 해내다'? 바로 그거야. 정확한 어휘의 의미를 이해하고 있으니까 숙어가 절로 이해되잖아.^^

13 You keep your mind on your job.

"네 마음을 네 일에 계속 올려 놓아라."가 직역이네.
keep은 '계속'의 느낌이 있으니까. 그러면 이걸 어떻게 이해해야 되는 거야?
아, 네 일에 계속 신경 쓰란 말인가 보네. 그러네.

14 After you.

이게 뭐야? "당신 이후"? 가만, 어디서 들어본 말인 것 같기도 하네.
그러니까 이게 말이지, 나는 나중에 당신이 먼저 한 이후에 할 테니까 먼저 하라는 말이래.
공손한 말인 거지. 와.

15 Is everything set?

"모든 것이 세팅이 됐어?" 맞아, 바로 그 말이다.
이런 것도 한 번에 추측해내고 쓸만한 걸^^. 좋아, 좋아.
결국 모든 것이 다 준비되었냐는 말씀.

---

11 너 안색이 그다지 좋아 보이지 않네.   12 너 이 일 확실히 해낼 수 있겠어?
13 너 네 일에 계속 신경 쓰도록 해.   14 먼저 하세요.   15 모든 게 다 준비 된 거니?

16 Tell me what's going on.

what's going on은 '무엇이 진행되고 있는가' 아닌가? 맞아. 그러면…
"지금 무엇이 진행되고 있는지 말해라"?
좀 이상하네. 이걸 어떻게 하면 자연스러운 우리 말로 바꿀 수 있을까?

17 We're tight on time.

이게 무슨 말이지? "시간이 타이트하다"?
이걸 우린 "시간이 좀 빡빡하다."라고 말하지 않던가? 그렇다면… 그래,
"시간이 없다."는 말이겠다. We don't have much time.과 같대.^^

18 It's not about you.

모르는 단어는 하나도 없는데… 이게 어떤 상황에서 쓰는 말일까?
"그건 너에 관한 것이 아니다"?
그렇다면 "너에 관한 이야기 아니야."인가? 맞다, 그 정도면 되겠다.

19 Don't do anything stupid.

이런 말이 의외로 쉽게 나오지 않는 걸.
anything stupid가 '바보 같은 짓' 이잖아.
그러니까 do anything stupid는 '바보 같은 짓을 하다'. 연습하면 쉽게 나오게 되겠지.

20 Let go of me.

let go of ~가 숙어잖아. '~을 가게 하다' 이니까 '풀어주다' 정도로 이해하면 되는 거
아닌가? 맞아, 아주 훌륭한 판단이야. 결국 release와 같은 의미.^^

---

16 일이 어떻게 돌아가고 있는지 말해 봐.　17 우리 시간 많지 않아.
18 너에 대한 이야기 아니야.　19 바보 같은 짓 좀 그만 해.　20 날 좀 놔줘.

21 What for?

이렇게 간단할 수가? I did that for you.는 "난 널 위해서 그 짓을 한 거야." 잖아.
그러면 for 이하를 what으로 받을 경우 What did you do that for?가 되네.
"너는 무엇을 위해서 그 짓을 한 건데?"인걸. 이걸 줄여서 What for? 그렇지. 정확해.
그것 뿐이 아니잖아. What do you need that for?는 "넌 무엇을 위해서 그게 필요한 건데."를 줄여도 What for? 아닌가? 맞아, 아주 정확해. 그렇게 '이유'를 물을 때 What for?를 사용할 수 있다는 거야.
정말 간단한 말인데 이렇게 심오한 뜻이^^.

22 You made a terrible mistake.

이거 많이 배웠다. make a mistake. '실수하다' 잖아. 맞아. 그런데 terrible이 들어갔네.
이건 '끔찍하다', '심하다' 등의 뜻.
그럼 뭐, make a terrible mistake는 '심하게 실수하다' 네.

23 I need to talk to you alone.

need는 단순히 '필요하다'가 아니라 '간절히 필요하다'의 뜻이래.
talk to you는 '너와 대화하다'이고. alone은? '혼자' 아닌가?
맞아. 하지만 '단 둘이서만'의 뜻도 있다네. 그래?

24 I'm very sorry I did that.

이건 뭐 쉽네. I'm very sorry.는 "정말 미안하다."잖아.
그렇지. I did that.은 "내가 그런 짓을 했다."니까,
결국 "내가 그런 짓을 해서 정말 미안해." 아닌가? 맞아, 정확해.

25 Don't bother.

가만 이게 뭐더라? bother는 '성가시게 하다' 아닌가?
맞아. 어, 그런데 목적어가 없네.
그렇담 자동사로 쓰였다는 말씀? 그렇지. 이게 스스로 성가시게 한다는 느낌이라네.

---

21 무엇 때문에 그러는 거야?   22 넌 끔찍한 실수를 저지른 거야.
23 너하고 단 둘이 이야기를 좀 하고 싶어. 정말이야.
24 내가 그런 짓을 하다니 정말 미안해.   25 귀찮게 뭐 하러 그래.[넌 신경 쓸 거 없어.]

26 I'm glad to hear you say that.

I'm glad.는 '무척 반갑고 기쁘다' 는 의미라네.
hear you say that은 '네가 그 말하는 것을 듣다' 가 된대.
언뜻 보기엔 쉬운 것 같은데, 그렇지도 않네.

27 It worked.

"그게 일을 했다"? 이상한데. 물론 이상하긴 한데, 그 속 뜻은 맞는 말이래.
그게 우리가 원했던 대로의 일을 했다는 거야. 그럼 결국 '효과가 있었다' 는 거지. 거참.

28 He left without saying goodbye.

이 정도쯤이야 뭐. He left.는 "그가 떠났다." without saying goodbye는 "떠난다는 말 없이". ㅎㅎㅎ. 이거야 뭐 정말 식은 죽 먹기지. 맞아. 하지만 이 말을 해석할 수 있다고 그게 다는 아니지. 이 말을 직접 활용할 수 있어야 되잖아. 그래야 정말 이게 쉬운 문장이라고 떠들 수 있는 거 아닌가? 맞는 말일세. 열심히 소리 내서 읽자. 정말.

29 You don't have to tell me nothing.

이거 뭐 don't하고 nothing이 나왔다고 해서 '이정 부정' 이니까 결국 '긍정' 으로 해석해야 된다는 오해는 금물이라네.
You don't have to tell me 먼저 해석하면 "너 나한테 말할 필요 없다"잖아.
맞아. 바로 이어서 nothing은 '아무 것도' 로 이해하는 거래.
아, 그렇구나. 말 된다. 눈으로 봤다 해서 대강 해석하고 넘어가면 절대 안 된다는 말씀.

30 Say something encouraging.

say something은 '뭔가 말하다' 이고 encouraging은 무슨 뜻이지?
익숙하지 않은 어휘인데.... courage는 '용기' 맞지? 그렇지, 그거야 다 알지.
여기에 접두사 en-을 붙이면 동사가 되는 거래. 그래서 encourage는 '용기를 주다' 가 되는 거지. 여기에 -ing를 붙여서 encouraging이 되면 형용사가 된다네.
그것 참. 그러면 '막 용기를 주는' 의 느낌이 되는 거지.
아하. 결국 something encouraging은 '뭔가 용기를 주는' 이구나.

---

26 네가 그 말 하는 걸 들으니 기뻐 정말.　27 그거 효과 있었어.
28 그는 작별인사도 없이 떠났다.　29 나한테 아무 말 할 필요 없어.
30 뭔가 힘이 될 만한 말을 좀 해봐.

MP3 #**016**

01 I'm gonna disappoint you.

이 말을 쓰게 되는 경우, 참 많다.
gonna는 '분명히 ~할 거야' 로 해석하는 거고 disappoint는 '실망시키다' 잖아.
그래서 "내가 널 실망시키게 될 거야."라는 말이네. Very good.

02 It all turned out okay in the end.

좀 기네. 그래도 겁먹지 말 것! 우린 늘 turn out을 '결과적으로 ~의 상태가 되다' 라고 배웠는데 도대체 왜 그런 뜻이 되는 거지? out에는 '처음부터 끝까지' 의 뜻이 포함되어 있다네. 그래? 그냥 '바깥' 이 아닌 거구나.^^ 그렇다면 '결과적으로' 는 out 때문에 생긴 뜻이네. 그러게 말이야. turn은 원래 '~의 상태가 되다' 의 뜻이래.
원래 그런 뜻이었어? 왜 이렇게 난 몰랐던 게 많아. 아니야, 다 그래~~.
아하, 그래서 turn out이 그런 뜻이 되었구나. okay는 '괜찮다' 이고 in the end는 '결국'.
뭐 이 문장의 열쇠는 결국 turn out이었네.

03 I'll get used to it.

어, 이건 많이 배웠던 건데. get used to 는 '~에 익숙해지다' 잖아.
뭔가에(to something) 몸과 마음이 사용되어진다(get used)라고 해서 생긴 뜻이라네.
아하.

04 Did you hear me?

가벼운 거 하나? ㅎㅎ 그래도 방심은 금물. hear me는 '나를 듣다' 가 아니라 '내 말을 듣다' 로 해석해야 맞는 것. 기렇지. "내 말 들었어? 어?" 요거 좋다.

05 Do your work.

꼭 그런 애들 있지. 지 할 일은 제대로 못하면서 남의 일에 사사건건 간섭하는 놈.
아이고 니 일이나 좀 알아서 해라.

---

01 난 결국 너를 실망시키고 말 거야.   02 그건 결국 괜찮은 것으로 판명되었어.
03 거기에 익숙해지겠지 뭐.   04 내 말 들었어?   05 네 일이나 잘 해.

06 I can handle it.

handle만 알면 되네. 그렇지. 이게 '다루다', '처리하다' 등의 의미를 갖는 거야.
결국 "내가 그 일을 해결할 수 있다."는 뜻이겠군. Wonderful.

07 I'm not up to it.

와, 이거 어렵다. 아니 어려울 것 없어. up은 '올라가는 거' 잖아.
그리고 목표 지점이 to 뒤에 나오는 거고. 그 목표가 '원하는 일이나 요구되는 일을 해낼 수 있는 능력'을 뜻한대. 결국 이 문장은 "난 그런 목표에 이르지 못한다."가 되니까 '능력이 안 된다'는 말? 맞네요~~

08 They were on strike.

그들은 strike 위에 있었다? 가만, He's on the phone.은 "그는 통화 중이다."잖아.
그렇지. 아하, on 다음에 명사가 오면 '그것을 하는 중이다'의 느낌인가 보네.
그렇지, 똑똑하네. 그럼 "그들은 파업 중이었다"? 하하하, 바로 그거야.
전치사 on에는 '진행'과 '계속'의 느낌이 포함되어 있는 거래. 아하.

09 Is that what you meant to say?

글쎄, 이런 말이 술술 나오면 얼마나 좋겠어.
meant to say 이런 게 까다롭더라니까. mean에는 '의도하다'의 뜻이 있으니까 '의도적으로 한 말'? 맞아, 그런 느낌이 살아 있어.

10 That's not what I meant.

우리말로 의사소통하기도 정말 힘들다.
내가 하는 말을 남들은 왜 그렇게 오해하는지 모르겠어. 아니, 그게 아니라니까.
내 말을 왜 그렇게 못 알아 듣는 거야?

---

06 그건 내가 처리할 수 있어.   07 난 그 일을 할만한 능력이 안돼.
08 그들은 파업 중이었다.   09 그게 네가 말하고 싶었던 거야?
10 난 그런 뜻으로 한 말이 아닌데.

MP3 #**017**

11 How do you feel right now?

기분이 우울하다고 바짝 긴장시킨 놈한테 한숨 푹 자고 일어나라고 충고했다.
어떠냐, 한숨 자고 났더니 기분 좀 괜찮아졌어?
feel 요거 적절하게 잘 써야겠다.

12 I'm irritated.

이거 좀 까다로운 걸? irritate는 '자극하다'가 근본 뜻이래.
그래서 '염증을 일으키다'도 되고 '열 받게 하다', '짜증나게 하다' 로도 쓰인다네.
거기에 상태를 나타내는 '수동형' 등장!!!

13 Don't belittle me.

처음 보는 단어네. 그런데 가만 있자.
little에 be-가 붙은 거잖아. 연관성이 있겠지? 작게 보는 건가? 맞아, 바로 그거야.
'사람을 작게 보는 거' 즉, '얕잡아 보는 거' 야.

14 I didn't ask you to do that.

영어는 정말 의역을 잘해야 돼. 느낌을 잘 살리는 게 의역이지.
ask는 '부탁하다'의 뜻으로 쓰였네.
그러면 "내가 너한테 그거 해달라고 부탁하지 않았다."? 요걸 살짝 의역하면?

15 No wonder I'm confused.

No wonder 이거 정말 많이 봤다. 의아함(wonder)이 아니라는 거야.
그러면 당연한 거라는 거 아닐까? 귀신이네.
게다가 confused(혼란스럽다)를 합치면?

---

11 지금 기분 어때?   12 정말 짜증나네.   13 나 무시하지 마.
14 너더러 그렇게 해달란 적 없잖아.   15 내가 혼란스러운 건 당연하지.

16 Slow down.

이건 느리게 속도를 낮추라는 말 아닐까?
상상력 정말 뛰어나네. 맞아, 속도를 낮추라든지, 말을 천천히 하라든지, 그런 투의 말을 할 때 사용하는 표현이라네.

17 Talk to you tomorrow.

모든 게 표면적으로 보이는 것만이 다는 아니래.
talk to가 '~와 대화하다'로 끝날 수도 있지만 '만나서 대화하다'로 확장 해석하는 게 좋을 때도 있다는 거지.^^

18 I'm free around 3:00.

아무리 많이 듣고 보았던 말도 내가 직접 사용해보지 않으면 익숙해질 수 없잖아.
free는 '시간이 있다'는 말이고 around는 '~경'이라는 뜻이네.
연습하자, 연습!!!

19 You can call me then.

can이 '허락'의 의미로 쓰였을 거라는 당연한 확신^^.
그리고 call이 '전화 걸다'인지 '부르다'인지 헷갈릴 때가 있잖아. 그러면 이 문장에선?

20 Do you want to ask me something?

얘가 왜 말은 안 하고 주춤주춤 하는 거야?
얘기해 봐. 너 나한테 뭐 부탁할 거 있어?
맞다, '부탁하다'의 의미로 ask를 쓴다는 건 아무리 강조해도 지나치지 않다.

---

16 천천히 해.   17 내일 만나서 얘기하자.   18 난 3시쯤이면 시간 있어.
19 그때 나한테 전화 줘.   20 나한테 뭐 물어볼 게 있는 거야?

MP3 #**018**

21 Let's talk about it.

이건 그냥 넘어갈 문제가 아니야.
우리 어디 앉아서 자세히 좀 이야기하자고. 이것저것 참고할 것도 있고 말이지.
그런 게 바로 talk about이래. 심오한 뜻이 있구먼.

22 You seem a little defensive.

너 말투며 행동이며 좀 이상하다.
내가 너한테 해코지하려는 것도 아닌데 그렇게 방어적으로 나올 필요 없잖아.
그냥 편히 얘기해. 맞아, defensive가 그 '방어적인' 이래.^^

23 I'm so tired of this life.

지친다 지쳐, 이렇게 사는 것도.
언제까지 이렇게 쪼잔하게 살아야 되냐, 내 인생.
그렇게 정신적으로 지치고 질렸을 때 tired of가 딱이다, 딱!!!

24 It's just a really bad day.

뭐 항상 좋은 일만 있을 수 있겠어?
재수 없는 날도 있고, 기분 꿀꿀한 날도 있고 그런 거지.
그래도 그렇지, 오늘 정말 기분 꽝이다. bad day야, bad day.

25 You want to tell me why?

이유는 좀 알아야 될 거 아니야, 이유는. 말해줄 거지?
가만, '이유'면 reason 아닌가? 그렇지, 하지만 그냥 why라고 써도 된다네.
정말? 아, 그렇다니까. why!!!

---

21 그 얘기 좀 하자 우리. 22 너 좀 방어적인 거 같다.
23 이렇게 사는 거 정말 지쳤다 지쳤어.
24 오늘 정말 재수 없네. 25 나한테 이유를 좀 말해줄래?

26 I don't mean to take it out on you.

mean에 '의미하다' 말고 '외도하다' 라는 뜻도 있다는 거 들어본 적 있어.
그렇다면 I don't mean to는 '의도적으로 ~하려는 거 아니야' 로 이해하면 되겠네.
똑똑하다, 정말. 그럼, take it out on you는 뭐지? 이건 첨 보는 건데….
말 그대로 해석해볼까? 그것을 밖으로 꺼내서(take it out) 너에게 붓는 거야(on you).
너한테 화풀이하는 거. 진짜?

27 Why are you saying this?

너 지금 왜 이래? 이 말을 하는 이유가 뭐냐고?
say this 요거 보기보다는 써먹기 쉽지 않네. 뭔들 쉽겠어, 영언데.
에이, 영어를 너무 거북해한다. 영어와 친해집시다!!!

28 I'm really scared.

scared는 '두려운 상태' 를 말한다네. 동사 scare가 '무섭게 하다' 아닌가?
맞아. 이게 수동형인 scared가 되면 '무서운' 의 의미를 갖는 형용사로 바뀌는 거래.
그렇구나~~

29 It's all over the news.

이거 봐라… "그것이 뉴스를 온통 all over, 그러니까… 덮었다"?
맞아, 바로 그런 느낌이야. 그래서 "뉴스에 떠들썩하다", "뉴스를 틀기만 하면 그 이야기가
나온다", "뉴스에 쫙 깔렸다" 등의 해석이 가능한 거지.
와, 그런 뜻이 있었구나. 이거 꼭 써먹어야겠다. 빙고!!!

30 Let's be real.

넌 너무 이상적인 생각만 하는 게 탈이야.
현실적인 걸 말해야 어떻게 해보든지 할 거 아니니. 우리 좀 현실적으로 생각하며 살자,
응? 그래, 그럴 때 이 말을 쓰면 딱이다!

---

26 너한테 화풀이하려는 거 아니야.   27 이런 말 하는 이유가 뭐야?
28 나 정말 무서워.   29 뉴스에 깔렸어. 뉴스 틀기만 하면 나온다. 뉴스에 떠들썩하다.
30 우리 현실적으로 생각하자.

MP3 #**019**

01 Let's take a coffee break.

참 많이 들었던 말이다. 앞으론 친구들에게 써먹어봐야지^^.
take a break는 '쉬다' 아니었던가? 맞아.
그러면 take a coffee break는? 그렇지, 커피를 마시면서 쉬는 거다. 그렇군.

02 What changed your mind?

무엇이 너의 마음을 바꾸었냐고? 가만, 해석이 좀 그렇네.
이걸 어떻게 바꿔야 자연스럽지? 아, "마음을 왜 바꿨어?" 그거 괜찮다.
그럼 결국 "왜 생각을 바꾼 거야?" 아주 좋아!!!

03 I came to say I'm sorry.

이건 쉬운데. 자만하지 말 것!!! "난 미안하다고 말하기 위해서 왔다."?
뭐, 틀리진 않지만 좀 어색하네. 이렇게 해볼까?
"내가 온 건 미안하다고 말하기 위해서지." 요게 좀 낫다^^.

04 That's not possible.

이런 말이 입에서 쉽게 나올 수 있도록 문장을 읽고 또 읽자.
옆구리만 툭 건드려도 이 말이 튀어나올 수 있게.
영어는 반복적인 연습을 통한 습관화의 과정이라는 것, 명심!!!

05 Don't blame him.

blame 배우긴 배웠는데 이게 뭐더라?
'책망하다'. 맞다, 맞아. 그러면 "그를 책망하지 말아라."?
맞아. 헌데, 좀 더 우리말답게 바꿔보면 어떨까? "걔한테 뭐라고 하지 마." 와!!!

---

01 우리 커피 한 잔 하면서 좀 쉬자.   02 왜 생각이 바뀐 거야?
03 내가 여기 온 건 미안하다는 말을 하기 위해서야.   04 그건 가능하지 않은데.
05 걔한테 뭐라고 하지 마.

06 I messed up.

이건 좀... 어렵다. 하이고, 어렵긴 뭐가 어렵다고.
그런 거 없어. 모르는 게 나오면 알면 되지. 포기는 금물!!!
mess up은 '완전히 망쳐놓다' 거든. 그렇게 하나하나 알아가면 될 것을!!!

07 Where have you been?

그래, 이런 거만 나오면 좋다니까^^. "너 어디에 있었어?" 맞잖아.
물론 맞지. 하지만 요게 "어디에서 어떻게 지냈어?"의 의미까지 포함한다면?
진짜? 그럼 진짜지^^.

08 It's working.

또 나왔다. 그런데 시제만 바뀌어도 해석이 쉽지가 않구나.
그렇지. It worked.는 "효과가 있었다."인데.
It's working.은... 그래, 그게 지금 효과를 보고 있는 거잖아.

09 Don't be silly.

silly가 뭐더라?
어리석고 바보 같은 말이나 행동, 또는 사람을 가리켜서 silly라고 하잖아.
아, 그렇구나. 언제 들어본 것 같기도 하고. 자주 쓰이니까 꼭 기억하도록! 알겠습니다!!!

10 She's doing great.

말을 이렇게 쉽게 하는구나.
그럼, 당연하지. 어느 나라사람이든지 말을 복잡하게 하지는 않지.
이렇게 쉬운 말들을 많이 알아둬야 영어를 잘하게 되는 거야. do great, 잘한다!!!

---

06 내가 다 망쳐놨어.   07 너 어디에서 뭐하면서 지냈어?   08 그거 지금 효과 있어.
09 바보 같은 소리하지 마.   10 걔 정말 잘하고 있어.

MP3 #020

11 I can't get a handle on things.

어이쿠, 이게 뭐야? handle이면 '다루다' 라고 배웠는데. 그렇지.
여기선 명사로 쓰였으니까 '다룸'? 그렇지. 그럼 get a handle on이면 '~을 다루다'?
그렇지. 그렇게 유추하는 거야.

12 I'd really like you to come.

I'd really like부터 해석해볼까? 맞아, 그렇게 하는 거야.
그러면 '나는 정말 좋은데' 잖아. 하루가 다르게 실력이 느는군^^.
you to come '네가 오는 거 말이야'. 10점 만점!!!

13 I'll sleep on it.

그 위에서 잔다고? 맞아, 그게 바로 직역이야. 그럼... 이게 무슨 뜻이지?
전치사 on에 '~에 관해서' 라는 의미가 있는데....
그러면? '~에 관해서 잠자면서 생각하다' 아하, sleep on!!!

14 Never even considered the thought.

consider는 '생각하다' 인데. 그렇지.
그런데 '생각을 깊이 하다' 정도로 이해하는 게 좋겠다. 아, 그렇구나.
consider the thought면? 말 그대로 '그 생각을 깊이 하다' 인가? 물론!!!

15 I can't do that anymore.

can't do that이면 '그 짓을 할 수 없다'.
ㅎㅎㅎ. '그 짓' 이라... 그렇게 해석하니까 후련하네.^^
not anymore는 많이 배웠었다. '더 이상은 아니다'. 훌륭해요, 아직도 기억하니.

---

11 일이 손에 안 잡히네.   12 난 네가 와주면 정말 좋겠어.
13 하루 정도 충분히 생각해볼게.   14 그 생각은 전혀 해보지 못했어.
15 더 이상은 그렇게 못해.

16 I'll check it out.

어? check it out? 이거 배웠는데. 그렇다, 첫 날 나온 밀이나.
그렇지, '확인하다'. 기억력 좋고. I'll은 '순간적인 결심에서 나오는 미래의 행위'이다.
옳거니. 그렇다면?

17 I can't figure out what's going on.

이런 말을 걔들은 참 쉽게도 한다.
이미 figure out을 배우긴 했는데. '해결하다'의 뜻이었어.
그런데 여기서는 '이해하다'가 좋겠다. 그렇다면? I can't figure out은 '이해할 수 없다'
로 이해하면 되고. 다음엔?
아, what's going on이 '일이 어떻게 돌아가는지' 잖아.
그렇지!!! 아주 똑똑하군^^. 그럼 해석 다 됐네.

18 It doesn't make any sense.

make sense는 정말 많이 나온다. 나오면 뭐해? 늘 까먹는 걸. 그러게.
직역하면 '센스를 만들다' 인데. 그래서 '이치에 맞다' 로 의역하는 거야. 그렇구나.

19 Take a closer look at it.

가만 있어봐. take a look at은 배웠는데. '~을 보다' 잖아.
그렇지. 그런데 여기에 closer가 추가된 거야. '좀 더 가까운' 이지. 아하, 그렇다면?

20 I'm just here for a visit.

참 쉽네. 그런데 왜 이런 말을 못하냐고, 우리는.
for a visit은 무작정 '방문을 위해서' 라고 해석하면 별로야.
'놀러' 가 가장 정확한 느낌이라는대. 그래?

---

16 내가 확인해볼게.   17 무슨 일인지 난 도저히 모르겠어.   18 그건 전혀 이치에 맞지 않아.
19 그걸 좀 자세히 봐봐.   20 전 그냥 놀러 온 거예요.

MP3 #021

21 How come you're here?

How come 이게 만만치 않아.
'어떻게 와?' 이건 분명 아니잖아. 맞아, 그건 아니지.
이게 약간 놀라면서 '왜?' 의 느낌을 전할 때 쓰는 말이라네. 아하.

22 I'm going to miss you so much.

be going to는 '확실한 미래' 를 의미하므로 해석할 때에도
'확실히' 정도를 넣어주는 센스?
ㅎㅎㅎ. 아, 그립다, 그리워. 바로 miss라네요.

23 It's a long trip this time.

왠지 여행이 지루하게 느껴질 때가 있지. 암. a long trip, 맞아.
'긴 여행' 이니까 '지루한 여행' 이겠다.
아이구, 이젠 뭐 영어의 감이 아주 좋아졌어요.^^

24 I'll be back every chance I get.

이게 뭐야? I'll be back은 알겠는데. every chance I get?
'내가 갖는 매 번의 기회' ?
가만있자. 혹시, '기회 있을 때마다' ? 우악!!! 바로 그거다. 우째 이런 일이!!!

25 I just got out of the shower.

get out of ~를 이럴 때도 쓰는구나.
당연하지. 쓸 수 있는 상황에서는 다 쓰지. ㅎㅎㅎ. '~에서 나기는 거' 잖아.
그러니까 get out of the shower는 '샤워에서 나가다' . 그렇지.

---

21 네가 여긴 왠 일이야?   22 너 정말 무척 보고 싶을 거야.
23 이번에는 긴 여행이 될 거야.   24 시간 될 때마다 찾아 뵐게요.
25 방금 샤워 마치고 나왔어.

26 What do you think?

이거 과연 쉬운 문장일까? "무슨 생각해?" 아니다. 그건 아니야.
진짜 "무슨 생각해?"는 What are you thinking?이다.
그렇다면? "넌 어떻게 생각해?" what인데? 그렇다니까.

27 We're separated now.

가만 separate는 '갈라놓다' 아닌가? 맞아. 아주 정확한 걸.
be separated는 '갈라진 상태' 그러니까 '헤어진 상태'지.
아하. 수동태는 '주어의 상태' 임을 명심할 것.

28 You feel like a cigarette?

요거 알 듯 말 듯. feel like는 want to와 같은 뜻이래.
그렇구나… 그렇다면 "너 담배를 원해?" 이건가? 맞아.
그걸 좀 더 자연스러운 우리말로 바꾸는 거야.

29 I was ashamed of that.

많이 들었던 말이다. 그런데 한 번도 써본 적이 없으니 어려울 수밖에.
ashamed가 '창피하고 부끄러운 상태'를 의미한대.
아, 그런 거구나.

30 Nothing personal.

personal은 사적인 걸 말하는 거니까 nothing과 연결되면… '사적인 거 전혀 아니다'.
그렇지. 아주 좋아. 영어는 그렇게 이해해가는 거야.

---

26 네 생각은 어때?   27 우린 지금 헤어진 상태야.   28 담배 한 대 피울래?
29 그 사실이 너무나 부끄러웠어.   30 전혀 사적인 거 아니야.

MP3 #022

01 This is taking way too long.

아이고 이거 원 길고 복잡해서. 아니야, 겁먹지 마.
way too를 빼봐. 그러면 This is taking long.이잖아.
그렇지. 이거 "시간이 오래 걸린다."야. way too는 강조할 때 쓰는 거고. 아!!!

02 Be easy on him.

이건 또 뭔데? "그에게 쉬워라."? 그게 뭐야? 잠깐, 조금만 더 응용해봐.
easy에는 '부드럽다', '쉽다', '여유 있다' 등의 느낌이 있거든.
그래서 '살살하다' 의 의미가 있다는 거야. 아...

03 Have a good one.

좋은 거 하나를 가져라? 이게 뭘까?
아니 도대체 모르는 단어도 없는데 왜 이러는 거지?
원어민들은 헤어지면서 이 말을 늘 쓰거든. Have a good day.와 같대. 내 참.

04 I can't hear you.

나는 너를 들을 수 없다? 맞아. 하지만 말이 좀 어색하잖아.
네가 하는 말을 들을 수 없다는 거겠지.
hear you가 '너를 듣다' 가 아니라 '네 말을 듣다' 야. 살짝 응용한 건데, 거 참.

05 What's on your mind?

뭔가가 마음 위에 붙이 있다.
그렇다면? 뭔가를 생각하고 있는 거란다.
아하. 그래서 "무슨 생각하고 있는 거야?" 의 의미가 되는 건가? 그렇지.

---

01 이거 시간 정말 오래 걸린다.   02 걔 살살 다뤄.   03 좋은 시간 보내라. 안녕.
04 네 말 안 들려.   05 지금 무슨 생각해?

06 I don't get it.

이거 원 get이 워낙 많은 의미를 갖고 있으니까 어떻게 해석해야 할지.
하지만 get it의 형태로 쓰일 때는 좀 특별하대.
'이해하다'의 의미를 갖는다는군. 역시 배워야 돼, 배워야.

07 I'll see what I can do.

그대로 한번 직역해볼까?
"나는 내가 무엇을 할 수 있는지를 볼 것이다." 맞아. 여기에서 파생되어서 "하는 데까지 해볼게."가 된다는군.
아, 그거 말 된다. 멋있는 말인 걸!!!

08 What are you talkin' about?

요건 확실히 안다. 하지만 방심은 금물.
입에서 정확하게 나올 수 있도록 소리 내서 읽고 또 읽고.
너 지금 뭔 소리야? 뭔 소리 하냐고.

09 It gets on my nerves.

이게 뭐지? 그게 내 신경 위에 올라타 있다고? 이게 뭘까?
아, 신경을 건드리는 거구나.
맞다, 맞아. 와. 똑똑한 걸.^^ 영어 참 쉽죠이.

10 What are you staring at?

가만, stare가 뭐였더라?
이거 '응시하다', '빤히 쳐다보다' 이런 뜻이잖아.
맞아, 그거야. 그렇다면 "뭘 그렇게 빤히 쳐다보는 거니?" 이 뜻인가? 물어보나 마나.

---

06 난 무슨 소린지 이해가 안돼.   07 하는 데까지 해봐야지.
08 너 지금 무슨 소리하는 거야?
09 그거 정말 신경 건드리네.   10 뭘 그렇게 뚫어지게 봐?

MP3 #**023**

11　What have I done to deserve all this?

내가 뭘 어쨌다는 거야? What have I done?
그런데 그 다음은 to deserve all this... 이게 뭐지? deserve 몰라? 글쎄...
'~의 값어치가 있다'? 그렇지. 그래서 deserve all this는 '이 모든 것에 대한 값어치가
있다'. 이게 뭔 소리야? 아... '내가 이 모든 대접을 받을만한 값어치가 있다'.
그러니까... "내가 왜 이런 대우를 받아야 돼? 무슨 짓을 했길래?" 우와, 천재!!!

12　We have a serious problem.

요건 좀 낫다. ㅎㅎㅎ. serious problem은 '진지한 문제'?
아니, 그건 좀 이상하잖아. 아, 그러면 '심각한 문제'. 그렇지. 아주 좋아요, 아주.

13　Don't look down.

와, 말을 이렇게 하는 거구나. 뭔가 좀 눈치챘나 보지?
아이고, 물론이지. look down이 '아래를 보다' 아닌가?
와, 웬만하면 이거 쉽게 알아차리지 못하는 건데. 대단해요, 대단해.

14　Don't give up on me.

give up은 '포기하다' 니까...
give up on me는 '나를 포기하는 거' 맞나? 맞아.
하지만 기억할 건, 정말 애를 써봤지만 뜻대로 되지 않아서 포기하는 게 give up on ~
이라는 사실.

15　Are you okay?

이렇게 쉬운 걸. ㅎㅎㅎ
대화 도중에 갑자기 안색이 안 좋아지며 이상 증세를 보이는 사람에게,
또는 왠지 여러 가지로 걱정되는 사람에게 별탈 없는지를 묻는 질문이지.

---

11 내가 뭘 어쨌길래 이러는 거야 정말?　12 우리 지금 심각한 문제가 있어.
13 고개 숙이지 마.
14 날 포기하지 마.　15 괜찮은 거야? 어디 불편해?

16 I'll be right back.

be back 또 나왔네. '돌아오나'. 그런데 right이 들어갔어.
그러면 '바로 돌아오다' 의 뜻이라는군.
아하. 결국 right은 '강조' 의 의미가 되는 거네. 그러게.

17 You've got to take responsibility for your life.

이건 뭐 좀 해볼 만한걸. take responsibility는 '책임을 지다' 잖아.
그렇지. for your life는 '네 인생을 위해서' 이니까 take responsibility for your life는
'네 인생을 책임지다' 의 뜻이겠네. 바로 그거야. have got to는 '당연히 해야 되다' 로 해
석하는 거래. 그래? '당위성' 의 느낌이라는군. 아하!!!

18 I count on you.

이건 모르겠는걸. count on이 뭐지?
아, 이건 '사람이나 말, 또는 상황을 믿는다' 는 의미래. 활용빈도가 높다지.
한 단어로 바꾸면 trust가 좋겠다. I trust you!!!

19 Give me more time.

어, 이건 뭐 우리말 그대로를 풀어 쓴 것 같네.
그냥 "더 많은 시간을 달라." 는 거잖아.
그렇지. 아주 좋아. 하지만 이 말이 자연스럽게 나올 수 있도록 읽는 연습 필수!!!

20 Don't stay up too late.

"너무 늦게 일어서있지 말아라."? 좀 이상한데.
아, up이 '잠들지 않은 상태' 구나. 그렇다면 stay up은 '계속 잠들지 않은 상태'.
결국, 늦게까지 깨어있지 마, 일찍 자라고!!!

---

16 금방 돌아올게.   17 네 인생은 네가 책임져야 돼.   18 난 널 믿어.
19 시간을 조금만 더 줘봐.   20 너무 늦게까지 깨어있지 말고 빨리 자.

MP3 #024

21 Don't look back.

이렇게 쉽게 말하는구나. 우리말의 "뒤돌아보지 마."잖아. 그렇지. 아주 정확해.
back이 '뒤로' 의 의미로 쓰인 거지.
"뒤돌아 날 보지 마."는 Don't look back at me. 기억하도록.

22 I've already been there.

왠지 익숙한 말인데. "나는 이미 거기에 있었다."?
아, have been ~이 '~에 가본 적이 있다' 라는 뜻이지.
그렇다면 "나는 이미 거기에 가본 적이 있다." 이거네. 그렇지.

23 Make a right.

이건 또 뭐야? "옳은 것을 만들어라."? 옳게 행동하라는 건가?
아니, 그게 아니라 이건 우회전하라는 말이래. 엥? 정말?
그러면 a right이 '오른쪽' 이네? 그렇지.

24 You must be joking.

이걸 정확히 뭐라고 해석해야 할까?
must가 '강력한 추측'? 맞다, 맞아. 아, 그러면 be joking은 '진행' 이네. 물론이지.
그러면 "농담하고 있는 게 틀림없다."? 100점!!!

25 When you get back, we'll talk.

get back은 '돌아오다' 고 talk는 '이야기하다' 이니까 "네가 돌아올 때 우리 얘기해."
그런데 말이 어색하네.
아, "네가 돌아오면 그때 얘기하자."구나. 똑똑하다 되게.

---

21 뒤돌아보지 마. 22 난 거기 가본 적 있어. 23 우회전해라.
24 너 지금 농담하는 거지. 25 너 돌아오면 그때 얘기하자.

26 Now is a good time.

아하, 이것도 우리말 그대로군.
진짜, 나라만 다르지 다들 똑같은 사람이라서 표현하는 방법은 비슷해. 그렇지? ㅎㅎㅎ
당연하지. "지금이 좋은 시간이다." 맞아, 그거야.

27 I want this wrapped up by tomorrow.

이거 금세 어려운 말 나왔군 그래. 아니, 뭐 어려울 것도 없는데.
wrap up은 '완전히 포장하다' 라는 뜻이래. wrap은 잘 알잖아. 그리고 뭔가를 포장한다는 것은 마무리가 다 되었다는 뜻 아니겠어? 그래서 wrap up에 '일을 다 끝내다' 의 뜻이 포함되어 있다는 거야.
그래? 표현을 정말 무작정 외울 게 아니라 먼저 이해하는 게 좋은 거구나. 물론이지.

28 Did you know that?

한 번씩 이렇게 쉬운 거 나올 때마다 기분 좋네. ㅎㅎㅎ
사실, 이런 말이 쉽다는 걸 아는 것보다는 쉽게 구사할 수 있는 능력을 기르는 게 중요하다는 사실, 잊지 말도록!!!

29 I'm leaving.

나는 지금 떠나는 중이다? 거봐, 이상하잖아.
현재진행을 써서 '미래' 의 의미를 전할 수 있다고 했잖아.
그리고 leave는 이 문장에서 '떠나다' 가 아니라 '가다' 로 해석해야 된대.

30 My car is buried back there.

와, 이 말 재미있다. bury는 '땅에 묻다' 잖아. 그렇지?
그런데 '뭔가에 파묻혀 있다' 는 느낌으로도 쓸 수 있는 어휘래. 그러면, 자동차가 주어로 쓰였으니까 '자동차가 저 뒤에(back there)' 파묻혀 있는 거군. 맞네.

---

26 지금이 딱 좋아.　　27 이 일이 내일까지 끝났으면 좋겠어.
28 너 그 사실을 알고 있었어?　　29 나 지금 간다.
30 내 차가 저 구석에 완전히 처박혀 있네.

MP3 #**025**

01　I come here all the time.

보기엔 정말 쉽다. 뭐, 해석도 쉽겠지^^. "나는 여기에 항상(all the time) 온다."
맞아. 그런데 해석이 좀 개운하지 않은걸. '항상' 보다는 '자주' 가 낫지 않아? 아, 그러네.

02　I'm afraid of heights.

이게 뭐지? afraid는 '무섭다' 아닌가? 맞아, 무섭다. height는 뭐더라.
'높다' 가 영어로 뭐지? 그거야 뭐 high지. 그렇지. 그 high의 명사형이 height야.
아하. 그러면 "나는 높음을 무서워한다."? 그래, 그걸 우리말로 잘 풀어봐.
아, '고소공포증'!!! 맞아, 하지만 '고소공포증' 에 해당되는 단어는 acrophobia이고
afraid of heights라고 말할 때에는 그냥 "난 높은 데 가면 무서워."로 해석하는 게 옳대.
아, 어휘에 따라서 다른 느낌의 해석이 필요한 거구나. 그렇지.
그래서 영어는 '암기' 가 아니라 '이해' 인 거야.

03　He should be here any moment.

should를 어떻게 해석해야 되지? 분명히 '~을 해야만 하다' 는 아닌데. should에는 '강한
추측' 의 의미가 있대. 물론 must보다는 약하지만.
아하, 그러면 He should be here.는 "걔 도착할 거야."군.
그러면 any moment는? 이건 '어떤 순간이든' 이 되어서 '곧' 의 뜻이래. 와, 그런 거였어?

04　How was your day?

your day를 뭐라고 해석해야 할까? '너의 날' 이 뭐지? 특별한 날인가?
아니, 그게 아니라 그냥 '오늘 하루' 를 뜻한대.
그러면 "오늘 하루 어땠어?" 이거야? 맞아. 정말? 그것 참.

05　Please continue.

continue는 '계속하다' 잖아.
사실 이 단어는 배운 이후에 한 번도 관심을 가져본 적이 없네. 대화에서 정말 잘 쓰이는
데. 이 문장은 말 그대로 "계속 하세요."야. 진짜 쉽다. 그러게.

---

01 난 여기 자주 오는데.　02 난 높은 데 무서워서 못 가.　03 그 사람 곧 도착할 거야.
04 오늘 하루 어땠어?　05 계속하세요.

06 It's boring.

배운 거 같기도 하고... 당연히 배웠지, 학교에서.
원래 bore는 '남을 지부하게 하다' 라는 동사래. 여기에 ~ing가 붙어서 형용사가 된 거지.
'남을 지루하게 만드는'. 그렇구나.

07 It wasn't so much fun.

fun은 '재미' 라는 의미의 명사라는 사실은 이미 배웠고.
그러면 so much fun은 '대단한 즐거움' 이네.
결국 "별로 재미 없었다."는 말이구나. ㅎㅎㅎ, 아주 좋아요.

08 Where would you like it?

참 생소하네. would you like에 where가 연결되니까 영… 그대로 이해하면 될 텐데, 뭐.
그러니까 "그걸 어디에 원하느냐?" 좋아, 좋아. 그걸 좀 자연스럽게 바꾸면…

09 What're you looking at?

이건 그냥 '진행' 으로 해석하면 되나? 물론이지.
look at은 '~을 보다' 의 뜻이니까 "너 지금 뭘 보고 있는 거야?"로 해석하면 되는 건가?
바로 그거야. 완벽해.

10 Get rid of your gum.

이건 또 뭐야? get rid of 이거 분명히 많이 외웠던 표현인데.
아, '제거하다'. 맞아. 그러면 "껌을 제거하다."? 이게 뭐야?
혹시, "껌을 뱉어라."? 맞아. 그래? ㅎㅎㅎ 재미있네.

---

06 정말 지루하다, 지루해.   07 별로 재미 없었어.   08 이거 어디에 둘까요?
09 너 지금 뭘 그렇게 보는 거야?   10 껌을 뱉어라.

MP3 #**026**

11 Won't you try this?

Won't you ~? 이런 게 어렵더라. 좀 그렇긴 하지.
'~하지 않을래?' 의 뜻이래. try도 늘 '노력하다' 로만 해석하지 말고 '해보다' 가 좋겠어.
그러면 '해보지 않으련?' 좋아요, 아주.

12 I couldn't afford it.

afford 이거 어렵다. 하지만 알면 된다. ㅎㅎㅎ 좋았어, 그 자신감.
'~의 여유가 있다' 는 뜻이래. 특히 can afford라고 하면 '~을 할만한 경제적, 또는 시간적 여유가 있다' 는 의미라지. 그렇다면 이 문장은 "나는 그것을 위한 경제적인 여유가 없었다."라고 해야 하나? 맞아. 그래서 "그걸 살 돈이 없었지."로 의역할 수 있는 거지.
그렇구나. I can't afford him.은 뭘까?
엥? 사람을 살 돈이 없다고? 왜 이래 정말. 잠깐, 참아봐. 그게 아니라. 그 사람을 부릴만한 돈이 없다는 거야. 비싸서. 아, 그럼 진작에 말을 했어야지.

13 I'll be out in a minute.

정말 쉬운 단어들만 있군. 그런데 be out이 뭘까? 이건 go out의 뜻이지.
그러면 in a minute은? '잠시 후에' 라는군.
그래서, '잠시 후에 나갈 것이다' ? 두 말하면 잔소리.

14 That champagne got to me.

그 샴페인이 나를 got to 했다? 이게 뭐야? get to ' 영향을 주다' 의 의미가 있대.
진짜? 그렇다네. 그러면 샴페인이 나한테 영향을 주었다는 거니까 내가 샴페인을 좋아하게 됐다는 건가? 아니, 그런 영향 말고. 술을 마시면 어떤 영향을 받지? 그야 뭐, 취하는 거지. 아, 그거구나. 샴페인을 마셨더니 취기가 돈다는 말. 아이고, 고마워. 알아줘서.

15 What did you say?

가만...네가 그 사람을 설득했다는 거야?
아니, 제대로 얘기하긴 한 거야? 뭐라고 했어? 뭐라고 했는데 그 사람이 설득된 거야? 궁금하기도 하고 믿어지지 않기도 하고...

---

11 이거 한번 해보지 않을래?   12 그걸 살만한 돈이 없었어.   13 나 곧 나갈 거야.
14 그 샴페인 때문에 취기가 좀 돌더군.   15 네가 뭐라고 말했는데?

16 I won't let you go.

이럴 수는 없어. 정말 아니야. 내가 너를 이렇게 보낼 수 있을 것 같아? 아니지,
이런 식으로는 절대 보낼 수 없어. 널 절대(will) 보내지 않을 거야(let you go). 절대로.

17 Where were you?

그대로 해석하면 "너 어디에 있었어?"가 되는데. 그 표현 참 쉽고 편안하네.
그렇지? 잠깐, 그렇다면 "너 지금 어디야?"는 어떻게 할까? 쉽잖아.
Where are you? 너무 쉬웠나?

18 They were mean to me.

이거 mean이 헷갈린다. '의미하다' 인가? 아니지, 이 문장에서는 동사가 아니라 형용사로
쓰인 거잖아. 아, 그렇다면 '성질이 나쁜' 이잖아. 맞아, 그 뜻으로 해석하는 거야.

19 I got it for you.

아이고 get은 너무 뜻이 많아서 뭐가 뭔지 모르겠어.
그러니까 부담 갖지 말고 나올 때마다 문장으로 기억하면 되는 거야.
여기에서는 '사다' 의 의미로 쓰인 거지. 그렇구나...

20 I just ran into her.

여기에서는 run into가 중요한가 봐. '~안으로 뛰어들어가다'?
잠깐! 나도 모르게 내가 누군가의 길로 뛰어들어가서 그 사람을 우연히 만나게 된 거야.
그런 거였어?

---

16 널 절대로 보내지 않을 거야. 17 너 어디에 있었어? 18 그들이 나를 막 대했어.
19 그거 너 주려고 샀어. 20 그녀를 우연히 만났던 거야.

21 Why do you want to know?

너 정말 별 걸 다 묻는다. 왜 그러는 거야, 도대체? 네가 그거 알아서 뭐하게?
넌 그걸 왜 알고 싶은 건데? 알고 싶어하는 이유가 뭐야?

22 Just hear me out.

hear는 '우연히 듣다' 의 느낌이래. 그러면 신경 써서 듣는 건 뭐야?
아, 그건 listen이고. 그런데 hear out에서 out은 '처음부터 끝까지' 거든.
가만, 그러면 처음부터 끝까지 우연히 듣는다는 게 말이 될까? 당연히 안되지. 그렇지.
처음에는 우연히 듣게 되었는데 듣다 보니 호기심이 발동되어서 끝까지 열심히 듣게 되는
거 있잖아. 그게 hear out이래.

23 I'm having a great time.

a great time은 '아주 좋은 시간' 이겠지?
역시 뛰어난 영어감각을 갖고 있어. 훌륭해.^^
그러면 이 문장은 "지금 아주 좋은 시간을 보내고 있다."는 뜻이네 뭐. 쉬웠어?

24 Your secret is safe with me.

와, 무슨 뜻인지 알겠어. 이렇게 표현할 수 있구나.
신기하다. 표현이 멋있어. 그래? 표현이 멋있다고 느껴질 정도면 대단한 건데.^^
"네 비밀은 내게 안전해." 비밀 지킬게.

25 I'm not happy with him.

"난 그와 행복하지 않아." 이거 아닌가? 맞아.
하지만 happy를 무조건 '행복하다' 로만 해석하면 좋지 않대.
'관계가 좋다' 어때? 그러면 "난 그와 관계가 별로야."가 되잖아.

---

21 왜 알고 싶은 건데 그래?   22 그냥 내 말을 좀 끝까지 들어봐.
23 나 지금 너무 행복하게 시간 잘 보내고 있어.
24 네 비밀 절대 누설하지 않을 테니까 걱정 절대 하지 마.   25 나 걔하고 사이 별로야.

26 I won't fight with you.

내가 너하고 싸워서 뭐하겠어? 이기지도 못할 싸움.
그리고 또 너한테 내가 이겨서 뭐하겠어? 됐어. 우리 싸우지 말자.

27 I find that hard to believe.

가만, "나는 그것이 믿기 힘들다고 발견한다."? 이게 뭐야? 잘 이해해봐.
I find that은 '결과적으로 ~라는 사실을 알게 되다' 아닐까?
그래서, "그거 믿기 어렵다."는 말?

28 Don't do it again.

도대체 몇 번 이야기해야 알아듣는 거야? 그거 하지 말라고 했잖아.
좋아, 이번 한 번만 봐주지. 앞으로 다시는 그런 짓 하지 마. 알았어?

29 Do I look okay?

나 괜찮아 보여? 이거 새로 산 건데. 예쁘지? 이거 사려고 내가 6개월 동안 돈 모았다,
정말. 어때? 괜찮지? 예쁘지? 가만 있지만 말고 말 좀 해봐. 예뻐?

30 Something's missing.

가만... 이거 맛이 좀 그런데.
뭔가가 빠진 거 같아. 소금인가? 아니야, 후추를 좀 쳐야 되나? 뭐가 빠진 거지?
설탕을 빠뜨렸나? 답답하네. 뭐지?

---

26 너하고는 절대 싸우지 않아. 27 그거 정말 믿기 어려워.
28 다시는 그런 짓 하지 마. 29 나 예뻐? 괜찮아 보여?
30 뭔가가 빠졌어 지금.

01 Don't get too excited.

너 왜 그래. 좀 진정해라. 아무리 흥분돼도 그렇지, 그건 너무 심하잖아.
너 좋은 거는 알겠는데 그렇다고 남에게 피해를 줄 정도면 안 되지.
제발 너무 흥분하지 마란 말이야.

02 It never starts on time.

우리에게 정말 필요한 말이네. 보기엔 정말 쉬운데 이걸 막상 말하려면 불가능에 가깝지.
그러게. start on time이라. '정시에 시작하다' 겠지? 맞어. 요거 자주 써먹어야겠다.

03 You got to look at this.

너 이리 좀 와봐. 이건 너 같은 애가 꼭 봐야 되는 거야. 와서 이것 좀 보라고.
왜 와서 보라는데 고집을 부려.
자, 이것 좀 봐봐. 이건 네가 당연히(got to) 봐야 된다고.

04 What are you thinking about?

너 지금 무슨 생각을 그렇게 골똘히 하고 있는 거야? 오늘따라 진지한 모습이네.
무슨 일 있니? 말해봐. 지금 무슨 생각을 하고 있는 거냐고?

05 What is it you want?

네가 말을 해야 내가 알아들을 거 아니니. 네가 원하는 게 뭔데 그래?
그렇게 인상 쓰고 있으면 누가 알아서 해줘? 말을 하라니까. 네가 원하는 게 뭐야?

---

01 너무 흥분하지 마.   02 그건 절대 정시에 시작되는 법이 없어.
03 네가 이건 당연히 봐야 돼.   04 지금 무슨 생각을 하고 있는 거야?
05 네가 원하는 게 뭐야?

06 You're very good at it.

이건 정말 익숙한 말이네.
그런데 한 번도 활용해본 적이 없으니까 반가우면서도 서먹한 말이기도 하고.
be good at ~은 '~을 잘하다' 잖아. very가 있으니까 '아주 잘하다'? 맞아.

07 I'm proud of you.

미국 사람들은 이 말을 정말 자주한다는대….
우리는 워낙 칭찬에 인색하다 보니…. 너 정말 자랑스러워. 내 친구지만 진짜 자랑스럽다.
저는 아빠가, 엄마가 자랑스러워요. ^^

08 I'll just wait.

괜찮아요. 전 기다리는 거 괜찮다고요. 그냥 기다릴게요. 부담 갖지 마시고 하시던 거 하세요. 저는 그냥 기다릴 테니까요. 뭐 인터넷 하면서 기다리면 되지.

09 I got to get going.

알 듯 말 듯. 벌써 기억이 가물가물? ㅎㅎㅎ
get going은 이미 배웠잖아. 아, 그랬나? 맞다. '가다' 라고 했지.
그리고 got to는 조금 전에 했고. '당연히 가봐야 돼'? 그렇지.

10 Why are you leaving now?

아니 왜 하필이면 지금이야? 조금 더 있다가 가도 되잖아.
꼭 지금 떠나겠다는 이유가 뭐야? 좀 더 있다가 가. 같이 있고 싶단 말이야.
왜 지금 가겠다는 거냐고.

---

06 너 그거 정말 잘하잖아. 07 난 네가 자랑스러워. 08 전 그냥 기다릴게요.
09 나 가봐야 돼. 10 왜 지금 가려는 거야?

11 I didn't say that.

넘겨 짚지 마. 내가 언제 그 말을 했다고 그래. 난 그렇게 말하지 않았어.
오버하지 마. 하지도 않은 말을 했다고 해서 괜히 이상한 소문 퍼뜨리지 말라고. 난 그런 말 안 했다고.

12 You don't understand me.

니들이 뭘 알겠니. 니들이 한 겨울에 맨발로 동네를 열 바퀴 뛰어보기를 했겠니, 한 여름에 다리에 모래주머니 차고 축구를 해봤겠니. 니들은 날 이해 못한다. 정말.

13 You'll be all right?

너 몸이 안 좋아 보이는데. 괜찮겠어?
오늘은 좀 쉬지 그래? 그렇게 고집만 부리지 말고. 건강도 좀 신경 써야지. 정말 괜찮겠어?

14 Thanks for the ride.

이거 정말 많이 들어본 표현이네. 그런데 또 맨날 까먹어. 그렇긴 하지.
ride가 '자동차를 태워주는 거' 잖아.
그랬다. 맞다, 맞아. 그러니까 태워줘서 고맙다는 말이구나. 그렇지.

15 Why don't we just talk for a little bit?

가만, 우리 Why don't you ~?는 배웠잖아. 와, 기억하네. 그럼, 당연히 기억하지.
그러면 Why don't we ~?도 비슷한 건가? 너한테 권유하는 게 아니라 '우리 ~하자' 고 제안하는 거. 와, 진짜 똑똑하다. 바로 그거야.
그런데 for a little bit이 뭐지? 아, 그건 '잠깐 동안' 이래. 그래? 그러면 '우리 잠깐만 얘기하자' 는 거네. ㅎㅎㅎ 쉽게 풀렸구만.

---

11 난 그렇게 말하지 않았어. 12 넌 나를 이해 못해. 13 너 괜찮겠어?
14 태워줘서 고마워. 15 우리 잠깐만 얘기 좀 할까?

16 I get along with him.

get along은 초반에 살짝 배우고 넘어갔는데 기억하나 모르겠다. 뭐였더라?
'잘 어울리다' 였던가? 그렇지. 기억하네.
get along with ~는 '~와 사이가 좋다' 는 말씀.^^

17 Did you sleep well?

잘 잤니? 너 요즘 잠 제대로 못 잔다며. 무슨 고민이 그렇게 많아서 그래? 어디 좀 보자.
오늘도 뭐 얼굴이 그다지 개운한 것 같진 않네. 잘 잔 거야?

18 Do you hear me?

Did you hear me?는 배웠는데….
갑자기 현재시제로 바뀌니까 뭐라고 해석해야 할지 모르겠네. 우리 그렇게 말할 때 있잖
아. "내 말 들려?" 아, 그 뜻인가? 그래, 그거야.

19 I'm on my way.

많이 들어봤는데, 늘 헷갈리는 말이야. 이게 뭐였더라?
on my way는 '가는 중' 의 뜻이래.
아, 맞다 맞아. on the way라고도 하잖아. 와, 그런 것도 알아? 자랑스럽다 정말.^^

20 I'm just checking things out.

check out은 기억나지? 그럼, 당연하지. '확인하다' 잖아. 그렇지.
그러면 things는 뭘까? '물건들' ? 아, 그럴 수도 있겠는데 여기서는 '상황' 으로 해석해야
돼. 아, 그렇구나.

---

16 난 걔하고 잘 지내지. 17 잘 잤어? 18 내 말 들려?
19 나 지금 가는 중이야. 20 그냥 상황을 좀 확인하고 있는 중이야.

21 I'll meet you in the lobby.

이런 말이 쉬울 것 같은데 절대 그렇지 않아.
우린 보통 '만나자' 를 Let's meet ~ 이라고 생각하잖아.
그게 아니라 I'll meet you ~ 형태를 쓰는 거래. 아, 그랬구나.

22 I've got a little problem.

내가 좀 문제가 있어서 말이야. 아니 뭐 심각한 건 아니고 그냥 약간 좀 그런 게 있어.
신경 쓰지 마. 내가 알아서 처리할 수 있으니까.

23 You're stunning.

stunning이 뭐지? 이건 미국사람들이 정말 많이 쓰는 어휘래.
칭찬할 때 사용하면 좋은 어휘라지.
'멋지다' , '매력적이다' , '대단히 훌륭하다' 등의 뜻을 포함한대. 와, 훌륭한데!!!

24 I'm pleased to meet you.

pleased는 '기분이 좋다' 는 뜻이래.
그리고 사람을 처음 만났을 때는 반드시 meet을 쓰는 거고. see는 두 번째 만남부터 사용이 가능한 어휘라는군. 아하, 그런 게 있었어?

25 Please do so.

와, 이렇게 간단할 수가. 그냥 "제발 그렇게 해." 아닌가? 맞아, 잘했어.
그런데 please라고 꼭 '제발' 을 넣을 필요는 없어. 그냥 '부탁' 의 느낌만 살리면 되니까.
그렇구나….

---

21 로비에서 만나. 22 나 문제가 좀 있어. 23 너 정말 멋있다.
24 이렇게 만나서 정말 반갑습니다. 25 그렇게 좀 해줘.

26 Who ordered this?

이것도 뭐. "누가 명령했어?"잖아.
맞아, 그렇게 해석해도 되고 order에 또 '주문하다' 도 있잖아.
그래서 "이기 누가 주문한 거야?"로 쓸 때가 더 많지. 정말 그렇겠다.^^

27 I doubt it.

doubt이 '의심하다' 니까 "나는 그것을 의심한다." ㅎㅎㅎ 맞아.
자연스러운 우리말을 찾아볼까? "그거 의심스러운걸." 빙고!!!

28 I've got to get some air.

이거 뭐지? air가 '공기' 잖아. 그러면… 내가 공기를 좀 가져야 되는?
이게 뭐야? ㅎㅎㅎ air에 '바람' 의 뜻이 있대.
그래서 get some air는 '바람을 쐐다' 라는군. 아하!!!

29 Enjoy your dinner.

차린 건 별로 없지만 맛있게 드세요. 남들이 저더러 음식 솜씨는 좀 있다네요.
ㅎㅎㅎ 마음껏 드시고 필요한 거 있으면 말씀하세요. 어서 맛있게 드세요.

30 I've been looking forward to this.

이거 정말 학교 다닐 때 무지하게 배웠네. look forward to.
게다가 to가 부정사가 아니라 전치사이기 때문에 뒤에 동명사를 써야 된다고 어찌나 귀가
따갑게 들었던지. 그러면 뭐해. 생전 써먹질 못하니 다 까먹었지.
그런데 아, to 다음에 동명사만 오는 게 아니라 명사도 오고 대명사도 오는 거구나.
당연하지.^^

---

26 이거 누가 주문한 거야?   27 과연 그럴까? 그거 의심스러운걸.
28 나 바람을 좀 쐐야겠어.   29 저녁 맛있게 드세요.
30 내가 이걸 얼마나 기다렸는데.

MP3 #**031**

01 He's in trouble.

우리가 걔를 좀 도와야 되지 않을까 생각해.
걔가 지금 아주 난처하고 어려운 상황에 빠졌거든. 우리 아니면 도와줄 사람도 없어.
내 말 듣고 있는 거야? 걔가 지금 힘든 상황이라고.

02 I'm serious.

너 왜 내 말을 못 믿어? 나 지금 진심으로 하는 말이야.
농담이 아니라고. 어, 진짜라니까 그러네. 날 그렇게 실없는 놈으로 만들지 마.
나 지금 진지하게 하는 말이야.

03 Do you miss him?

너 도대체 왜 그러는데? 네가 싫어서 헤어진 거잖아.
그런데 너 지금 뭐야? 걔가 그리워? 걔가 그렇게 보고 싶은 거야?
말해봐. 지금 걔가 그리운 거냐고.

04 Find out who it is.

find out 정말 많이 나온다. find는 알겠는데 find out은 뭘까?
'알려지지 않은 사실이나 비밀 같이 추상적인 것을 알아내다' 가 find out이야.
그럼, 그게 누군지 알아내라는 거구나.

05 I have to go back to work.

일하러 돌아가봐야 된다는 거 아닌가? 맞아.
그런데 이 문장에서 work은 '일하다' 가 아니라 '직장' 의 뜻으로 쓰인 거래.
그래서 go back to work은 '회사에 돌아가다' 의 뜻이라네. 아!!!

---

01 그는 지금 힘든 상황에 있어.   02 나 지금 진지하게 말하는 거야.
03 걔가 그리운 거야?   04 그게 누군지 알아내.   05 나 회사에 다시 들어가봐야 돼.

06 Don't panic.

앗! panic이 동사로 쓰였네. 그러게.
우리가 흔히 알고 있는 panic은 '공포', '공황' 등의 뜻인데 이게 동사로도 쓰인다는 거지.
'공포에 질리다' 의 뜻이래. 와, 이 말 간단하고 좋다.

07 I'm starving.

사람을 잡아요 잡아. 나 지금 배고파 죽겠거든. 그냥 배고픈 것도 아니고 배고파 죽겠다고 정말. 왜 이렇게 사람을 굶기면서 일을 시키는 거야? 누구 죽는 꼴 보려고 그래?

08 I was talking to someone.

talk to someone은 '누군가와 대화를 하다' 의 뜻이래.
talk은 '말하다' 가 아니라 '대화하다' 의 의미라는 거지.
그래서 초대손님과 대화하는 프로그램을 Tell Show가 아닌 Talk Show라고 부르는 거구나. ㅎㅎㅎ

09 I'm not stupid.

stupid 이미 배웠는데 또 가물가물… 들을 때마다 어영부영 넘어가니 뭐.
anything stupid를 배웠다.
'바보 같은 짓' . 아, 그러니까 stupid는 '바보 같은', 또는 '어리석은' 이겠다.

10 It happens.

그것은 발생한다? 그게 뭐야? 여기에선 현재시제에 주의해야 돼.
과거, 현재, 미래에 늘 변함없이 일어나는 일이 '현재' 인 거지.
그래서, '습관', '진리', '직업' 등에 현재를 쓰는 거야.

---

06 두려워 마. 07 나 배고파 죽겠다 정말. 08 누구하고 대화를 좀 하고 있었어.
09 너 지금 내가 멍청이인줄 아니? 10 그거야 뭐 늘 있는 일이지.

MP3 #**032**

11 I'll take care of it.

어, 똑같은 문장 이미 배웠는데. 복습을 위해서 설명 다시 한 번.
그 일을 내가 care 한다는 거야. care에는 '보살핌', '배려' 등의 뜻이 포함되어 있지.
절대 잊지 말 것!!!

12 You don't believe me?

쉽다. "너 나 못 믿어?" 아닌가? 잠깐. 그거 아니래.
그런 뜻이 되려면 believe in me를 써야 된다네. 그냥 believe me는 '내 말을 믿다' 라는
뜻이래. 아하, 그런 거였군.

13 Look at it in another way.

이건 알 것 같기도 하고 모를 것 같기도 하고. Look at it.은 "그것을 보라."잖아. 맞지.
그러면 in another way는 뭐지? '다른 방법으로' ? 맞아. 그래?
아니 그러면 "그것을 다른 방법으로 보라."가 뭐야? look at it을 '눈으로 보는 것' 만 생각
하지 말고 '생각으로 보는 것' 이라고도 이해해 봐. 아, look을 마음의 눈으로 보란 말이
지? 그렇지. 그렇다면 그냥 '생각하다' 네.
바로 그거야. 그렇다면 "그것을 다른 식으로 좀 생각해봐." 이 뜻인 거야? 아이고, 똑똑해.
그래서 Look at it this way.는 "그걸 이런 식으로 생각해봐."가 된다는 말씀.

14 I came back early on purpose.

I came back early.는 "일찍 돌아왔다."지. ㅎㅎㅎ 이런 건 뭐 완전 기본이군.
on purpose는 학교에서 많이 배웠던 건데….
맞아. '일부러', '의도적으로' 등의 의미라는 거.

15 He will kill you if he finds out.

설마 정말 죽인다는 건 아니겠지. 당연하지.
He will kill you.를 "걔가 너를 죽이려고 들 거야."로 이해하는 거래.
그리고 if he finds out은 말 그대로 '만일 그가 알게 된다면' 이지.
아하, 그래서 "걔가 그 사실을 알게 되면 너를 죽이려고 할 거야."가 되는구나.
어때, 말 괜찮지 않아? ㅎㅎㅎ

---

11 그건 내가 잘 알아서 처리하도록 할게.   12 너 내 말 못 믿는 거야?
13 그걸 다른 식으로 좀 생각해봐.
14 일부러 일찍 돌아왔어.   15 그가 사실을 알게 되면 널 죽이려 들 거야.

16 That's impossible.

아니 그게 어떻게 가능하다는 기야? 그건 안 되지. 완전 불가능이야. 내 말 좀 들어. 지금 그런 말을 할 상황도 아니야. 도대체 이거 원. 그건 불가능한 일이라니까!!!

17 Whose side are you on?

가만, 이게 뭐지? side는 원래 '누구 쪽', '어느 편' 등의 의미라네. 그래서 on one's side라고 하면 '누구의 편 위에 있다' 가 된대. 결국 '누구의 편을 들다' 가 되는 거지.

18 What does it remind you of?

remind A of B는 정말 많이 배웠지. 그런데 형태가 좀 달라지니까 뭔 말인지 헷갈리네. ㅎㅎㅎ 그렇겠지. of 이하가 어디로 가버렸지? what으로 바뀌어서 앞으로 나간 거잖아.

19 You can do better.

이런 거야 뭐 쉽지, 쉬워.
do better는 '더 잘하다' 이고 can은 '가능성' 이나 '능력' 을 말하는 거라지?
와, 그런 걸 어떻게 알았을까? 아무렴, 장사 한두 번 하나? ㅎㅎㅎ

20 Don't you forget this.

어? 형태는 의문문인데 그냥 마침표네. 강조할 때 그런대.
주어와 동사의 위치를 바꾸어서 강조한다는 거야.
와!!! 결국 You don't forget this.를 강하게 표현한 거구나.

---

16 그건 불가능이야. 17 넌 누구 편이야? 18 그게 너에겐 뭘 생각나게 하니?
19 넌 더 잘 할 수 있어. 20 이건 절대 잊으면 안 돼.

MP3 #033

21 Are you joining us?

형태는 현재진행이지만 의미는 '미래' 라네. 이미 여러 번 배웠잖아. 늘 새롭지?
ㅎㅎㅎ 뭐, 꼭 그런 건 아니고. join us는 '우리와 함께 가다' 의 의미로 쓰인 거라네.

22 You made it.

진짜 늘 헷갈리는 말이네.
make it이 '성취하다', '해내다', '도착하다' 등의 의미라는 거 기억나지?
그래서 You made it.은 "네가 해냈구나.", "도착했구나." 등으로 이해!!!

23 Did you bring anybody?

어서 들어와. 혼자 온 거야? 아니면 누구하고 같이 왔어? 누구 데리고 왔냐고. 정말? 혼자 오면 재미없다고 했잖아 내가. 너는? 넌 누구 데려왔어?

24 Make yourself at home.

이건 정말 회화 배울 때마다 빠지지 않고 나오는 거다. ㅎㅎㅎ
집이나 회사에 찾아온 사람에게 '당신 집에 있는 것처럼 편안히 있으라' 는 의미라는군.
아이고, 안다니까 그래.

25 Say hello to him for me.

요거 참 쉬운 것 같은데 막상 해석하려니….
say hello는 그냥 '헬로우라고 말하다' 가 아니라 '안부인사를 하다' 지.
for me는 '날 위해서' 보다는 '내 대신에' 가 좋은 거래. 아하.

---

21 우리하고 같이 갈래?   22 왔구나. 해냈구나.   23 누구 데리고 왔니?
24 내 집이려니 생각하고 편히 있어.   25 그에게 내 대신 안부 전해줘.

26 It's over now.

원래 over에 '넘어서다' 의 뜻이 있다는군.
그래서 정해진 선을 넘어갔다고 해서 '끝나다' 의 의미를 갖는대.
아하 그랬던 거구나. 역시 무작정 외우면 안 돼, 정말.

27 You have no right to do that.

가만, 여기에서 right을 어떻게 해석하지? 분명히 명사로 쓰인 거니까…
'권리' 나 '정당한 자격' 의 느낌이겠네.
그래서 have no right to ~는 '~할 자격이 없다' ? 굉장한 추리력!!!

28 You shouldn't have done it.

이거 학교 다닐 때 진짜 중요하다고 수도 없이 들었던 말이다.
'should have + 과거분사' 는 과거의 사실에 대한 원망이나 후회의 의미를 갖는다잖아.
기억력 좋군, 흠…

29 I thought you would like it.

나는 네가 그것을 좋아할 거라고 생각했다고? 맞아. 좀 어색하긴 한데.
그렇다면… 그걸 좋아할 줄 알았다는 건가? 허걱. 이걸 그렇게 한 번에 해석해버리다니.

30 Like what?

뭘 좋아해? 헐… 이게 뭐지? 이런 단발음 같은 표현이 늘 헷갈린다니까.
like는 동사가 아니라 전치사로 쓰인 거래. 아, 그래? '~와 같다' 는 의미라는 거지.
이 말은 상대가 하는 이야기를 듣고 예를 들어달라고 부탁할 때 쓰는 말이라니까 반드시
기억해두도록!!! 아, 그렇구나.

---

26 그거 이젠 끝났어.   27 넌 그럴 자격 없어.
28 뭘 이런 걸 다.(선물 받았을 때)   29 네가 마음에 들어 할 줄 알았어.
30 예를 들면 어떤 거 말이야?

MP3 #**034**

01 Let me explain.

가만히 있어봐. 내가 설명해줄게. 그게 아니라니까. 오해하지 말고, 서두르지 말고, 차근차근 내 설명을 들어봐. 그래 알았어. 잘 들어야 돼. 지금부터 내가 잘 설명해줄게.

02 Don't talk back to me.

talk back이 뭐지? 뒤로 말해? 다시 말하나? ㅎㅎㅎ 그런 상상도 가능하겠군. 하지만 이건 '말대꾸하다' 라는 사실.
아, 그러네. 상대방이 한 말에 대해서 내가 다시 말하는 거니까.^^

03 You deliberately deceived me.

와, 요건 쫌 어려워 보이는걸. deliberately가 뭐지? 들어본 것 같기도 하고. '의도적으로' 의 뜻이래. 맞어 기억나는 거 같아.
deceive는 '속이다' 아닌가? 어떻게 알았어? 훌륭하군.^^

04 Did you expect to get away with this?

이건 진짜 모르겠다. 뭐지? Did you expect는 '너 기대했니?' 아닌가? 맞아. 잘하네.
아니, get away with this가 뭔지 모르니까 그러지. 잘 들어봐.
get away는 '도망가다' 래. 들키지도 않고 무사히 말이야. 그래서 get away with는 '나쁜 짓을 했으면서도 야단맞지 않고 무사히 빠져나가다' 뭐 이런 뜻이라는 거지.
와, 그런 심오한 뜻이?

05 Who put you up to it?

아이고 모르는 단어는 하나도 없는데 뭔 소린지.
그럼 그냥 한번 직역해봐. "누가 너를 거기까지 올려 놓았니?"
아주 좋아. 이게 뭔가를 하도록 부추기는 거래. 아하!!!

---

01 제가 설명을 드리지요.   02 나한테 말대꾸하지 마.   03 너 의도적으로 나를 속였잖아.
04 네가 이러고도 무사할 줄 알았니?   05 누가 부추긴 거야?

06 You thought I wouldn't find out?

너 그렇게 생각했던(thought) 거야? 내가 모를 거라고(not find out)?
아, 요렇게 해석하니까 간단하고 좋네. 그렇지 영어는 이렇게 읽어내려 가면서 해석하는
것이 가장 정확한 거래. 그러니까 앞으로는 계속 그렇게 연습해보자고. 알았지?

07 Don't let me down.

나를 let down 시키지 말라는 거지? 그렇지. 그러면 let down이 뭘까?
아래로(down) 내려가게 시키는 거(let), 그건가? 비슷해.
결국 사람을 실망시키는 게 let down이야. 아!!!

08 Could I speak to you?

Could I ~?는 뭔가를 해도 좋으냐고 정중하게 부탁하는 구문이래.
Can I ~?라고도 할 수 있는데 could가 더 정중하다네.
그렇구나. 그리고 speak to는 '~와 대화하다' 래.^^

09 I see your point.

이거 간단치 않은 걸…. 그러게.^^ see가 단순히 '보다' 가 아니라 '이해하다' 의 의미라네.
아, 들어본 적 있는 것 같다. 진짜?^^ point는 이미 배웠으니까 잘 조합해봐.^^

10 You don't even know me.

아니 날 언제 봤다고 데이트하자는 거야? 지나치면서 몇 번 봤다고 데이트하자면 아무하
고나 하겠네. 말이야 바른 말이지 저에 대해서 전혀 모르시잖아요. 그런데 무슨…

---

06 내가 모를 줄 알았어?   07 날 좀 실망시키지 말아라.   08 말씀을 좀 나눌 수 있을까요?
09 네가 무슨 말을 하려는지 알아.   10 저를 잘 모르시잖아요.

MP3 #**035**

11 I'll walk.

와, 이건 눈으로 볼 땐 진짜 쉬운 말인데 말로 하려면 절대 안 나오는 말일세.^^
"난 걸 거야."? 하하, 좀 어색하다. "난 그냥 걸어갈래." 요 정도면 딱이다. 100점!!!

12 That's not true.

어떻게 근거도 없이 그런 말을 할 수가 있어? 그건 사실이 아니야. 정말이야. 그게 사실이라면 내가 이렇게 살아있을 수 있을 것 같아? 내 말 믿어. 그건 절대 사실이 아니야.

13 Don't mind me at all.

어? 이게 뭐지? 좀 까다롭긴 하다, 그지?
mind의 의미를 정확히 모르면 그렇게 되지.
여기에 '신경 쓰다', '걱정하다' 등의 뜻이 포함되어 있다는 거야. 아, 그렇다면~~

14 Don't you ever dispute me in public.

와, 뭐 이런 말이 다 있어? dispute가 뭐지? 이게 '논쟁하다', '대들다' 같은 뜻이래.
그래? 그렇다면 dispute me는 '나한테 대들지 마' 인가? 그렇지.
그러면 in public은? 아, public은 '공중', '대중' 등의 뜻이래.
그래서 in public은 '대중들 앞에서' 의 뜻이라는 거지.
아하, 그러면 '사람들 많은 데서 대들지 말아라'? 하여간 똑똑해~~

15 This means so much to me.

그대로 해석하면 되나? 어떻게? "이것이 나한테 많은 것을 의미한다."
그렇지. 그런데 조금 의미를 확장해봐. 자연스럽게.
의미가 크다? 와, 절묘하다. 바로 그거야.

---

11 난 그냥 걸어갈래.   12 그건 사실이 아니야.   13 나는 전혀 신경 쓰지 마.
14 사람들 앞에서 나한테 대들지 마.   15 이게 저에게는 의미가 대단히 크답니다.

16 If you need anything, you let us know.

너 뭐라도(anything) 필요하면 말이야, 우리한테 알려줘(let us know). 알아서 다 처리해 줄 테니까. 와, 이렇게 해석하니까 진짜 좋다.^^ 폼 나는걸?
잠깐, 폼 나는 건 나는 거고 이거 꼭 기억해야 돼.
let know는 단지 '알게 하다' 가 아니라 '알려주다' 라는 사실.

17 Don't lose sleep over it.

이거 정말 표현 멋있다. 영어를 못하는 내가 봐도 끝내주는걸.
"그런 거(it)에 잠을 잃지 말아라." 이거잖아. 그런데 의역을 해봐야지.
그런 거 때문에 잠 못 자지 말라? 아!!!

18 Please come on in.

어서 들어와. 아이고 이게 얼마만이야. 정말 반갑다. 뭐해, 어서 들어오라니까.
그렇게 엉거주춤 서있지 말고 어서 들어와. 도대체 이게 몇 달 만이야? 어서 와.

19 What happened?

아니 너 얼굴이 왜 그 모양이야? 무슨 일 있었어? 말을 해봐. 말을 해야 알지. 무슨 일인데 그래? 답답해 죽겠네 정말. 아니 무슨 일이냐니까?

20 Can you dance to the song?

Can you ~? 구문은 이미 배워서 '부탁' 이라는 거 잘 알고 있고.
그러면 dance to the song을 어떻게 해석하지? to the song이 뭐야?
이게 '음악에 맞춰서' 래. 그래? 와!!!

---

16 필요한 거 있으면 우리한테 말해.   17 그런 일로 잠 못 자면서까지 고민하지 마.
18 어서 들어오세요.
19 무슨 일이 있었는데 그래?   20 노래에 맞추어서 춤 추실래요?

MP3 #**036**

21 Can you keep a secret?

너는 궁금할 테고 나는 말하고 싶어서 입이 근질근질하고. 좋아, 내가 말해줄게.
하지만 비밀 지켜줄 거지? 이거 약속 꼭 지켜야 돼. 비밀 지켜줄 거지 정말? 약속하라니까.

22 Sounds boring.

왠지 익숙하다고 느껴지지 않아?
글쎄…. sound는 남의 말을 듣고 그게 내 귀에 어떻게 들린다는 거래.
맞아, 언젠가 들은 적이 있어. boring은 '남을 지겹게 하는 거'고. 아!!!

23 He's funny.

너 그 사람 어떤지 알아? 정말 무지하게 웃긴다. 그 사람하고 같이 있으면 시간 가는 줄 몰라. 정말 재미있다니까. 한 번 만나봐. 내가 보장한다. 정말 재미있는 사람이야.

24 Where did you get that?

너 그거 어디에서 났어? 산 거라고? 그럼 어디에서 산 거야? 말해봐.
나도 가서 물건 좀 보려고 그래. 얘는 정말, 뭘 그런 걸 숨기냐? 그거 어디에서 샀냐고.

25 I'm exhausted.

정말 많이 들었던 말인데. 근데 왜 자꾸 까먹지? 아이고, 그거야 당연하지.
계속 소리 내서 읽으면서 연습하지 않으면 잊혀지는 거야.
exhausted는 '굉장히 피곤하다' 는 뜻이래.

---

21 비밀 지켜 주는 거지?   22 듣기만 해도 지루하다.   23 그 사람 정말 재미있어.
24 그걸 어디에서 산 거야?   25 나 정말 피곤해 죽겠어.

26 I'm not like you.

아, 여기에서도 like가 동사가 아닌 전치사로 쓰였나 보네.
그렇지, 아주 좋았어. 그렇다면 like you는 '너와 같다' 는 뜻이겠네.
바로 그거야. 대단히 훌륭하군.^^

27 Listen to the music.

정말 익숙한 말이다. 하지만 절대 방심은 금물.
여기에 뭐 방심할 게 있나? 물론 있지.
무언가를 신경 써서 듣는다고 할 때 반드시 listen to를 쓴다는 거!!! 전치사 to 조심!!!

28 I can't take it anymore.

이게 뭘까? 쉽지 않은 걸. 맞아, 쉬운 표현 아니야.
can't take it은 '그것을 받아 들일 수 없다' 즉, '참을 수 없다' 라는 뜻이래.
아, 그렇구나. take는 정말 변화무쌍이야.

29 Can you believe it?

너는 그 말이 믿어지니? 정말 기가 막혀서 내가. 어떻게 그런 말도 안 되는 거짓말을 하냐
고 글쎄. 넌 그게 믿어지냐고. 도저히 아니지? 내가 분통이 터져서 정말.

30 You left me speechless.

아, 이 말 참 좋은 것 같다.^^ leave는 '~의 상태로 남겨두다' 의 뜻이래.
정말? speechless는 '할 말이 없는' 의 뜻 아닌가?
그렇지, 말문이 막히는 거야. 그럼 뭐…

---

26 난 너하고 다르잖아.   27 그 음악을 좀 들어봐.
28 그건 더 이상 참을 수 없어.   29 넌 그게 믿어지니?
30 네가 나를 할 말 없게 만든 거야.

MP3 #**037**

01 I'm in a hurry.

in a hurry는 '시간이 없어서 급하다' 는 의미라는군.
할 일이 많아서 바쁜 busy와는 절대 혼동하지 말아야 되는 거지.
"정말 바쁘다."고 강조할 때는 I'm in a big hurry.라고 한대.

02 I'm sure sorry.

어? I'm sorry.면 될 것을 sure가 들어갔네.
이건 sorry의 의미를 강조하기 위해서 들어간 거지.
그렇다면 "정말 미안하다."? 그렇지. 앞으로 그렇게 활용해 보도록.^^

03 It was a mix-up, I guess.

어? mix-up이 뭐지?
mix는 섞는 거고 up은 '완전히' 이니까 mix-up은 '완전히 섞는 것' 이래.
그게 뭐야? 결국 상황과 말이 섞여서 '혼선' 이 일어나고 '오해' 가 발생하는 거지. 아하!

04 I got every confidence in you.

confidence는 '확신' 아닌가? 맞아, 확신.
get confidence in you는 '너한테 확신을 갖다' . 그렇지.
그러면 every는 뭐야? 아, 이건 강조의 의미로 보면 된데. 별것이 다 강조래.

05 You already said that.

너도 참. 그 말은 이미 했었잖아. 뭘 자꾸 똑같은 말을 반복하고 그래.
아이고, 그 말은 벌써 다 했다니까. 너 그 버릇 좀 고쳐. 지겨워 죽겠어 정말.
그건 이미 한 말이라니까.

---

01 나 지금 바빠. 급하다고.   02 정말 미안해요.   03 뭔가 오해가 있었던 것 같아.
04 난 너에 대한 확신이 있어.   05 너 그거 이미 한 말이잖아.

06 Are you staying for dinner?

"너 저녁을 위해서 머물거니?" 어? 이거 말이 좀 이상하네.
그럼 뭐라고 바꿔야 좋을까? 우리가 흔히 하는 말. 아! 너 있다가 저녁 먹고 갈 거니?
그렇지, 바로 그거야.

07 May I be excused?

이건 어떻게 이해해야 좋을까? 가만 있자….
excuse는 '용서하다', '변명하다' 등의 뜻이거든.
그래서 be excused는 '용서 받는 것'을 의미한대. 그렇다면 이 문장의 의미는?

08 Good to be home.

정말 집이 최고야. 집에 돌아오니까 얼마나 좋아. 집만한 곳은 없다고 하더니 정말이야.
집에 있으면 이렇게 편한걸. 왜 집 나가서 개고생인지 원.^^

09 We're working on it.

work on에 무슨 의미가 있는 것 같은데. 맞아. '~을 작업하다'의 뜻이야.
단지 '일하다' 뿐 아니라 '작업하다'로 이해해야 할 때가 있는 거지.
특정한 일을 말할 때 on을 쓴다네.

10 We'll fix it.

fix는 '고치다', 또는 '확정하다'의 의미를 갖는대. 아, 그렇구나.
그래서 이건 "우리가 고칠게."이거나 "우리가 확정할게." 정도로 이해한다네.
상황에 따라 해석이 바뀔 수 있다는 말.

---

06 저녁 먹고 갈 거니?   07 잠깐 실례 좀 해도 될까요?   08 집에 오니까 이렇게 좋은걸.
09 우리 지금 그 작업을 하고 있는 중이야.   10 우리가 고쳐볼게. 우리가 확정 짓도록 할게.

MP3 #**038**

11 You look just like him.

look like는 '~처럼 보이다' 의 의미라는 거 잊지 말 것!!!
그래서 What does he look like?라고 말하면 그 사람의 외모를 묻는 게 되는 거지.
맞아, 그렇겠다.

12 Wish me luck.

나한테 행운을 빌어달라는 말이겠네. 그렇지. 아주 정확해.
이걸 관용표현으로는 Keep your fingers crossed for me.라고 한대.
'손가락으로 십자가를 만들어달라' 는. 아하.

13 It is a nightmare.

이건 정말 악몽이다 악몽. 왜 내가 이런 꼴을 당해야 되는데. 이게 무슨 진짜 꿈도 아니고
현실 속에서 이런 일이 일어나다니. 이게 악몽이 아니고 뭐겠어? 정말 나 미치겠다.

14 Something has come up.

come up이 중요해 보이는데. ㅎㅎㅎ 이젠 감을 확실히 잡았군.
I'm proud of you. 좋아. come up은 말 그대로 '위로 올라오는 것' 이야.
그래서 '생기다' 의 의미인 거지. 그렇다면?

15 I'm not upset with you.

upset은 위 아래가 바뀐 거야. 뒤집어진 거지.
사람 기분이 위 아래가 뒤집어졌다면 어떻겠어? 그렇지. 기분이 영 아닌 거지.
뱃속이 뒤집어지면 배가 아픈 거고. 아, 그런 거구나.

---

11 넌 외모가 그 사람하고 똑같아, 정말.　12 행운을 좀 빌어줘.
13 그건 악몽이다, 악몽.　14 일이 좀 생겼어요.　15 나 너 때문에 속상한 거 없어.

16 You did a terrific job.

You did a good job.이라는 말 혹시 들어봤어?
글쎄…. 잘했다는 칭찬의 말이야. 뭐가 되었든 칭찬해주고 싶을 때 쓰는 말이지.
good을 강조하기 위해서 terrific을 쓸 수 있는 거고.
그렇다면 뭐 굉장히 잘했다는 말이네.

17 He's not in very good shape.

in good shape 잘 모르겠지? 그러네. 이게 뭐지? 모양이 좋아?
아, '건강이 좋은 상태', 또는 '기분이 좋은 상태'를 말한대.
정말? 눈으로 볼 수 있는 것만 shape가 아니구나….

18 Will he be all right?

걔 괜찮을까? 영 안색이 안 좋고 마음도 안정되어 보이지 않던데. 무슨 일 있었어?
답답하네 정말. 평소하곤 달라. 걔 정말 괜찮을지 모르겠네. 괜찮을까?

19 Depends.

한 단어로 끝나버렸네. 이게 뭐야? '의지하다' 아니야? 왠 뚱딴지 같이….
원래 It depends.인데 주어를 생략한 거야.
뭔가에 의지하는 거니까 그때그때 다른 거지. 그래?

20 I see what you mean.

요거 알겠다. "네가 말하는 의미를 이해하겠다."는 말 같은데.
완전 정답이야. 잘했어.^^
see가 '이해하다'의 의미로 쓰일 때 특히 잘 기억해 둘 것!!!

---

16 너 정말 잘했다.   17 걔 지금 건강이 별로 좋지 않아.
18 걔 괜찮을까?
19 상황에 따라 다르지.   20 네가 무슨 말 하는지 알겠어.

MP3 #**039**

21 Sleep tight.

tight하게 자라고? 그게 뭐야?
원래 **tight**는 '꽉 낀', 또는 '빈틈이 없는'의 뜻이잖아.
잠을 잘 때 빈틈 없이 잠에만 몰두하라는 의미래. 아하, 그렇다면…

22 I'm looking after the diet.

이 문장에서는 **look after**를 알면 되겠네. 그렇지.
이건 '돌보다', '주의하다' 등의 뜻을 포함한대.
그러면 다이어트에 주의하는 거네. 맞아. 그걸 좀 편안하게 풀어봐.

23 Nothing to be worried about.

걱정되는 거 하나도 없는데. 괜찮아. 나 잘하고 있어.
네가 걱정하는 건 지금 상황을 몰라서 그래. 나는 하나도 걱정 안 된다니까.
be worried about은 '~이 걱정되다' 래. ^^

24 You had me worried.

와, 이거 뭐야? **had me worried**? 이건 뭐지? 왜, 배웠잖아. 사역동사 **have**.
아, 이게 사역동사구나. 사역동사 **have**는 '~을 하도록 유발시키다' 즉, **cause**의 의미라네. 그렇다면 "네가 나를 **worried** 하도록 유발시켰다'는 뜻? 그렇지. ^^

25 I'm not certain about that.

certain? 와, 이거 원래 아는 단어 아니었던가? 뭐였지?
'확실하다고 생각하는'? 맞다, 맞아. 확실하다는 거야.
sure하고 비슷한 뜻. 휴, 생각나니 다행이네. ^^

---

21 푹 자라.   22 나 요즘 다이어트에 신경 쓰고 있어.   23 걱정되는 거 하나도 없어.
24 너 때문에 걱정했잖아.   25 그건 내가 확신을 못하겠어.

26 Can I keep this?

keep을 여기에서는 이렇게 해석해야 되지?
'보관하다', '유지하다' … 뭐지? 아, '보관하다' 도 괜찮은데 이 때는 흔히
'자기소유로 하다' 의 의미를 전한다네. 정말?

27 I'm out of here.

하이고 이건 또 뭐야? 모르는 단어는 하나도 없건만.
"나는 여기에서 나와 있다."? 이게 뭐냐고. ㅎㅎㅎ
보통은 "다녀오겠습니다." 또는, "나 그만 갈게."의 의미로 활용한대.

28 Don't you have anything to say to me?

너 나한테 할 말 없어? 왜 그래, 있잖아. 분명히 너 나한테 할 말 있을 거야. 은근슬쩍 넘어
가려고 하지 말고 말해봐. 너 정말 나한테 할 말 없어?
have something to say는 '할 말이 있다' 는 의미라네.
그렇다면 "할 말이 하나도 없다."는 I have nothing to say (to you).라고 하나?
와, 도사다 도사.

29 Tell him I send him my best.

send him my best가 뭘까? 그에게 나의 best를 보낸다?
아, best에 '안부인사' 또는 '호의' 라는 의미가 포함되어 있대. 정말? 그거 신기하네.

30 Let me ask you a question.

가만 있어봐, 내가 질문 하나 할게. 내 말을 좀 들어보라니까. 그렇게 네 생각만 계속 주장
하지 말고. 제발 나도 질문 하나만 좀 하자. 어서!!!

---

26 이거 내가 가져도 되는 거야? 27 나 간다. 28 너 나한테 뭐 할 말 없어?
29 그에게 안부를 좀 전해주세요. 30 질문 하나만 하겠습니다.

MP3 #040

01 Are you out of your mind?

되게 간단해 보이네. 그지? out of one's mind가 숙어인가 봐.
맞아. '자기 마음에서 밖으로 나와 있다' 이니까 이걸 보고 '미치다'로 이해하는 거래.
아, 제 정신이 아니구나. 그렇지!

02 It looks good on you.

look good은 '맛있어 보이다', 그리고 '안색이 좋아 보이다' 였잖아.
그렇지. 그런데 외모를 말할 때도 쓴다고 했잖아.
여기에서는 '겉모습이 좋아 보이다' 로 이해하는 거야.

03 Don't patronize me.

patronize? 잘 들어봐.
말하는 태도가 친절하긴 한데 상대가 자기보다 한 수 아래라는 투로 이야기한다는 의미래.
그래서 '애 취급하다', '똑똑한 척하다' 등으로 해석한대. 그렇구나….

04 Is that right?

"그게 옳아?" 이게 무슨 말이지? 아, 말을 살짝 바꿔봐.
right에는 '옳은', '정확한' 등의 뜻이 있으니까 "그게 정확한 거야?", "그게 정말이야?"
등으로 해석할 수도 있잖아. 맞네.^^

05 We have a lot of work to do.

이건 우리말하고 정말 똑같네. 할 일이 많다는 거 아니야?
와~~ 맞아, 바로 그거야. 대단한데~~.
have a lot of work to do가 바로 '할 일이 많다' 야. 아주 잘했어. 박수!!!

---

01 너 미친 거 아니야?   02 그거 네가 입으니까 잘 어울리네.
03 나를 애 취급하지 마. 똑똑한 척하지 마.   04 그게 정말이야?   05 우리 할 일이 정말 많아.

06 Let me give it a try.

give it a try? 그렇다면 try가 명사로 쓰였다는 건가? 그렇지.
명사면 무슨 뜻이 있을까?
동사일 때 '시도하다', '노력하다' 등의 뜻이니까 '시도'? '노력'? 그래, 그거 맞아. ^^

07 Thank you for your help.

이렇게 도와줘서 얼마나 고마운지 몰라.
네 도움이 없었으면 정말 하루 종일 해도 못했을 거야. 정말 고맙다.
나중에 내가 한턱 쏠게. 알았지? 오늘 도와줘서 정말 고마워.

08 Mind if I sit down?

제가 불편을 끼치는 게 아니라면 여기 좀 앉아도 되겠습니까?
빈자리가 여기밖에 없어서요. 싫으시면 다른 곳으로 가겠습니다. 좀 앉아도 되겠습니까?

09 I'll explain it to you later.

지금은 좀 그렇고요, 제가 그건 나중에 설명 드릴게요. 걱정 말아요.
이해하기 편하게 제가 잘 설명 드릴 테니까요. 너무 그렇게 초조해 하지 않아도 돼요.
나중에 설명 드린다고요.

10 You have a lot of secrets.

넌 도대체 왠 비밀이 그렇게 많니. 너하고 나 사이에 이래서 되겠어?
그렇게 비밀이 많으면 내가 어떻게 너하고 일을 할 수 있겠어? 넌 정말 비밀이 많아도 너무 많아.

---

06 내가 한번 해볼게.   07 도와줘서 고맙다.   08 좀 앉아도 되겠습니까?
09 그건 내가 나중에 설명해줄게.   10 넌 정말 비밀이 많구나.

MP3 #**041**

11 I'm not that good at it.

be good at은 '~을 잘하다' 라고 이미 배웠는데. 맞아.
그러면… that good이 문젠가? 맞아. 형용사 앞에 that을 쓸 수 있다는 게 중요한 거래.
'그렇게 잘하다' 로 해석한다는군.

12 He's on the right track.

on the right track 이게 뭘까?
right track은 '일의 진행방식이나 사고방식 등이 옳다' 는 의미래.
그래? 그거 괜찮은 표현인걸. 그렇지. 그렇게 생각 들지.^^

13 Keep it to yourself.

좀 생소한 표현이지? 직역하면 "그것을 너 자신에게 보관해."가 되잖아.
비밀을 지키라는 말이래. 와, 그래? 느낌이 참 좋은 표현이네. 맞아.
Keep it secret.과 같은 의미!!!

14 Can you live up to their expectation?

요거 봐라. live up to라면…. 모르겠다. ㅎㅎㅎ 어휘 의미 그대로를 생각해볼까?
live는 '살다', up to는 '~를 향해서 올라가는 거' 잖아.
그렇다면 live up to는 '~을 향해서 살다' 이거나 '~에 맞추어서 살다' 정도로 이해할 수 있어. expectation은 '기대', '기대치' 등의 뜻이고.
그러면 live up to their expectation은? 아하, 그러니까 알겠네.^^

15 How did you know?

신기하네. 네가 어떻게 알았어? 이걸 알 수 있는 사람은 나밖에 없는데.
너는 어떻게 알게 된 거야? 네가 똑똑한 거야, 아니면 내가 허술했던 거야? 어떻게 안 거야? 말해봐.

---

11 난 그거 그렇게 잘하지는 못해.
12 걔 지금 제대로 잘 진행하고 있는 거야. 걔 사고방식이 아주 좋아.
13 이건 너만 알고 있어. 비밀이야.   14 그들의 기대에 부응할 수 있겠어?
15 네가 어떻게 알았어?

16 I have an appointment with her.

기억나? appointment는 '시간약속' 이라는 서? 또 까먹었구나. 뭐, 그럴 수 있어.
습관적으로 계속 봐줘야 기억에서 사라지지 않는 거니까, 앞으로는 더욱 열심히 하도록!!!

17 I'm glad you came.

왔구나. 고마워, 이렇게 와줘서. 네가 오니까 얼마나 기쁜지 모르겠다.
그거 알아? 넌 내게는 네가 상상할 수 없을 정도로 큰 힘이 된다는 거. 와줘서 정말 고마워.

18 Can I get you a drink?

get you a drink를 어떻게 해석해야 될까?
동사 get이 '가져다 주다' 의 의미로 쓰인 거래. 그렇구나.
그러면 "커피 좀 줄까?" 는 Can I get you some coffee? 와, 대단해.^^

19 You've got my word on that.

이거 배웠잖아.^^ 앞에서는 You've got my word.만 배웠지.
"약속할게." 라고. 여기에 더해서 '그거 약속할게' 를 말할 때에는 on that을 뒤에 붙인다는
거, 이거 중요하거든.

20 It'll help with the ache.

무슨 말인지 알겠네. ㅎㅎㅎ 이제 감 잡는 데는 도가 튼 건가?
help가 여기에서는 '도움이 되다' 의 뜻이라지.
어디에? the ache 즉, '통증' 에 말이야. 해석 다 됐네 뭐.

---

16 나 그녀와 약속이 있어. 17 이렇게 와줘서 정말 고맙다. 18 한 잔 가져다 줄까?
19 그거 약속할게. 20 그걸 먹으면 통증에 도움이 좀 될 거야.

MP3 #042

21 You can take a look around if you want.

take a closer look at은 '~을 좀 더 자세히 보다' 의 뜻으로 이미 배웠으니까 take a look around는 '주변을 둘러보다' 인가? ㅎㅎㅎ 아주 좋아요, 좋아.
그리고 뒤에 if you want 처럼 후렴구 같은 말에 신경 써야 되네. 예를 들어, "괜찮으시다면." 을 If you don't mind.라고 하듯이 말이지. 반드시 기억해서 활용할 것!!!

22 Sorry to disturb you.

disturb가 쉽지 않은 어휘 같은데.
쉽지 않은 게 아니라 정확히 몰랐던 거라고 생각하고 지금부터 알고 지내면 되잖아.
'방해하다', '걱정시키다' 등의 뜻이래.

23 A lotta work went into this.

A lotta가 뭐야? 아, 이거는 a lot of를 발음 나는 대로 표기한 거래. 그래? 신기하네.
그래서 '많은 일이 이 안에 들어갔다' 는 거야. 아, 그러면 공들였다는 말? 빙고!!!

24 Can I have your autograph?

이거 어디에선가 배운 거 같기도 하고…. 아마도.^^
autograph가 원래 '서명', '자필' 등의 뜻이잖아.
그런데 유명한 사람한테 사인을 받을 때 이 표현을 쓴다는 거야. 아!!!

25 Do you mind if we get a picture?

Do you mind if ~? 많이 나오네. 그럼, 중요하니까.
남에게 뭔가 부탁할 때 예의를 갖추는 게 중요하므로 어렸을 때부터 그들은 부모가 의식적으로 이런 말을 아이들한테 많이 쓴데.
get a picture는 '사진을 찍다' 야. 주어가 찍어주는 경우면 take를 쓰지만 이 문장은 '우리가 같이 사진 안에 들어있다' 의 느낌이라서 get a picture를 쓰는 거래. 아하.

---

21 원하면 쭉 둘러봐. 22 방해해서 미안해요. 23 이 일에 정말 공 많이 들였어.
24 사인을 좀 해주시겠어요? 25 사진을 좀 같이 찍어도 될까요?

26 I really appreciate it.

원래 appreciate은 '진가를 인정하다', '높이 평가하다' 등의 뜻이래.
정말? 어. 결국 "나는 그것을 높이 평가한다."는 의미에서 파생되어 "고맙다."는 말로 의역된 거라는데. 와.

27 You don't approve of me.

학교 다닐 때 approve를 배우긴 했지만 언제 써먹어봤어야지.
그러게. '찬성하다', '인정하다' 등의 뜻이래.
approve 안에는 '입증하다' 인 prove가 포함되어 있네. 그렇구나.

28 It gets in the way.

get in the way는 '길 안으로 들어가다' 인데. "그게 길 안으로 들어간다."
그게 뭐야? 아, 내가 길을 가는데 그 길 안으로 들어오는 경우래.
그래서 방해가 된다는 거지. 아!!!

29 Don't let emotions get to yourself.

와, 이건 뭐 보통 말이 아닌가 봐. 감이 전혀 안 오는 걸.
emotions는 '희로애락(喜怒哀樂)' 이야. 기억나지?
get to에는 '영향을 주다' 의 의미가 있다는 거. 자꾸 복습을 해야 기억이 살아나지.
그러면 봐. "감정이 너 자신에게 영향을 주게 하지 말아라."가 이 문장의 직역이니까 어떻게 이해하면 좋을까?

30 It's not worth it.

worth는 무슨 뜻일까? 그거야 뭐, '값어치 있는' 이잖아. 그렇지.
그러면 "그건 그런 값어치가 없다."? 맞네. 바로 그거잖아.
그래? 아, 그건 그럴만한 값어치가 없단 말이구나.

---

26 정말 감사합니다.   27 저를 인정하지 않으시는군요.   28 그게 방해가 돼서 말이야.
29 감정에 치우치지 말아요.   30 그건 그럴만한 값어치가 없어.

MP3 #**043**

01 Let's give him a hand.

가만있자… 그에게 손을 주자고? 손을 준다는 게 뭐야?
혹시 도와주는 거? ㅎㅎㅎ 눈치 100단이야, 100단. 맞아.
give him a hand는 '그를 도와주다' 의 뜻이래. '일손을 주다' 의 느낌?

02 It's been a long night.

생각해보자고, 긴 밤이었다면 밤을 보내기가 얼마나 힘들었겠어.
고통스럽기도 하고 말이야. 야간근무를 하는 사람이나 밤에 몸이 아픈 사람이 사용하면 딱인 표현이네.

03 I don't wanna talk about this again.

다시는 그 말 꺼내지 마. 나 정말이지 다시는 이 이야기하고 싶지 않아. 정말이야.
네가 또 이 얘기 꺼내면 그땐 정말 절교다, 절교. 알아 듣겠어? 괜히 그 호기심 때문에 화를 벌지 마란 말이야. 다시 한 번 얘기하지. 난 이 얘기를 다시 하고 싶지 않아. 알았지?

04 Will you walk with me a little?

바쁘지 않으면 나하고 같이 좀 걸을까? 할 이야기도 있고 날씨도 정말 좋은데.
괜찮지? 하던 일 잠깐 멈추고 나하고 좀 걷자.

05 That's what I was wondering.

wonder가 여기에서는 '의아함' 이 아니라 '궁금해하다' 라는 동사로 쓰인 거야.
그렇겠지. 그래서 what I was wondering은 '내가 궁금해했던 것' 이라는 뜻이라지.
그렇구나.

---

01 우리 그를 도와주자. 02 정말 길고 힘든 밤이었어.
03 다시는 이 이야기하고 싶지 않아. 04 나하고 잠깐 같이 좀 걸을래?
05 그게 바로 내가 궁금했던 거야.

06 Do you mind if I ask?

제가 궁금한 게 있어서 그러는데요. 질문을 해도 괜찮을까요?
아니요, 부담되면 말씀하세요. 제가 부담을 드리면서까지 묻고 싶지는 않으니까요.
좀 여쭤봐도 괜찮을까요?

07 Nobody's perfect.

세상에 완벽한 사람은 없는 거야. 너 그렇게 의기소침할 필요 없어.
너도 그 사람보다 잘하는 거 있잖아. 그러니까 지금 그렇게 좌절하지 마.
완벽한 사람은 없는 거야.

08 Can you imagine that?

하늘을 나르는 자동차가 개발된다면 믿을 수 있겠어? 그게 상상이 되냐고.
정말 인간의 힘이란 엄청나다고 생각되지 않니? 그런 걸 상상이나 할 수 있겠냐고.

09 I'm out of luck.

out of 또 나왔네. '~에서 벗어나다', 또는 '~이 없다'는 의미이니까
out of luck이면 '운이 없다'는 말이겠구나. 빙고!!!
우리 보통 '재수없다'고 하잖아. 그 뜻이래.^^

10 I'm not in the mood for it.

mood를 뭐라고 해석해야 될까? '분위기'? 맞아.
그런데 분위기보다는 '마음상태'로 이해해야 될 때가 많다네.
그래서 in the mood for는 '~을 위한 기분이다'의 뜻이라는군.

---

06 제가 질문을 좀 해도 될까요?　07 세상에 완벽한 사람은 없는 거야.
08 그걸 상상이나 할 수 있겠니?　09 난 정말 운이 따라주지를 않아.
10 나 지금 그럴 기분 아니거든.

MP3 #**044**

11 Do you have plans for tonight?

"너 오늘 밤에 계획 있니?" 맞아. 그걸 조금만 바꿔서 이해해봐.
plans를 '계획' 이 아니라 '약속' 으로 말이지.
아하! 그러면 "오늘 밤 약속 있어?" 바로 그거야.

12 Have you told him yet?

어? yet은 '아직' 아닌가? "그에게 아직 얘기했어?" 이게 뭐야.
하하하. yet에는 '이미', '벌써' 등의 뜻도 포함되어 있대.
진짜? 그렇다니까. 그럼 뭐 간단하네.^^

13 I haven't had time to think.

이것도 그닥 어렵지 않게 해결되네.
have time to think은 '생각할 시간을 갖고 있다' 이니까.
맞아. 중요한 건 이런 말이 내 입에서 자연스럽게 나오게 하는 거지.^^

14 That's nothing.

아, 정말 간단하네. "그거 아무것도 아니야." 아니야?
맞아. 눈으로 봤을 때에는 간단한 것 같지만 실제 이 말을 자연스럽게 구사하기는 쉽지 않은 거지. 연습을 통한 습관화, 아자!!!

15 She's in a happy mood.

mood는 '마음상태' 라고 했으니까
in a happy mood는 '행복한 마음상태에 있는' 의 뜻이겠네.
그렇지. 행복한 마음상태는 '기분이 좋다' 로 자연스럽게 의역하면 되는 거고.^^

---

11 오늘 밤에 약속 있니? 12 너 걔한테 벌써 얘기했어? 13 생각할 시간도 없었어.
14 그건 아무것도 아니야. 15 걔 지금 기분 정말 좋은 상태야.

16 I was waiting for you to show up.

나는 너를 기다리고 있었다. 네가 나타나기만을? 그렇지. 아주 정확해. 그런 순서로 해석하는 거야. 물론 "나는 네가 나타나기를 기다리고 있었다."가 자연스러운 번역이지만 번역과 이해의 순서는 절대 다르다는 것을 명심해야 돼. 읽어내려 가면서, 들으면서 바로바로 이해하는 버릇을 향하여 Go, go!!!

17 He's worth meeting.

worth는 '값어치 있는' 이잖아. 그렇지. 그렇다면 '만날 만한 값어치가 있다' 는 말인가? 끝내주는군. 정답이야. 그런 상상력이 영어실력 향상의 기초가 되는 법. 파이팅!!!

18 Can you meet me for lunch?

의외로 신경을 많이 써야 되는 말이래. 어떤 제안을 할 때 우리는 단순히 Let's ~ 구문을 떠올리는데 상대의 의사를 타진한다는 차원에서 그들은 Can you ~? 구문을 즐겨 쓴다는 군. 결국 우리 생각으로는 Let's meet for lunch.라고 할 것을 그들은 Can you meet me for lunch?라고 묻는다는 거야.
이것을 해석할 때도 주의해야 돼. 우리 식으로 흔히 해석하면 "너는 점심을 위해서 나를 만날 수 있니?"가 되지만 "우리 만나서 점심 먹을까?"가 정확한 해석이라는 거지. 표현법과 해석법, 두 가지 모두 주의할 것!!!

19 You're hopeless.

정말 희망 없고 대책도 없는 사람을 가리켜서 hopeless라고 말한대.
같은 의미로 You're a hopeless case.라고도 말할 수 있다는군.
활용도 대단히 높은 표현!!!

20 I just want you to know that.

난 그저 네가 그 사실을 알아주기를 바랄 뿐이야. 다른 생각이나 의도는 전혀 없어. 정말이라니까. 내 말 믿어. 난 네가 그 사실을 알아주기만을 바라는 거야.

---

16 나는 네가 나타나기만을 기다리고 있었지.   17 그는 만날 값어치가 있어.
18 만나서 점심 먹을까?   19 넌 구제불능이야.   20 그냥 네가 그 사실을 알아줬으면 좋겠어.

MP3 #**045**

21 I'll get over it.

이게 뭐지? 정확한 이해를 요하는 표현이야.
get over는 흔히 '극복하다' 라고만 배우는데 '마음 속에서 완전히 지워버리다' 의 뜻이지.
그저 기억 속에서 잊는 건 forget!!!

22 You're too exhausted to go anywhere.

요것도 신경 좀 써야겠는걸.
too는 '지나칠 정도로 심한' 의 느낌이고 exhausted는 '대단히 피곤한 상태' 를 뜻한대.
피곤이 너무 심하면 to go anywhere, 즉 어디든 간다는 게 쉽지 않은 노릇이지.
그래서 too ~ to … 용법이라는 게 나온 거래. '너무 ~해서 …할 수 없다' 는 의미 알지?

23 Just get some sleep and you'll be fine.

Just get some sleep.은 "그냥 잠을 좀 자라." 아닌가? 하하하. 아주 정확하군.
표현법에 주의해야 돼. 직역하면 "잠을 좀 가져라."가 되는데 동사 get의 활용에 민감해야
된다는 사실. You'll be fine.에서 fine은 '아주 좋다' 는 뜻이라는군. 결국 눈을 좀 붙이고
나면 몸이 한결 좋아질 것이라는 의미의 표현이네.

24 I get the urge to jump.

urge가 뭐더라? '충동' 이라는 뜻이래. 맞다, 맞아.
그러면 get the urge는 '충동을 갖다' 잖아. 그렇지. 그러면 결국 '뛰어내리고 싶은 충동' ?
빙고!!!

25 It was just a guess.

아이고, 호들갑 떨지 마. 그냥 짐작해본 것 뿐이었어.
내가 무슨 귀신이니, 그런 걸 맞히게? 그냥 짐작이었다니까 그러네.
나 초능력자 아니야. 귀찮게 좀 하지 마!!!

---

21 마음 속에서 지워버려야지 뭐.   22 넌 너무 피곤해서 아무 데도 못 가.
23 잠 좀 자. 그러면 한결 좋아질 거야.   24 확 뛰어내리고 싶은 충동이 들어.
25 그건 그냥 짐작일 뿐이었어.

26 I have no choice but to admit defeat.

I have no choice but to ~를 통째로 기억해야 된데. 그래? but이 '그러나' 아니야?
아, 여기에서는 '제외하고'의 뜻이래. 정말? 그래서 '~을 제외하고는 선택의 여지가 없다'
는 뜻이라는 걸. 그러면 admit defeat은? 그거야 뭐 '패배를 인정하다' 잖아.
아, 그렇구나. 그래서 "패배를 인정할 수밖에 다른 선택의 여지가 없다."가 정확한 뜻이라
는 거지.

27 What's the big deal?

big deal은 '대단한 일', '대단한 사건' 등의 뜻이라네.
이 표현은 역설적으로 이해해서 "뭐가 대단하다고 난리야?" 정도가 좋대.
아, 그렇구나. 표현 괜찮네. 그렇지?^^

28 The name's familiar.

familiar가 '익숙한'의 뜻이니까 익숙한 이름이라는 뜻인가?
맞아, 바로 그거야. 많이 들었던 어휘라서 쉬울 것 같지만 막상 활용하려면 여간 힘든 게
아니야. 연습을 충분히!!!

29 That's what I've heard.

"그것이 내가 들었던 것이다."? 가만, 해석이 틀리지는 않는데 우리말이 너무 어색하네.
"잘은 모르지만 나도 그렇다고 들었어." 정도의 느낌이면 좋겠어. 아, 그거 괜찮다.

30 He's exceptionally fantastic.

exceptionally는 '예외적으로'? 맞아.
그리고 fantastic은 '대단하다', '멋지다' 등의 의미이고. 그렇다면 결국 대단히 멋있다는
뜻이군 그래. 맞아.

---

26 패배를 인정하는 수밖에 다른 방법이 없어.　27 뭐가 그렇게 대단하다고 난리야?
28 그 이름 아주 익숙한걸.　29 난 그렇다고 들었어.　30 그는 각별히 멋진 남자다.

MP3 #046

01 You sound resolute.

와, resolute은 처음 듣는 단어네. 맞아, 생소한 단어군.
이건 '생각이나 의견이 단호하다' 는 의미래. 뜻 괜찮지? 그래서 sound resolute는 '말투가 아주 단호하게 들리다' 가 되는 거지.

02 I'm flattered.

알쏭달쏭? flatter는 '아첨하다' 의 뜻이래.
그래? 그러면 I'm flattered.는 "나는 아첨 당했다."? ㅎㅎㅎ 근본 의미는 그렇지.
그것을 우리말답게 바꾸면 '심하게 칭찬 받은 것' 이지.

03 You must be very good with children.

must가 '강한 추측' 맞지? 그렇지. 그러면 You must be very good.은 "너는 분명히 굉장히 좋다."? 아이고, 무슨 말이 이래.
잠깐, good을 '잘하다' 로 해석해봐. 아, 그래? 그러면 "너는 분명히 굉장히 잘할 거야." 로 해야겠다. 바로 그거야. 거기에 with children을 붙이면 '아이들과 함께 있는 상태' 를 뜻하잖아. 그래서 '아이들을 잘 다룬다' ? 빙고!!!

04 Is that a promise?

그거 약속이죠? 그냥 하신 말씀 아니죠? 약속하신 겁니다. 정말이에요. 나중에 딴 소리 하기만 해봐. ㅎㅎㅎ 다시 한 번 말씀 드릴게요. 그거 약속 맞는 거죠?

05 You didn't get hurt, did you?

get hurt는 '마음에 상처를 입다' 의 뜻이래. '마음' 이라는 단어도 없는데….
원래 hurt가 몸에 상처를 입어서 아픈 것뿐 아니라 마음의 상처를 말할 때도 쓰인다지. 그렇구나….

---

01 말씀이 단호하시군요. 02 과찬의 말씀이십니다. 03 아이들을 정말 잘 다루시겠어요.
04 그거 약속하는 거야? 05 마음 상하신 거 아니죠?

06 That wouldn't take too much time.

이건 뭐 알 것 같으면서도 정확한 해석을 모르겠네. 영어가 다 그렇지 뭐.^^
이 문장의 포인트는 would야. 가정법이지. 우리가 흔히 '~일 텐데'로 해석하는 바로 그거. 그렇다면 wouldn't take too much time은 '너무 많은 시간이 걸리지(take)는 않을 텐데' 정도로 이해하면 되겠네. 바로 그거야. 그 정도의 감각이면 정말 훌륭한걸.^^

07 I can never get enough.

"나는 결코 충분히 가질 수 없다."? 이게 무슨 뜻이지? 가만… 잘 생각해보자고. 아무리 해도 충분치 않다는 거야. 또 하고 싶고, 또 하고 싶고…. 질리지 않는다? 바로 그거야!!!

08 It's a sign of insecurity.

sign은 '신호'라는 뜻인데. 맞아. 때로는 '표시'가 되기도 하지.
security는 '안전'이라서 insecurity는 '불안전', 또는 '불안'이 되는 거고. 아, 그렇구나.

09 I think you're adorable.

이 문장은 adorable만 알면 되는 거네. 그렇지.^^
정말 매력적이거나 귀여워서 마음에 절로 든다는 느낌을 전하는 어휘가 바로 adorable이래. 가만, 그런 사람 누가 있더라??!!!

10 It's too late to take a subway home.

too late to는 '너무 늦어서 ~할 수 없다'로 해석하면 되는 거네.
그렇지. 전형적인 too…to ~ 용법이지.^^
too에 '지나치다'라는 의미가 포함되어 있기 때문에 그런 뜻이 가능한 거라는 사실을 잊지 말 것!!! take a subway home은 '지하철을 타고 집에 가다'의 뜻이잖아.
잘하네!!! 공부할 맛 난다, 정말. ㅎㅎㅎ

---

06 별로 시간이 많이 걸리는 일도 아닐 텐데. 07 난 그런 거 전혀 질리지 않아.
08 그게 바로 불안하다는 증거야. 09 정말 귀엽고 예쁘세요. 반하겠어요.
10 너무 늦어서 지하철 타고 집에 가기는 틀렸어.

MP3 #**047**

11 I'm calling you a cab.

아하, call을 이렇게도 쓸 수 있는 거구나. 완전 feel 받았군.^^ 좋았어. call you a cab은 '너한테 택시를 불러주다'가 되는 거지. 단어는 쉬워도 의미는 쉽지 않다는 사실!!!

12 I'd rather take the subway.

I'd rather 이거 많이 배웠던 거다. 늘 까먹지만.^^ '나는 차라리 ~할래'라고 흔히 배우지만 '나는 그냥 ~할래'로 해석하는 게 훨씬 자연스럽대. 그래? 그럼 그렇게 해야지 뭐.

13 Maybe I'll walk home.

허걱, 해석이 편치가 않네. "아마도 나는 집에 걸어갈 것이다." 이게 뭐야? 완벽한 우리말 이해가 되려면 우리말 순발력이 아주 빨라야지. 그것도 자꾸 연습하다 보면 좋아지는 거야.

14 I'll drop by your office sometime.

drop by도 참 많이 배웠었네. 사실, 문장을 통해서 배운 것 보다는 숙어로 디립다 외운 것뿐이지만. '어디 가는 길에 잠깐 들르다'의 뜻이래. 앞으로는 잊지 말아야지.

15 There's nothing I can do about it.

그대로 해석해볼까? "아무 것도 없어. 내가 그것에 대해서 할 수 있는 것이." 그래, 그렇게 하는 거야. 결국 그건 내가 어쩔 방법이 없다는 말이잖아. 그러네!!!

---

11 내가 택시 불러줄게. 12 그냥 지하철 타고 갈래. 13 집에 걸어갈까 봐.
14 언제 한번 사무실에 들를게. 15 그건 내가 어쩔 방법이 없어.

16 I even have trouble sleeping alone.

진짜 다 아는 단어들이네. 해석도 뭐 그닥 어렵지는 않고.^^
even이 '심지어는'? 맞아. have trouble은 '문제가 있다',
sleeping alone은 '혼자 자는 거'. 정말 다 되네.^^

17 That helps you sleep.

아, 이렇게 표현하면 되는 거구나. "그것이 네가 자는 것을 돕는다." 잖아.
훌륭해!!! 이걸 우리말로 자연스럽게 바꾸면 "그걸 먹으면/하면 자는 데 도움이 돼." 정도
가 되지. 아하!

18 It's very soothing.

이거야 뭐 soothing만 알면 되는 거네. 그렇지.
생소한 단어가 나왔을 때는 그냥 그 단어의 의미만 알면 문장이 어렵지 않게 이해되는 거
지. '위로 되는', '진정시키는' 등이야.

19 I didn't recognize your voice.

recognize는 '인지하다', '인식하다', 또는 '알아차리다' 정도의 의미래.
친구라도 가끔은 전화 목소리를 못 알아듣는 경우 있잖아. 그럴 때 쓰면 딱이네.

20 You sound different.

그렇지 바로 이런 경우잖아. 친구 목소리를 못 알아듣는 경우 말이야. 목소리가 다르게 들
리는 거야. You sound different! 야, 너 목소리가 왜 그래? 너 같지 않은걸.

---

16 심지어는 혼자 자는 것도 힘들어 정말.   17 그렇게 하면[그거 먹으면] 잠자는 데 도움이 돼.
18 대단히 위로가 되는 말씀입니다.   19 네 목소리를 못 알아 들었어.
20 너 목소리가 다르게 들려.

MP3 #048

21 You sound out of breath.

청소를 하거나 운동하다가 전화를 받으면 숨이 차서 계속 헐떡이게 되잖아.
그러면 상대가 꼭 묻지. "너 왜 그렇게 숨이 찬 거야?"라고. out of breath! 숨이 모자라!!!

22 She's cheap.

사람이 '싸다'고? 싸구려? ㅎㅎㅎ 그렇지. 어떨 때 이 말을 쓰게 되지? 아, 사람이 필요 이상으로 인색할 때 있잖아. 그럴 때는 그 사람이 정말 싸구려로 보인다는 거지. 으흠…

23 I'd go nuts.

I would를 줄여서 I'd라고 한 거야. would가 나오면 무조건 '가정법'으로 의심!!!
어, go nuts가 뭐야? 이건 '미쳐버리다'의 뜻이래.
그러면 '이러다 미치겠네'?^^ 비빙고!!!

24 She has quite a figure.

이게 뭐지? 왠지 좋은 말 같기는 한데.
맞아. figure는 '외모', '몸매' 등을 뜻한대. quite a figure는 '대단한 외모'나 '대단한 몸매'의 뜻이지. 요샌 그런 사람 정말 많던데….

25 She didn't take it as a joke.

왠지 take it은 '그것을 받아들이다'일 것 같다. 맞아, 그거야. 그렇다면 as a joke는 '농담으로'? ㅎㅎㅎ 정말 훌륭하군, 훌륭해. 쪽집게 과외선생 부럽지 않아. ㅎㅎㅎ

---

21 너 숨찬 목소리인걸.   22 걔 정말 인색하게 굴어.   23 나 같으면 미쳐버리겠다 정말.
24 그 여자 몸매 정말 끝내준다.   25 그녀는 그걸 농담으로 받아들이지 않던걸.

26 I don't care what he looks like.

I don't care는 '나 관심 없다', '니 신경 안 써' 뭐 이 정도? 정답!!!
그러면 what he looks like는? look like가 '~처럼 보이다' 이니까 '그의 외모'?
우와, 최고다, 최고!!!

27 Is he reliable?

rely는 '믿다', '의지하다' 등의 뜻을 갖는 동사인데 그것의 형용사형이 reliable이래.
그래서 '믿을 수 있는'의 뜻이라지. "걔 믿을 수 있어?" 그렇지. 정확한 해석이야.

28 I don't think she's his type.

아닌데, 걔가 저런 타입의 여자를 좋아할 것 같지는 않아.
내가 걔를 좀 아는데, 키 큰 여자는 별로야. 그리고 날씬한 여자도.
뭐야, 도대체 뭔 여자를 좋아하는 거야. 아줌마?

29 This music is giving me a headache.

아이고 나는 이런 음악만 들으면 정말 두통이 생긴다 두통이. 머리가 지끈지끈 아프다고.
좀 꺼라. 너는 왜 이런 시끄러운 음악만 듣고 난리야, 그 많은 좋은 음악들 중에. 니가 뭘
모르나 본데 이런 음악도 심취해서 듣다 보면 하나도 시끄럽지 않아. 두통이 왠 말이야. 엔
도르핀이 솟는데. 알았어, 그런 거 너나 듣고 좀 꺼라. 내가 있을 땐.^^

30 I feel nervous about it.

feel nervous는 '긴장된다' 로 해석하면 되나? 맞어, 그거야.
괜히 '긴장이 느껴져' 라고 할 필요 없지.
자연스러운 우리말을 찾아야 되는 거니까. 자신감 충전!!!

---

26 걔가 어떻게 생겼건 난 관심 없어.   27 걔 믿을 수 있는 애야?
28 그녀는 걔 타입이 아닌 것 같아.   29 이 음악 정말 머리 아프다.
30 그것 때문에 정말 긴장되고 걱정돼.

MP3 #049

01 How long have you known each other?

How long은 얼마 동안의 '기간'을 묻는 말이렸다.
그렇지. know each other는 '서로 알다' 잖아. 그렇다면 뭐, 서로 알고 지낸 기간을 묻는 말이네. 맞아. 그래서 "서로 알고 지낸 지 얼마나 된 거야?"로 해석하면 되는 거지.
기억나? know someone은 '누군가에 대해서 개인적으로 잘 안다'는 뜻이라는 거. 복습을 통해서 반드시 기억할 것!

02 I'm pretty comfortable there.

이 문장은 comfortable만 알면 되는 거네. 그러게.
육체적이나 심정적으로 편한 상태를 comfortable이라고 한데.
아하. 그래서 I feel comfortable.은 "마음이 편해."라는군. ^^

03 Can I refill your glass?

미국사람도 refill이라고 말하나 보네. 신기하다. 신기하긴. 당연한 거지.
우리가 걔들 말을 가져다 쓰는 건데. 컵에 리필해주면 당연히 refill your cup이라고 말하겠군. 빙고!!!

04 I'll be honest with you.

이거 직역하면 "내가 너와 함께 정직할 것이다." 잖아. 그렇지. 그걸 자연스러운 우리말로 바꾸면 "내가 솔직하게 말할게."가 되는 거야. 아, 그렇구나. 의역이 중요하다는 사실.

05 She isn't really a very close friend at all.

not at all은 예전에 많이 배웠던 거네. '전혀 ~하지 않다'. 맞아.
이 문장에서는 close가 중요하지. '거리가 가깝다'는 말도 되지만 '사이가 가깝다'는 뜻으로도 자주 쓰인다네. 아하. 그렇다면 a very close friend는 '아주 가까운 친구'라는 뜻이구나. 바로 그거야. "걔는 나하고 아주 친한 친구야."는 He's a very close friend of mine.이라고 하지.

---

01 두 사람 알고 지낸 지 얼마나 됐어?   02 난 거기 정말 편하던데.
03 리필 해 드릴까요?   04 제가 솔직하게 말씀 드리겠습니다.
05 걔는 아주 친한 친구는 아니에요.

06 Don't give it a second thought.

어, 이건 쉬운 것 같기도 하고. 가만 thought가 뭐더라? 아, 이건 think의 명사형이야. '생각' 또는 '사고(思考)'의 뜻이지.
그러면 a second thought은 '두 번째 생각' 이잖아. 맞아. 그렇다고 give it a second thought을 '그것에 두 번째 생각을 주다' 라고 직역하면 이상하지? 아, 그러면 '다시 한 번 생각하다' 로 의역하면 되겠구나. 바로 그거야. 그리고 이것을 '진지하게 생각하다' 로 해석해도 아주 좋지. 이와 같이 직역을 통해서 근본 의미를 파악한 후에 가장 자연스러운 우리말을 찾아내는 것이 올바른 표현학습 방법인 거라고.

07 I have no idea what is going on.

I have no idea.는 이미 배운 말이다. "모르겠다." 맞아, I don't know.와 같은 뜻이지.
그리고 이 문장은 I can't figure out what's going on.과 의미가 거의 같다고 보면 되겠네.

08 It was an accident.

accident는 '사고' 잖아. 그러면 "그건 사고였어." 아닌가? 맞아. 하지만 accident의 근본 의미는 '우연히 생긴 일[존재]' 라는군. 근본 의미를 알고 있어야 파생의미를 알 수 있는 것.

09 Just try to cool down a little.

cool down이 뭘까? cool은 '시원하다' 이니까 '흥분을 가라앉히다' 로 의역이 가능하군. down 역시 '가라앉히다' 이니까 cool down의 조합이 딱이군. 그러게 말이야^^.

10 I had no intention of doing it this way.

가만, intention이 뭐더라? 동사는 intend야. '의도하다' 지. 아, 맞다,
intention은 '의도' 야. 그렇지. 결국 I have no intention of ~의 형태를 쓰면 "나는 ~할 의도가 없다"의 의미를 전하게 되는 거야. this way는 '이런 식' 이니까 do this way는 '이런 식으로 처리하다' 로 이해하면 되겠고. 같은 의미의 문장으로는 I didn't intend to do it this way.가 있겠군.

---

06 그거 심각하게 생각할 필요 없어.   07 상황이 어떻게 돌아가는 건지 난 모르겠어.
08 그건 우연히 생긴 일이야.   09 진정해봐 좀, 그렇게 흥분하지 말고.
10 난 그걸 이런 식으로 처리할 의도는 전혀 없었어.

MP3 #**050**

11 You always are thoughtful.

아, 이건 thoughtful이 가장 중요한 어휘겠다. 물론이지.
생각(thought)이 가득 차있다(full)는 말이니까 '생각이 깊다', '사려 깊다' 등의 뜻이겠
는 걸. 맞아, 바로 그거야^^.

12 Can't this wait until tomorrow?

기억나나 모르겠네. can't wait은 '빨리 ~을 하고 싶다' 라는 뜻.
그럼 이건 뭐지? "이게 내일까지 기다릴 수 없나?"
아, "이거 급한 일인가? 내일하면 안 될까?" 정도면 되겠다. 만세!

13 I hope I didn't get you at a bad time.

get you at a bad time은 '나쁜 시간에 너한테 연락하다' 정도 아닐까?
맞아, 결국 불편한 시간에 연락한다는 뜻이겠지.
이런 문장은 우리말에 맞게 정말 의역을 잘해야 되는 거야.

14 It's not your fault.

걱정하지 마. 네 잘못도 아닌데 뭘 그렇게 고민하고 걱정하는 거야.
상대가 안쓰럽다고 생각할 필요 없어. 그러다 오히려 네가 더 이상해지는 거야.
네 잘못이 아니라니까 그러네.

15 I'm desperate to lose weight.

lose weight은 '살을 빼다' 알겠는데 desperate가 좀 아리까리하네.
이게 '절망적인' 의 뜻도 있지만 '필사적인' 으로도 이해된다.
아하, 그러면 필사적으로 살 빼는 거? 100점!!!

---

11 년 항상 생각이 깊구나. 12 이거 뒀다가 내일 처리하면 안 될까? 급한 일이야?
13 지금 통화 괜찮은지 모르겠네.[지금 불편해?] 14 그건 네 잘못이 아니야.
15 나 지금 필사적으로 살 빼고 있잖아.

16 You're a friend of hers?

이건 "네가 그 여자 친구야?"의 뜻 아닌가? 와, 정확하네.
평서문을 의문문에 사용하는 건 그저 사실 확인을 위한 거래.
어느 정도는 확신을 갖고 묻는 거라는 거지. 잊지 말도록.

17 I've been sleeping most of the day.

have been sleeping이면 언제인지는 모르겠지만 과거에서 지금까지 계속 자고 있다는 거잖아. 아주 정확하게 알고 있군. 현재완료는 '과거의 시점이 정확하지 않을 때' 사용하는 거래. 그리고 우리가 잘 알고 있듯이 과거에서 현재까지 계속 이어지는 것이고. '과거가 정확히 언제인지는 모르겠지만' 의 느낌을 살려서 해석하는 게 포인트!!!

18 You're very casual today.

casual을 어떻게 해석해야 되는 거지?
ㅎㅎㅎ 우리가 그냥 쓰듯이 캐주얼하다고 하면 되지만 확실한 의미전달을 위해서 '복장이 캐주얼하다' 정도로 표현하면 더 좋을 듯^^.

19 It ruined my appetites.

아, 이럴 때도 **ruin**을 쓰는 거구나. 이게 원래 '파괴하다' 잖아.
맞아. 하지만 거창한 것들만 파괴하는 게 아니라 '망쳐놓다' 의 느낌으로도 흔히 쓰인대.
식욕을 망쳤다고?

20 She's a good cook.

수백 번 강조해도 지나치지 않은 말 아닐까?
요리사는 **cooker**가 아니라 **cook**이라는 걸.
아이고 또 아차 할 뻔했네^^. 같은 뜻으로 She cooks well.이 있네.

---

16 네가 그녀의 친구야? 17 지금까지 거의 하루 종일 잤어.
18 너 오늘 복장이 아주 캐주얼하네.
19 그것 때문에 식욕 다 떨어졌어. 20 걔 요리 정말 잘해.

MP3 #**051**

21 I hope that doesn't offend her.

offend는 정말 많이 듣는 말 아닌가? 사실 정확한 뜻을 몰라서 그렇지.
ㅎㅎㅎ 맞아. 이건 '기분 상하게 하다'래.
그래서 offend her는 '그녀의 기분을 상하게 하다'지. 아하.

22 She doesn't have anyone to talk to.

얘기할 사람이 하나도 없다고? 정답!!! 진짜 훌륭해. 거참 쑥스럽게….
talk to somebody는 '~와 대화하다'의 뜻이라지.
talk은 '말하다'가 아니라 '대화하다'라는 사실을 절대 잊지 말아야지.
그리고 그 somebody에 해당되는 어휘 anyone이 앞으로 빠져 나가서 talk to만
뒤에 남은 거야. 전치사 to를 생략해서는 절대 안 된대. 명심, 또 명심!

23 My mother and I are look-alikes.

어? look-alike가 명사인 거야?
맞아. 그냥 look alike라고 하면 '똑같아 보이다'인데 두 단어가 붙어서 명사가 된 거지.
그래서 look-alike는 '꼭 닮은 사람[물건]'의 뜻이래.

24 I got tired of listening to him.

요건 기억하지 내가^^. tired of가 '~에 지치다', '~을 지겨워하다'잖아.
맞아, 잊지 않았군. listen to도 배운 거네. '신경 써서 듣다'. 그럼 뭐 해석은 간단하게 됐
네. 그러게.

25 We used to live together.

'used to + 동사원형'과 'get used to + 동명사'를 혼동하면 안 되지.
전자는 '한 때 ~했었다'의 뜻이래. 그거야 알지.
ㅎㅎㅎ 알아도 다시 한 번 확실히 다질 것!!!

---

21 그것 때문에 그녀 기분이 상하지 않았으면 좋겠어.   22 그녀는 대화할 사람이 없어.
23 우리 엄마와 난 빼 닮았어.   24 걔가 말하는 거 듣는 것도 정말 지쳤어.
25 우린 예전에 같이 살았었어.

26 What are friends for?

이거 무지하게 쉬운 거 같은데 잘 모르겠네. 그대로 직역해볼까? "친구가 무엇을 위해서 존재하니?"잖아. 그렇다면…, 아, "친구 좋다는 게 뭐야?" 이건가? ㅎㅎㅎ 정답!!!

27 Am I right?

이거 정말 쉽네. 하지만 이렇게 말할 수 있다는 걸 한 번도 배워본 적이 없는 걸. "내가 옳아?", "내 말 맞아?" 정도로 해석하면 되는 거 아닌가? 맞아, 바로 그거야.

28 Don't make me be the first one to call.

와 우린 이렇게 말하기 정말 어렵겠다. 역시 영어는 우리 생각대로 마음대로 직역하고 또, 멋대로 영작해서는 안 되는 거구나. 원어민들이 쓰는 그대로를 이해하고 습관화시켜서 말하는 수밖에 없겠어. "내가 전화하는 첫 번째 사람이 되게 만들지 말라."고? 아이고 도대체 이게 뭔 소리냐고. "내가 먼저 전화하게 하지 마." 이거야 바로 이거야.^^

29 Sorry to disappoint you.

disappoint는 '실망시키다' 맞지? 맞아. 그러면 disappoint you는 '너를 실망시키다'의 뜻이네. 그리고 to 부정사는 원래 '조건'이나 '미래'의 의미라는 걸 잊지 말 것. 우리말로는 "실망시켜서 미안해."처럼 '과거시제(실망시켜서)'의 느낌으로 해석하지만 영어에서의 속뜻은 "내가 만일 앞으로 당신을 실망시키게 된다면 미안해."라는 거래. 조건과 미래의 의미가 동시에 포함된 해석이잖아. 하나를 배워도 정확히 배울 것!!!

30 Don't ever tell him I told you this.

not ever면 '절대 ~이 아니다'의 뜻이래. ever가 강조용법으로 쓰였다는 거지. 그렇구나. 그래서 Don't ever tell him은 '그에게 절대 말하면 안 돼'로 해석하게 되겠군. 그렇지. I told you this 이 표현 정말 간단하다. "내가 너한테 이 말을 했다."겠네.
역시 감각있어.^^ talk과 달리 tell은 '말을 전하다'의 의미라는 것을 절대 잊지 말 것!!!

---

26 친구 좋다는 게 뭐니? 27 내 말이 맞아?
28 내가 먼저 전화하게 하지 마. 29 실망시키게 돼서 미안해.
30 내가 너한테 이 얘기 했다고 걔한테 절대 말하면 안 돼.

MP3 #052

01 It didn't work out.

가만… figure out을 배울 때 out이 '처음부터 끝까지' 라고 했는데 여기에서도 마찬가지인가? 맞아, 정확히 기억하는군^^. work은 '잘되어 가다' 의 뜻으로 쓰였어. 그러면 work out은?

02 Thanks for asking.

아이고, 그렇게 물어봐 줘서 얼마나 고마운지 모르겠네. 다들 말도 없이 자기들 멋대로 행동하는데 이렇게 날 배려해서 먼저 물어봐 주니 정말 고마워. 복 받을겨^^.

03 It impressed me most.

impress를 그대로 동사로 썼네. 굉장히 생소한걸. 하하, 그러네.
늘 impressive, impression 등의 단어들만 보다가….
결국 뭐 '인상을 주다' 의 뜻이래. most는 '가장' 이고.

04 I'm positive.

positive는 '이미 정해져 있기 때문에 확신이 있다' 는 느낌이래.
그래서 '확신하는', '긍정적인', '적극적인' 등으로 해석한다지.
아, 그런 근본 의미가 있었던 거구나. 그렇지 물론^^.

05 I won't say another word about this.

요건 보기에는 무척 쉬운데 말이 좀 기네. 하지만 우리도 늘 쓰는 말이라서 영어로 알아두면 정말 좋겠다. won't say는 '절대 말하지 않겠다' 맞지. 옳거니. another word는 '한 마디' 이니까 won't say another word는 '한 마디도 하지 않겠다' 겠네. 맞아, 아주 정확해. 뭘 더 바래. 그대로 열심히 하면 아주 잘하겠어. 파이팅!!!

---

01 그 일 제대로 해결 안 됐어.   02 물어봐 줘서 고마워.
03 그게 나한테는 가장 인상적이었어.   04 난 확신해. 정말이야.
05 이 문제에 대해서는 더 이상 한 마디도 말하지 않겠어.

06 It isn't my business anyway.

어쨌든 내 비즈니스가 아니라고? 뭐지? 잠깐, 그 표현 있잖아.
None of your business. "남의 일에 참견 마."잖아. 아, 거기에서 파생된 거구나.
그러면, '내 일도 아닌데' 정도? Cool!

07 Not that I know of.

이거 아리까리하네. 그렇지, 이런 표현이 사실 까다로운 거야. "내가 아는 게 아니다."?
이게 뭔 소리야? "아니야, 내가 아는 바로는. 하지만 또 모르는 일이지." 이런 뜻이래. 정말?

08 Don't mention that name to me.

됐어. 내 앞에서 그 이름 입 밖에도 내지 마. 정말 열 받으니까. 내가 걔 때문에 마음 고생
한 거 생각하면 정말. 다시는 내 앞에서 걔 이름 꺼내지도 말라고. 나 뚜껑 열린다, 정말.

09 I don't know what he has against me.

이건 정말 모르겠다. 아니야, 가만. 포기하지 말고. against 의미만 정확히 알면 돼.
이게 '반대', '대립' 등의 느낌이라잖아. 결국 against me는 '나와 반대되는', '나와 대립
되는' 등의 느낌이거든. 그러다 보니 he has something against me라고 하면 '그는 나
와 대립되는 뭔가를 가지고 있다' 가 되는 거래.
결국 '불만이 있다' 는 뜻이지. 와, 그런 거구나!!!

10 He's trying to ruin my life.

와, 말이 거칠다. ruin은 '망쳐놓다', '파괴시키다' 등의 뜻이잖아. 잘 알고 있네.
그래서 ruin my life는 '내 인생을 망쳐놓다' 인 거고.
바로 그거야. 어떤 놈이 내 인생을 망쳐!!!

---

06 어차피 그건 내가 상관할 일도 아닌데 뭐.   07 내가 아는 바로는 아닌데, 또 모르지 뭐.
08 그 이름 나한테 언급하지 마.   09 걔가 나한테 무슨 불만이 있는 건지 모르겠어.
10 걔가 지금 내 인생을 망치려고 작정한 거야.

MP3 #**053**

11 It's nothing but nonsense.

but은 '~을 제외하고'의 뜻이라서 nothing but은 '~을 제외하고는 아무 것도 아닌', 즉 '단지 ~인'의 뜻이래. 그래? 그러면 단지 nonsense일 뿐이라고? 바로 그거야. 허허 참.

12 That's all I'm saying.

나한테 더 이상 묻지 마. 내가 할 수 있는 말의 전부를 다 해준 거니까. 더 이상 나한테 기대할 거 없단 말이야. 정말이야. 내가 해줄 수 있는 말은 다 해준 거라니까 그러네.

13 When did you decide this?

너 정말 놀랍다. 아니 언제 이런 결정을 내린 거야?
이게 보통 일이냐고, 이게. 아무런 말도 없이 혼자서 어떻게 이런 결정을 내릴 수 있는 거냐고. 언제 내린 결정이야?

14 It doesn't matter much now.

어? matter가 동사로 쓰인 거네. 그렇지, 이젠 그런 게 눈에 확 들어오지?^^
명사로 쓰일 때는 '문제' 라서 동사로 쓰이면 '문제가 되다', 또는 '중요하다'의 뜻이 된대. 그렇구나...

15 I don't intend to tell him for a while.

intend는 '의도하다' 이고 I don't intend to ~는 '~할 의도 없다',
즉 '~할 생각 없다' 로 살짝 의역하면 좋겠네. Cool!!!
그리고 for a while은 '당분간' 이니까 해석 끝났네.^^

---

11 그건 그저 어리석은 생각일 뿐이야. 12 그게 내가 해줄 수 있는 말 전부야.
13 이걸 언제 결정한 거야? 14 그건 지금 그다지 중요한 게 아니야.
15 걔한테 당분간 말할 생각 없어 난.

16 You're not being fair to him.

fair는 '정당한' 이잖아. 그렇지. 그런데 being fair는 뭐야? 아, 그건 '지금 현재 정당하게 행동하고 있는 중' 이라는 의미래? 정말? 그러면 형용사의 진행이네. 그렇지, 바로 그거야. 그래서 are not being fair to him이면 '그를 지금 정당하게 대하고 있지 못하다' 인 거래.

17 Life is unfair.

"인생이 부당하다."? 그건 말이 좀 그러네. 어떻게 해야 자연스러운 우리말이 될까? 아! 그거 있다. "인생은 불공평해." 맞아, 바로 그거네.

18 The decision is one hundred percent my own.

이 표현은 마치 우리말 같네. 콩글리쉬 같다는 생각이 들 정도야.
지금 이거 "그 결정은 100퍼센트 내 것이다."잖아. 맞아, 맞아. 사실, 보기에는 쉽지만 직접 이 문장을 말하려 치면 거의 불가능이라고 할 수 있지. 보는 것과 말하는 것은 정말 다른 거야. '정말'을 강조하기 위한 one hundred percent, 그리고 '내 것' 인 my own은 죄다 기억해둬야지!!!

19 Get serious about your work.

너는 일하는 게 어찌 그러냐. 좀 진지하게 해라. 네가 맡은 일인데 그렇게 대충하려고 들면 안 되지. 정성과 최선을 다해서 해야지. 네 일을 좀 진지하게 처리해봐. 알았어?

20 I just want you to think it over.

think it over가 중요한 표현 같은데…. 뭐지? over에 '되풀이 해서', '계속해서' 등의 의미가 포함되어 있대. 정말? 그렇다니까. 그럼 think it over는 '계속 생각하다' 구나.^^

---

16 너 지금 걔를 부당하게 대하고 있잖아. 17 사는 거 정말 불공평해.
18 그 결정은 100% 내가 내린 거야. 19 일을 좀 진지하게 해봐.
20 그 문제 잘 좀 생각해봐.

MP3 #**054**

21 I'll give it some thought.

어, give it a second thought는 배웠잖아. '그것을 진지하게 생각하다'. 맞아.
그런데 give it some thought라고 하면 '생각을 좀 하다'가 되는 거 아닌가?
바로 그거야.

22 I'll give it serious consideration.

consider the thought은 '깊이 생각하다'로 배웠잖아.
가만, 이것과 give it a serious consideration과는 거의 같은 뜻 아냐?
당연하지! consideration은 '생각'과 '고려'!

23 They look and act alike.

look alike는 배웠는걸^^. '똑같이 보이다', 즉 '외모가 똑같다'는 뜻이니까
act alike는 '행동이 똑같다'인가? 그렇지!!! 생각보다 쉬운 표현인 걸^^. 그러게 말이야.

24 Most people are attracted to certain 'types'.

참 괜찮은 말인데 우리로서는 억지로 만들 수도 없는 정말 중요한 표현이네.
대부분의 사람이 어떻다고? be attracted to한다고? '~에 끌린다'는 거 아닌가? 와, 그런 것도 알아? 대단한 걸^^.
attract가 '뭔가를 잡아 끌다' 잖아. 브라보!!! certain types는 '일정한 타입' 이래.
'정해진 타입' 이라는 거지. 결국 짚신도 짝이 있다는 뜻이렸다. 빙고!!!

25 You need to be quiet.

quiet은 '조용하다' 잖아. 그렇지. 그러면 "너는 조용할 필요가 있다."
하지만 이건 우리말이 많이 어색하니까 "넌 좀 조용히 있어," "넌 입 다물고 있어." 정도면 좋겠네. Cool!

---

21 그 문제 생각 좀 해볼게요.   22 진지하게 생각해 보겠습니다.
23 그들은 생긴 것과 행동이 똑같아.
24 대부분의 사람들은 자신만의 끌리는 타입이 있는 거야.   25 넌 좀 조용히 하고 있어.

26 He's a very generous man.

generous가 '관대한' 이던가? 맞아. 시간이나 돈의 씀씀이가 평소에는 그렇지 않은데 남을 도와줘야 되는 상황에서는 아낌없이 쓸 때 generous하다고 한대. 아하!

27 Let's face it.

이건 뭐지? face는 '얼굴' 인데 이 문장에서는 동사로 쓰였잖아. 그렇지. 이게 동사로 쓰일 때는 '부딪혀 나가다', '싫어도 인정하다' 등의 뜻을 갖게 된대. 아, 그런 거구나!!!

28 There are worse things in life than that.

아, 이건 대강 감이 온다. worse things는 '더 안 좋은 상황' 을 말하는 거잖아. 맞아. 대단한 걸^^. worse가 비교급이니까 뒤에 비교 대상이 나올 수 있겠네. 그렇지. 그래서 뒤에 than이 나온 거잖아. 맞아. 결국 '인생에서 그것보다 더 안 좋은 상황' 이라는 뜻이겠네. 완벽해. ㅎㅎㅎ 그렇게 순서대로 하나하나 풀어가면 만사 오케이!!!

29 I didn't sleep much last night.

sleep much는 '많은 잠을 자다' 가 아니라 '잠을 많이 자다' 로 해석하는 게 옳대. 가장 우리말답게 해석해야 된다는 거지. 어색하기 짝이 없는 우리말 해석은 금물!!!

30 You don't have to worry about me.

have to를 무작정 '해야만 하다' 로 기억하는 것은 옳지 않대.
정확한 뜻은 '당연히 해야 하다' 래. '당위성' 을 뜻하는 표현이라는 거지.
don't have to는 '당연히 해야 하는 것은 아니다' 는 의미이기 때문에 '그럴 필요 없다' 의 해석이 가능하대.
와, 그런 거였구나. 무작정 외우는 것보다는 먼저 이해하는 게 정말 중요하구나. 고럼, 고럼.

---

26 그 사람 정말 너그러운 사람이야.   27 싫어도 인정할 건 인정해야지.
28 살다 보면 그보다 더 심한 상황이나 일들이 벌어지기 마련이야.
29 지난 밤에 잠을 별로 못 잤어.   30 내 걱정할 필요는 없어.

MP3 #055

01 I'm a good listener.

good listener? 이걸 어떻게 해석해야 되는 거지? '좋은 듣는 사람'? 이게 뭐야?
아, 그건 '남의 말을 귀담아서 들을 줄 아는 사람'을 뜻하는 거래. 아하, 그거였구나.

02 I might be coming down with a cold.

조동사 might은 '가능성'을 뜻한다고 했던가? 맞다.
come down with는 뭐야? 그건 '어떤 병에 걸리다'의 뜻이래.
그래? 진행형은 이미 정해진 가까운 미래를 말한다는데…

03 I'm always the same.

와, 이건 우리말하고 거의 비슷한걸. "나는 항상 똑같다."잖아.
맞아. 남이 어떻게 지내는지를 물을 때 늘 똑같이 살고 있다고 말하고 싶으면 이 말이 딱이 겠어. 그러네, 정말.

04 My life is a complete disaster.

disaster가 뭐였더라? 이게 원래는 '재해', '재앙' 등의 뜻인데 구어체에서는 '실패작'이 라는 뜻으로 쓰이기도 한다지. 내 인생이 완전 disaster라고? 그게 할 소리야?

05 It has to do with the weather over there.

이건 정말 중요한 표현이야.
A has to do with B는 'A는 B와 관계 있다'는 의미이거든. 정말 그런 뜻이 있었어? 와 ~~ 그래서 have nothing to do with는 '~와 전혀 관계 없다'가 되고 have something to do with는 '~와 좀 관계가 있다'로 이해하게 되는 거래.
그거 정말 쓸모 있는 표현이네. 그럼 관계가 많을 때는? 그럴 땐 have a lot to do with라 고 한다지~~~

---

01 나는 남이 말할 때 귀 기울여서 잘 들어.   02 감기 걸리려나 봐.
03 나야 뭐 항상 똑같지.   04 내 인생은 완전 실패야, 실패.
05 그건 그 쪽 날씨와 관계 있어.

06 Stay home and take care of that cold.

stay home은 '어디 가지 말고 집에 머물다' 잖아.
좋았어, 아주 정확하게 알고 있군 그래^^. 그리고 take care of는 '돌보다', '신경 쓰다' 고.
어, 그런데 목적어로 사람이나 동물이 아닌 cold가 올 수도 있는 거구나. 신기하네.
그렇다면 take care of that cold는 '그 감기 나을 수 있도록 신경 쓰다' 정도가 되겠구나.
아주 정확해, 아주.

07 I'm sure I'll be better by tomorrow.

I'll be better는 '아마 좋아질 거야'의 뜻인가?
맞아, will이 불확실한 미래를 뜻하니까 '아마' 라고 해석하는 게 좋대.
그리고 be better는 흔히 '건강이 좋아지다' 로 이해한다는군.

08 Keep that in mind.

동사 keep에는 '계속' 의 느낌이 있고 in mind는 '마음 속에' 잖아.
그러면 결국 "그것을 마음 속에 계속 두라."가 되는 걸!
아하, 이게 바로 '기억하라' 는 뜻이구나. 옳다구나, 100점!!!

09 There's no chance of that.

여기에서는 chance가 무슨 뜻이지? '기회' 아닌가? 그러면 "그런 기회는 없다."?
말이 되는 거 같기도 하고 아닌 거 같기도 하고.
가만, 아, '가능성' 의 뜻도 있구나. 바로 그거네!!!

10 I didn't mean anything by that.

와, 말을 이렇게 하는 거구나. 무척 쉬운데 따지고 보면 만만치 않은 말이야.
"그걸로 아무런 의미를 부여한 게 아니다."잖아.
결국, 특별한 의미를 부여해서 말한 게 아닌 거지.

---

06 집에서 꼼짝 말고 감기나 잘 다스려.　07 내일까지는 몸이 좋아질 거야.
08 그거 잘 기억해 둬.　09 그럴 가능성은 전혀 없어.
10 특별한 의미로 그 말을 한 게 아니야.

MP3 #**056**

11 You should know that by now.

이건 뜻이 좀 애매한 걸. "지금까지(by now) 그걸 알아야 된다"? 이게 뭐지? should에는 '마땅히 ~을 해야 하다' 의 느낌이 포함되어 있대. 아하, 그렇다면야 뭐^^.

12 You're not interested in what I'm saying.

이거야 뭐 식은 죽 먹기?^^ 너 지금 관심 없는 거지.
You're not interested. 내가 하는 말에 관심 없는 거잖아. in what I'm saying.
아, 이제 봤더니 in이 interested에 걸리는 게 아니라 what I'm saying을 이끄는 거였구나. 맞아. 그래서 "나 관심 있어."를 I'm interested in.이 아니라 I'm interested.라고 하는 거래. 아, 그런 거구나.

13 She couldn't care less what I'm saying.

이거 봐라. couldn't care less가 뭐지? '이보다 덜 관심이 있을 수 없다'?
그렇다면 지금이 가장 관심 없다는 건가? 맞아, 그거야.
그래서 '전혀 관심 없다' 로 이해하는 거래. 와!!!

14 I guess that was the wrong thing to say.

참 평범한 말 같은데 바로 이런 게 중요한 거지. 우리말로 자연스레 옮기기가 만만치 않으니 말이야. the wrong thing to say를 어떻게 의역하면 좋을까?
'말하기 나쁜 거'? '말하기 잘못된 거'? 아, 그렇다면 '해서는 안 되는 말'? 아, 그거 좋다. 바로 그거네. 대단히 훌륭한 걸^^. I guess는 '내 짐작으로는', 또는 '~인 것 같아' 정도면 딱이겠어.

15 She looks a little beat to me.

여기에서는 beat이 중요한 거네. 그런데 이게 뭔 뜻이지?
beat이 속어로 쓰일 때 '녹초가 된' 이라는 형용사의 의미를 포함한대.
아, 그렇구나. 그럼 뭐 쉽게 이해되는 문장이군.

---

11 지금쯤이면 마땅히 눈치챘어야지.   12 넌 내가 하는 말에 관심 없잖아.
13 그녀는 내가 하는 말에 전혀 관심이 없는 거야.
14 그런 말을 한 건 잘못이었던 것 같아.   15 그녀가 내가 보기엔 좀 피곤해 보여.

16 Did I ever tell you that?

tell you that은 쉬운 것 같지만 해석에 특히 주의해야 해.
동사 tell은 단순히 '말하다'가 아니라 '말을 전하다'의 느낌이라는 거지.
'대화'의 느낌을 전할 때는 talk을 쓴대.

17 We're even.

와, 이건 뭐야? 이런 문장도 있었어? even이 무슨 뜻이지?
이게 형용사로 쓰일 때는 '평평한', '규칙적인', '한결 같은' 등의 의미가 있대.
그리고 '서로 비긴'의 뜻도 있다는데….

18 You look worn down.

worn down은 옷이 해질 때 쓰는 표현 아닌가? 와, 알고 있었네. 훌륭해.
이걸 사람한테 적용하면 '옷이 해진 것처럼 몸도 해진 상태' 즉, '몹시 피곤한 상태'의 뜻이래.

19 I never told you that.

야, 야, 뒤집어 씌우지 마. 난 너한테 절대로 그런 말 한 적 없다.
내가 너한테 그 말을 했었다면 내가 성을 간다 성을 갈아.
너한테 절대 그 말한 적 없다니까 그래.

20 I was too lazy to install it.

too lazy는 '지나칠 정도로 게으르다'는 뜻이잖아. 그렇지.
지나치면 결국은 그게 화가 되는 거니까 to install it은 '그걸 설치하지 못했다'는 느낌으로 이해하게 되는 거래.

---

16 내가 너한테 그 말을 했던가? 17 우리 이젠 비겼다. 18 너 정말 피곤해 보여.
19 난 너한테 그 말 절대 안 했어. 20 내가 너무 게을러서 그거 설치 못했어.

MP3 #**057**

21 I'm in pain.

이건 그냥 내가 아프다는 거 아닌가? 맞아. 정신적인 고통과 육체적인 고통에 모두 적용되는 표현이래. '통증이 있다'의 뜻으로도 해석할 수 있으면 좋겠네.

22 I've been thinking a lot about you.

무슨 생각을 계속 하고 있을 때에는 be thinking처럼 진행형을 쓸 수 있대. 그래서 "나 지금 네 생각하고 있어."를 I'm thinking about you.라고 표현할 수 있다지. 아, 그런 거였구나. 그러면 I've been thinking a lot about you.는 "너에 대해서 생각을 많이 하고 있었다."는 뜻이겠네. 그래, 아주 정확해. think도 진행형으로 쓸 수 있다는 것 기억!!!

23 It was nothing important.

그건 아무 것도 아니었다 중요한 게? 아, 그러니까 "그건 전혀 중요한 게 아니었어."인가 보구나. 맞아, 바로 그거야. nothing important가 '전혀 중요하지 않은 일' 이지.

24 I can't understand a word you're saying.

이거 우리말하고 비슷하네^^. a word를 '한 마디' 라고 해석해도 되나? 맞아. 사실은 '단어 하나' 이지만 우리의 '한 마디' 와 비슷한 느낌인 거지. 그렇다면 I can't understand a word는 '한 마디도 이해할 수 없다' 잖아. 그래. 그거야. 우리말과 거의 일치하는 느낌의 이런 자연스러운 말들을 특히 정확하게 기억해서 사용할 필요가 있는 거겠지^^.

25 I was concerned for your health.

concerned가 뭐였지? 많이 들어봤는데….
이건 '뭔가를 걱정하는', '염려하는' 등의 의미를 갖는 형용사래. '걱정시키다' 의 뜻을 갖는 동사 concern에서 파생된 형용사라지. 아하 그런 거였구나. for your health는 '네 건강 때문에' 로 이해하면 되는 거겠지?
물론^^. 결국에는 be concerned for는 '~때문에 걱정하다' 라는 뜻으로 이해하면 된다는 말씀.

---

21 나 지금 아파.(통증이 있다)   22 그 동안 너에 대해서 생각 많이 했어.
23 그건 전혀 중요한 게 아니었어.   24 네가 하는 말 한 마디도 이해 못하겠어 난.
25 네 건강 때문에 내가 걱정했던 거지.

26 Nothing's gonna look good on me today.

look good on me라면…, 맞아, '내가 걸친 모습이 좋아 보이다'의 뜻이야. on me가 내 몸 위에 걸치는 거니까. 아주 정확하게 알고 있군^^. 왜, 그런 날 있잖아. 뭘 입고 뭘 걸쳐도 마음에 들지 않는 날. 맞아, 그런 날 있지. 그럴 때 이 말을 쓰면 딱이야. 그러게 정말. 오늘은 뭘 걸쳐도 좋아 보이지 않으니 어쩌면 좋아.

27 Hang on while I get a pencil.

hang on 참 많이 들었던 말이네. '잠깐 기다리다' 잖아. 맞았어, 아주 정확하게 알고 있군. get a pencil은 '연필을 가지고 오다'의 뜻이래. get의 의미를 정확히 알아야겠군^^.

28 Have you ever once taken my advice?

보통 have you ever ~ 구문이 나오면 '~해본 적 있어?'의 의미를 전하는 거 아니었던가? ㅎㅎㅎ 잘 알고 있네. 그렇다면 take one's advice는 알고 있어?
그거야 뭐 '충고를 받아 들이다' 아닌가? 와, 이거 영어 감각이 정말 좋아졌는걸^^. 말하면 잔소리지 뭐. 오늘이 벌써 며칠짼데.

29 It takes a while.

다행히 for a while을 배웠기 때문에 어렵지 않게 해석되는 문장이네^^.
동사 take가 '시간이 걸리다' 이니까 take a while은 '시간이 좀 걸리다' 로 해석하면 되겠네. Cool!!!

30 You're limiting yourself too much.

동사 limit이 '제한하다', '한정하다' 등의 뜻이잖아. 맞아. 그렇다면 limit oneself는 '자기 자신을 제한하다' 네. 그렇지. 그걸 좀 자연스럽게 해석해봐. '자신의 능력을 제한하다' 인가? 맞아. 다시 말하면 '능력이 더 크게 있음에도 불구하게 스스로를 억제하다'는 느낌인 거래. 자신감을 갖고 밀어붙이라는 의미로 충고할 때 사용하면 좋은 문장이지.

---

26 오늘은 뭘 걸쳐도 어울리지 않아.　　27 연필 가져올 동안 잠깐만 기다려.
28 네가 언제 내 충고를 한 번이라도 받아들인 적 있어?　　29 그거 시간 좀 걸려.
30 넌 네 자신을 너무 가두고 있는 거야. 네 능력발휘를 제대로 해보란 말이야.

MP3 #**058**

01 You're not paying attention now.

attention은 '관심', '주목' 등의 의미이고 pay attention이라고 하면 '주목하다', '관심을 두다' 등의 뜻이 되는 거잖아. 바로 그거야. 제대로 알고 있군^^.

02 I was offended.

offend는 '감정을 상하게 하다', '감정을 해치다' 등의 의미를 갖는다는군.
그러니까 be offended는 '감정이 상하다'의 뜻인 거지. 그렇구나. 이게 '감정'을 말하는 거구나.

03 I'll bet that's what she wants.

I'll bet 이면 '내가 베팅할 거야' 잖아. 맞아.
그래서 뭔가를 확신한다고 말할 때 이 표현을 쓰는 거래.
아하! 결국 '내기하자'는 거구나. 우리나 걔들이나 똑같군 그래^^.

04 There was a subway delay.

subway delay. 지하철이 연착됐다는 거잖아.
이렇게 쉬운 것을. delay가 '지연'의 뜻으로 쓰인 거지.
There has been a delay in the publication.은 출판이 늦어졌다는 의미!!!

05 I came home from work.

참 쉬운 말인데 우린 이 말을 제대로 해본 적이 없기 때문에 이 말을 해야 될 상황에서 얼버무리고 넘어갈 수밖에. 집에 왔는데 직장(work)이 일이 끝나고(from) 왔다는 거야.

---

01 너 지금 주목 안 하고 한눈팔고 있잖아.   02 기분이 좀 상했었어.
03 분명히 그게 그녀가 원하는 거야.
04 지하철이 연착됐어.   05 나 퇴근하고 집에 돌아왔어.

06 Lunch is in a few minutes.

이것도 그러네. 참 쉬워.
그런데 만만치 않다고. in a few minutes는 '몇 분 후에'로 해석하지.
Lunch is는 Lunch is ready의 줄임 말이라고 보면 되겠네. 그러게^^.

07 I'll help you during lunch.

이거 영 헷갈리는걸. during lunch를 뭐라고 해석해야 하지?
'점심 먹는 동안' 인가? 아, 그렇게 이해할 수도 있겠는데 여기에서는 '점심 시간에'가 정확한 해석이래. 아, 그렇구나….

08 Look what you did.

요거 우리말하고 비슷하군. 그대로 직역하면 "네가 한 것을 봐."잖아.
그러니까 결국 "네가 무슨 짓을 했는지 네 눈으로 똑바로 봐." 이 말이잖아.
그렇지. 아주 좋았어. 최고야!!!

09 Don't whine.

whine이 뭘까?
의외로 참 많이 사용되는 어휘인데 '우는 소리를 하면서 불평하다' 정도의 의미래.
아하! 꼭 필요한 말이구나. 이런 애들 꼭 있잖아. 그러게 말이야^^.

10 The pills aren't strong enough.

pill은 '알약' 이고…, 그렇다면 알약이 충분히 강하지 않다? 요게 뭘까?
아, '효과'를 말하나 보구나.
그렇다면 '약의 효능이 그다지 강력하지 않다' 요건가? ㅎㅎㅎ 완벽해!!!

---

06 점심은 몇 분 후면 준비돼.   07 점심시간에 도와줄게.
08 네가 무슨 짓을 했는지 네 눈으로 똑바로 확인해봐.
09 징징대지 마. 우는 소리 그만하라고.   10 그 약 효과가 그다지 좋진 않아.

MP3 #059

11 This will keep you healthy.

동사 keep은 '계속'의 의미를 포함하고 healthy는 '건강한' 이니까 keep you healthy라고 하면 '너를 계속 건강하게 해준다'. 아, 건강을 유지시켜준다는 뜻이구나. 바로 그거야!!!

12 I've been worried all morning.

be worried야 뭐 '걱정되다' 로 이미 배웠고 all morning 요건 기본이잖아. '아침 내내' 라는 뜻. 그래서 결국 '아침 내내 걱정이 됐다' 는 뜻이겠군. 그렇지, 그렇지.

13 My problems are over now.

be over를 이미 배워서 알고 있다 해도 problems가 주어로 오는 상황은 전혀 익숙하지 않기 때문에 이런 문장은 반드시 기억해 두어야 한대. 그래야 응용력이 생긴다는군.

14 It was a lousy relationship.

relationship이야 '관계' 를 뜻하지만 lousy가 뭐지? 아, 요건 '아주 나쁘다' 는 느낌의 형용사래. 그래서 lousy relationship이면 '아주 안 좋은 관계' 가 되는 거지. 그렇구나….

15 There's nothing I adore more than it.

항상 이 adore가 헷갈리던데. 이게 정확히 무슨 뜻이지? '숭배하다' , '동경하다' 등의 거창한 뜻도 있지만 일반적으로 뭔가를 대단히 좋아할 때 adore를 쓰게 된대. 그렇구나. There's nothing I adore는 '내가 대단히 좋아하는 건 없다' 가 되고 more than it은 '그거보다 더' 이니까…, 아 '그걸 가장 좋아한다' 는 뜻인가 보네. 맞아, 바로 그거야.

---

11 이게 네 건강을 지켜줄 거야.　12 아침 내내 걱정됐잖아.　13 내 문제는 인제 다 끝났어.
14 정말 안 좋은 관계였지.　15 내가 그 이상 좋아하는 건 없어.

16 They can ruin dinner.

아, 이렇게도 쓰는구나. 그렇지. 어차피 ruin appetites도 배웠잖아.
appetites의 자리에 dinner가 온 거지 뭐. 결국 ruin dinner는 '저녁식사를 망치다' 의 느낌이군 그래. 그렇지.

17 They're unforgivable.

unforgivable이라는 단어도 쓰긴 쓰나 보구나. 뭐? 뭔 소리야?
아니, 보기에는 그다지 안 쓰일 어휘 같아서. ㅎㅎㅎ '용서할 수 없는' 의 뜻을 갖는 중요한 형용사잖아.

18 Have you ever heard of him?

hear of는 '~에 대한 소문을 듣다' 의 뜻이래. 그래?
'소문' 이라는 어휘가 없어도 그런 뜻이 될 수 있구나.
참고로 hear from은 '누군가로부터 소식을 듣다' 의 뜻이 된다지.

19 He's devoted.

이건 뭐 devoted의 의미를 알아야만 되는 문장이네.
'헌신적인' 의 뜻이래. 동사 devote에 '바치다' 의 뜻이 있어서 devoted가 그런 뜻을 갖게 된 것이라지. 그런 거구나….

20 He invited me out to dinner.

invite는 '초대하다' 잖아. 그렇지. invite me out은 '밖으로 나를 초대하다' 가 되겠네.
to dinner는 '저녁식사에' 이니까. '나를 밖으로 저녁 초대하다' 의 뜻이구나.
아주 정확해!!!

---

16 그게 저녁식사를 망칠 수도 있어.   17 그들은 정말 용서할 수 없어.
18 그에 대해서 소문 들었어?   19 그는 정말 헌신적인 사람이야.
20 그가 나를 저녁식사에 초대했어.

MP3 #060

21 I'm sure you feel the same way.

the same way는 '같은 방법', '같은 식' 등의 뜻인데 feel the same way라고 하면 '같은 방법으로 느끼다' 인가? 아, feel에는 '생각하다' 의 뜻도 있데. 아, 그렇다면…

22 Grab a seat.

어? 이게 뭘까? "좌석을 잡아라"? 아~~ 앉으라는 말이구나. 맞았어. 똑똑한 걸. Take a seat.과 같은 뜻이지. grab은 '쥐다', '잡다' 가 기본 뜻이라서 상황에 따라서 '앉다', '먹다', '마시다' 등의 의미로 의역이 될 수 있다는군.
grab a beer는 '맥주를 마시다', grab dinner는 '저녁을 먹다' 의 뜻이래. 멋지다!!!

23 I really am delighted to meet you.

delighted가 무슨 뜻이지? 이건 동사 delight에서 파생된 형용사래.
delight은 '기쁘게 하다' 의 뜻이라지. 그래서 delighted는 '매우 기쁜' 이 되는 거고. 보통 타동사에 -ed가 붙어서 과거 분사형이 되면 형용사의 의미를 갖게 된다. 단순히 형용사의 의미를 갖는 것에서 벗어나 완전히 형용사로 굳어진 어휘들도 있다지.
delighted가 그 중의 하나래.

24 He's very discreet.

와, discreet 정말 만만치 않은 단어네. 어디서 들어본 것 같기도 하고.
맞아, 워낙 중요한 의미의 어휘라서 어디선가 들어봤을 거야.
'사려와 분별력이 있는' 의 뜻이야. 아하!!!

25 That's a shame.

이건 뭐지? a shame을 어떻게 해석해야 되는 거야?
아, 이건 '유감스러운 일', '아쉬운 일' 등의 의미래.
결국 '그거 참 아쉽다' 는 느낌을 전달하는 표현인 거지. 아, 그렇구나.

---

21 너도 분명 같은 생각일 거야.   22 앉으세요.   23 너를 만나서 정말 기분 좋아.
24 그는 대단히 분별력이 있어.   25 그거 참 안됐다.

26 Who's this singer we're listening to?

무척 쉬운 듯한데 막상 영어로 말하라면 절대 나올 수 없는 문장이네 이거.
listen to야 뭐 '~을[~가 하는 말을] 열심히 듣다' 의 뜻이잖아.
그렇다면 이 문장의 의미는? ㅎㅎㅎ "지금 우리가 듣고 있는 이 가수 누구야?" 이 정도? 아니, 이건 우리가 평소에 하는 우리말이 아닌 걸. 그렇다면? "지금 이 노래 부른 가수 누구야?" 이거다, 만세!!!

27 He has told me a lot about you.

have told me는 '나한테 말해줬다' 로 이해해야 되는 거지. 그렇지, 정확해.
그러면 뭐 너에 대해서 나한테 많은 말을 해줬다는 거네.
봐, 열심히 하니까 이 정도는 쉽잖아^^.

28 There's some evidence.

evidence에 '증거' 의 뜻이 있잖아. 아, 그걸 알고 있었네. 그럼, 그 정도는 기억하고 있지.
좋아, 좋아. 이거 아주 쉬운 문장이지만 쉽게 나오는 말이 아니니까 반드시 기억!!!

29 Let me tell you something.

진작에 I've got to tell you something. 배운 거 기억나?
"너한테 할 말이 있다."고 했잖아.
Let me를 쓰게 되면 '허락(let)해달라' 는 느낌이 추가된다는 사실을 기억할 것!

30 I think we've gone too far.

이 표현 정말 괜찮네. go too far는 '너무 멀리 가다' 잖아.
실제로 멀리 갔을 때도 쓰지만 '정도가 너무 심하다' 고 말할 때에도 사용할 수 있대.
아하, 그거 괜찮네. 정말.

---

26 지금 이 노래 누가 부른 거야?   27 그가 나한테 너에 대해서 많은 이야기를 해줬어.
28 증거가 있는걸.   29 내가 너한테 말해줄 게 있어.
30 우리가 너무 심했던 것 같아.

MP3 #**061**

01 I won't tell you the rest.

여기에서는 will이 강한 의지 아닐까? 맞았어. 아주 정확해. 너한테 절대 말하지 않을 거라는 거지. 그리고 the rest는? '나머지 것들', '나머지 이야기들' 정도의 뜻이지 뭐^^.

02 Keep your voice down.

이거 정말 필요한 표현이네. 주위에 어찌나 목소리 큰 사람들이 많은지 원. 계속(keep) 목소리(voice)를 아래로 내리라(down)는 거니까 목소리를 좀 작게 내라? 지당한 말씀.

03 You just ran a red light.

이건 또 뭐야? 이런 표현도 있었어? 물론이지.
red light은 '빨간 불' 이고 run은 '달리다' 잖아.
그러면 run a red light이 '빨간 불인데 달린다' 는 거야? 그거야, 바로. 그래? 허허허…

04 I'm terminating with him.

어? terminate가 뭐지? 아, 이건 '어떤 상태나 행동이 끝나다' 의 뜻이래. terminator가 여기에서 나온 말인가? 그렇지, 맞아.
그리고 현재진행이 미래를 나타내는 경우야. 알지?

05 This must be the wrong street.

must는 '의무' 가 아니라 '강한 추측' 의 의미로 쓰인 건 알겠고, wrong street이 뭐지? '잘못된 거리' ? 아, 길을 잘못 들어섰구나.
ㅎㅎㅎ 아주 정확한 추측. 그럼 뭐 다 됐네^^.

---

01 나머지는 절대 얘기 안 해줘.   02 목소리 좀 낮춰.
03 너 방금 빨간 불인데 그냥 달렸잖아.   04 난 걔하고 관계 끊을 거야.
05 이건 분명 우리가 길을 잘못 들은 거야.

06 Let's not jump to conclusions.

jump to conclusions가 숙어 같은 분위기?
ㅎㅎㅎ 맞아, 숙어야. 뛰어서 결론으로 간다? 그게 뭐지?
아하, 서둘러서 결론을 내린다는 말인가? 대단한 추리력이야. 100점!!!

07 It must have been towed.

must have 다음에 동사의 과거분사형이 나오면 '~이었음이 틀림없다' 라고 배웠는데.
맞아, 그거야. 그리고 tow는 '견인하다' 이고 be towed는 '견인되다' 의 뜻이래.
아, 그렇군^^.

08 There's nothing to think about.

think about은 '~에 대해서 생각하다' 잖아. 맞아.
그러면 nothing to think about은 '생각할 것이 하나도 없다' 는 의미? 당연하지.
이젠 뭐 거침없이 영어를 이해하는군^^.

09 I'll come with you.

"내가 너와 함께 올 것이다."? 이게 뭔 소리야? ㅎㅎㅎ 내가 너와 함께 어디론가 간다거나
내가 너 있는 곳으로 간다고 말할 때는 go 대신에 come을 쓴대.
반드시 명심하도록!!!

10 I was illegally parked.

illegally는 불법을 말하는 거 아닌가? 맞아.
legal이 '합법적인' 이고 illegal은 '불법의' 야. 그리고 park은 '주차하다' 라는 뜻이라지.
be parked는 '주차된 상태' 를 뜻하는 거래. 아하!

---

06 우리 속단하지 말자. 07 그거 견인된 게 틀림없어. 08 생각할 건 하나도 없는걸 뭐.
09 내가 너와 같이 갈 거야. 10 내가 불법주차 했었거든.

MP3 #**062**

11 What was lousy about it?

lousy는 '아주 나쁘다' 라고 배웠는데. 그러면 "그게 뭐가 나빴는데?" 인가? 맞아.
그런데 상황에 따라서는 lousy를 '비위가 상한' 의 느낌으로 이해하기도 한대.
아하, 그런 거구나…

12 You should cut down on smoking.

should에는 '강한 권유' 또는 '마땅히 그래야 하다' 의 의미가 포함되어 있다고 배웠지.
그리고 cut down은 '양을 줄이다' 의 느낌이래. 그 '양' 의 대상을 말할 때는 전치사 on의
도움을 받는 거고. 결국 cut down on ~의 형태가 되어서 '~을 줄이다' 의 의미를 전한다
는 거지. 그러면 '잠을 줄이다' 는 cut down on sleeping인가? ㅎㅎㅎ 바로 그거야.

13 Coffee keeps me up at night.

야, 이건 무지 쉬운 거 같은데 뭔 소리지?
up이 '잠에서 깬 상태' 나 '잠들지 못한 상태' 를 뜻한대. 아, 그러면 keeps me up은 '계속
잠을 못 자는 상태'? 그렇지, 그렇지. 아주 좋아!!!

14 You've got a life of your own.

누구나 자기만의 삶이 있는 거지. 당연히 너도 예외는 아니야.
너만의 삶을 즐길 수 있어야 돼. 당당하게. 알았지? 너만의(of your own) 삶을
마음껏, 마음껏 즐기라고^^.

15 No complaints at all.

complaint? 이게 뭐지? complain의 명사형인가? 그렇지. 이젠 눈치 100단이야^^.
그렇다면 전혀 불평불만 없다는 얘기군. 맞았어, 바로 그거야.

---

11 그게 뭐가 그렇게 비유 상했던 건데?   12 너 담배 좀 줄여라.
13 커피를 마시면 밤에 잠이 안 와.   14 너만의 삶이 있는 거야.   15 전혀 불평 없습니다.

16 I just couldn't get it out of my mind.

가만, 요건 만만한 듯한데. get it out of my mind가 뭘까?
'그걸 내 마음속에서 빼내간다'? 맞아. 그렇다면? 생각을 하지 않는 거네.
맞아. 그런데 couldn't이 앞에 붙었으니까 마음속에서 떠나지를 않는다는 뜻이겠구나.
ㅎㅎㅎ 맞았어요~~

17 Don't sound so surprised.

sound surprised는 '목소리를 들으니 놀란 목소리' 라는 뜻이네.
그렇지. 아, 괜히 놀란 목소리 내지 말라는 거구나. 결국 놀란 척하지 말라는 뜻이겠네.
우째 그리 잘하노~~.

18 It's very considerate.

이건 considerate의 뜻만 정확히 알면 되겠네. 물론이지.
'사려 깊은 것은 물론이고 이해심과 동정심이 많다' 는 의미를 갖는 형용사라네.
동사는 consider!!! 아하!!!

19 I apologize for dragging you into this.

apologize는 '사과하다' 지. 어? drag가 뭐더라? 컴퓨터에서 마우스로 파일을 잡아 당길
때 드래그한다고 하잖아. 바로 그 드래그가 이 드래그야. 아하. 그러면 '잡아 당기다'?
그렇다니까. drag you into this라고 하면 '너를 이 일에 잡아 당겨서 끌어들이다' 의 뜻인
거지. 아하, 그거였구나.

20 It's up to you.

나한테 물어볼 거 없다. 그건 네가 알아서 할 문제니까.
너한테 그럴 자격 충분히 있고 나이도 충분히 들었어. 그 정도는 네가 알아서 결정해.
It's your decision!!!

---

16 그게 마음속에서 떠나지를 않았어요. 17 그렇게 놀란 듯이 말하지 마.
18 그럼 정말 고맙죠. 19 너를 이 일에 끌어들인 거 사과할게.
20 그건 너한테 달린 문제야. 네가 알아서 해.

MP3 #**063**

21 Can I get you some coffee?

보아하니 피곤이 누적된 것 같은데 커피 한 잔 마시면서 피곤을 푸셔야겠어요.
제가 커피 타드릴까요? 아니, 괜찮아요. 커피는 제가 직접 타드리죠. 괜찮겠죠?

22 Is she seeing someone else?

가만, 상황을 보니 여기에서는 see가 그저 '보다'의 뜻은 아닌 것 같고…
그렇다면, '데이트하다'? 와~ 별 걸 다 알아. 아니 뭐, 어디서 들었던 기억이…
ㅎㅎㅎ 훌륭하다!!!

23 Try to pull yourself together.

이거 어려운 걸. 아니 어렵다 하지 말고 익숙하지 않다고 말하도록.
pull oneself together는 '감정에 치우치지 않고 정신을 제대로 차리다'의 뜻이래.
아하!!!

24 This isn't going to help anyone.

이렇게 한다 해서 도움될 사람은 하나도 없을 것 같아.
그러니 생각을 달리해보자고. 괜히 고집부리지 말고. 말했잖아!
이게 도움되는 사람은 하나도 없다니까!!!

25 Don't yell at me.

yell은 '소리를 지르다'의 뜻이라지.
at은 '공격목표'를 말할 때 필요한 전치사니까 결국 yell at은 '누군가에게 소리를 지르다'
로 이해하는 거래. 뭐, 간단하네^^.

---

21 커피 끓여줄까? 22 걔 따로 만나는 사람 있어? 23 감정에 치우치지 말고 정신 차려.
24 이래 봐야 아무한테도 도움 안돼. 25 나한테 소리 지르지 마.

26　I can't stand being yelled at.

stand에 '참고 견디다' 의 뜻이 포함되어 있대. 와, 그렇구나.
어, 이번엔 be yelled at이 나왔네. 수동태니까 '누가 나한테 소리를 지르는 거' 겠네.
맞았어~~.

27　I wasn't expecting it to happen so soon.

진짜 필요한 말이네 이거. "나는 그게 그렇게 일찍 발생할 줄 기대하지 않았다"?
그렇지. 그런데 그걸 우리말답게 자연스레 바꿔볼까? 그렇지, 자연스러운 우리말이어야 지. 그렇다면, "그 일이 그렇게 빨리 생길 줄 생각도 못했다"?
와, 훨씬 좋아졌다. 그렇게 자연스러운 해석을 찾아나가는 과정이 바로 영어를 잘하게 되는 과정이란 말씀!!!

28　You underestimate him.

넌 그 사람을 과소평가하는 경향이 있어. 그거 아니야. 그 사람 능력 우리가 생각하는 이상이거든. 넌 지금 그 사람을 과소평가하고 있는 거란 말이야.

29　I want your opinion.

그렇게만 있지 말고 네 의견을 말해봐. 난 지금 네 의견을 듣고 싶은 거란 말이야.
남의 말에 귀 기울이는 것도 좋지만 지금은 네 의견을 말할 때야. 네 의견 좀 말해봐.

30　It makes me nervous.

이거 뭐 간단하네. makes me nervous는 '나를 긴장하게 만들다' 잖아.
ㅎㅎㅎ 하지만 자만하지 마.
이런 말이 쉽게 입에서 나올 수 있게 소리 내서 읽고 또 읽고, 알았지?

---

26 난 누가 나한테 소리지르는 거 못 참아.　27 그 일이 그렇게 빨리 일어날 줄은 정말 몰랐어.
28 넌 지금 그를 과소평가하고 있잖아.　29 네 의견을 듣고 싶어.　30 그것 때문에 긴장돼.

MP3 #064

01 I want to stay for a few more minutes.

참 쉬운 말인데 우리 입에서는 쉽게 나올 수 없는 말이네.
stay for a few more minutes라고 하면 '몇 분 더, 그러니까 조금 더 머물다' 의 뜻이잖아. 맞다. 그런가 하면 want to를 늘 '원하다' 로만 해석하지 않고 '~을 하고 싶다' 로 살짝 바꾸는 것도 우리말다운 해석으로 가는 방법이랄 수 있대.
결국 '더 머물고 싶다' 는 말이네 뭐. 그러니까.

02 Come and sit here next to me.

next to가 뭐더라? 맞아, '~의 옆에' 잖아.
그러니까 next to me는 '내 옆에' 인 거고 sit here next to me는 이리와 내 옆에 앉으라고? 바로 그거야!!!

03 It's getting chilly.

chilly가 뭘까? 이건 '쌀쌀하다', '으스스하다' 등의 느낌이래.
cold보다 추운 건가? 아니, cold보다는 약간 덜한 경우라는군.
그렇구나. 그럼 점점 쌀쌀해지는 거네. 그렇지^^.

04 Let me ask you this.

아하, 이렇게 표현하는 거네. 정말 쉽다. 우린 왜 이런 표현법을 배우지 못한 걸까?
역시 표현을 있는 그대로 이해하고 기억하면 되는 거네 뭐.
"이거 한번 좀 묻자." 이거잖아.

05 Stay out of trouble.

알쏭달쏭? 이걸 어떻게 해석해야 정확한 거지?
out of trouble은 '문제에서 벗어난 것' 이고 stay는 '머물다' 이니까. "문제에서 벗어나 있어?" 이상한데. "문제 일으키지 말아라?" 아!!!

---

01 나는 조금 더 있다가 갈게.   02 이리 와서 내 옆에 앉아봐.
03 날씨가 점점 쌀쌀해지는걸.   04 이거 하나만 좀 묻자.
05 절대 문제 일으키지 말고 잠자코 있어.

06 You're too young to know about it.

나왔다, 그 유명한 too…to 용법. ㅎㅎㅎ '너무 ~해서 …하지 않다' 잖아.
그렇다면, "너는 너무 어려서 그것에 대해서는 모른다."? 해석이 어색하기 짝이 없군.
결국 이거잖아. "넌 너무 어려서 그런 거 몰라." 그렇지. 아주 자연스럽고 좋아.
이런 표현을 해석하는 것보다는 직접 활용할 줄 아는 능력이 중요한 거니까 자꾸 읽어서
숙달합시다!!!

07 I should have checked it out.

should have + 과거분사 형태는 이미 앞에서 한 번 등장했음.
그래서 정확히 알고 있음. 정말? ㅎㅎㅎ
should have checked it out은 '미리 다시 한 번 확인해 보는 건데'. 좋아요!

08 Don't interrupt me.

interrupt가 관건이네. 이건 '끼어들다', '방해하다' 등의 의미를 갖는 동사래.
그러면 뭐 쉽게 해결! 방해하지 마란 말이야!
그렇지. interrupt의 명사형은? interruption. ^^

09 We have to talk.

자꾸 피하지만 말고 얘기 좀 하자. 우리가 얘기를 해야지. 만나서 얘기 좀 하자고.
지금 이렇게 피해 다닐 일이 아니라니까 그러네. 조옴!!! 우리가 얘기를 해야 된다니까!!!

10 We need some good word of mouth.

word of mouth 이거 많이 보던 건데? 뭐였지?
직역해봐. '입에서 나온 말'이야. 이것을 '구전(口傳)'이라고 하는 거래.
아하! 입 소문이구나! 바로, 그거야^^.

---

06 넌 너무 어려서 몰라.   07 미리 다시 한 번 확인해 보는 건데 그랬어.
08 날 좀 방해하지 말아라.   09 우리 대화를 좀 해야 돼.
10 우리에겐 입 소문이 필요한 거야.

MP3 #**065**

11 Get to the bottom line.

계산기를 이용할 때는 그런 게 없지만 손으로 계산할 때는 많은 숫자를 수직으로 적어놓고 맨 아래에 밑줄(bottom line)을 그은 후에 총계를 내지. 이 줄이 없으면 마무리가 안돼!!!

12 It's hard to know exactly.

hard는 '힘들고 어렵다' 는 뜻이잖아. 그렇지.
exactly는 '정확히' 라는 뜻이고. 그렇다면 정확히 알기가 힘들다는 뜻이네. 맞아.
말할 때 감정을 적절히 섞는 것 잊지 말 것!

13 It's his favorite pastime.

어, pastime이 뭐지? 가만히 봐봐. pastime은 past와 time이 조합된 단어 같지 않아? 맞아. 그 뜻은 '시간을 보내는 것' 이잖아. 그래서 '오락', '취미' 등의 뜻이 된대. 그래? 와!!!

14 It has much to do with getting older.

우리 have something to do with와 have nothing to do with 배웠잖아. 배웠지.
'관계가 있다' 와 '관계가 전혀 없다'. 여기에는 has much to do with가 나왔네.
아!!! 조금만 바뀌어도 의미파악이 안 되니 어쩜 좋아. 걱정 마. 원래 그런 거야. 어쨌든 '관계가 아주 많다' 는 거지. 뭐와의 관계? getting older 점점 나이 드는 것하고 말이야.
표현 괜찮은걸!!!

15 You can get a refund on the ticket.

refund가 뭐였더라?
평소에 가끔 들리는 말인데. 아, 이건 물건 살 때 '환불' 을 뜻하지.

---

11 결론을 얘기해봐.   12 정확히 알기는 정말 힘들어.   13 그게 그가 좋아하는 취미야.
14 그건 나이 먹는 것과 대단히 관계 깊어.   15 표는 환불이 가능합니다.

16 I felt abandoned.

abandon은 '버리다', '단념하다' 등의 뜻이라지. 좀 어려운 걸?
ㅎㅎㅎ 그런 게 어디 있어. 모르면 알면 되는 거라니까.
이젠 쉬워졌지? feel abandoned는 '버려진 느낌이 들다' 래.

17 It didn't look so pathetic to me.

와, pathetic이 뭐야 이거? 첨 보는 단어지? '애처로운', '감상적인' 등의 뜻이래.
그래서 look pathetic은 '애처로워 보이다', '감상적으로 보이다' 가 되는 거지.

18 Did you have a bad weekend?

너 왜 그래? 주말에 무슨 일 있었어? 주말이 별로였냐고.
그렇게 시무룩하게 있지만 말고 얘기를 해봐. 내가 뭐 도와줄 거 있어? 주말에 안 좋은 일 있었냐고!!!

19 I don't know what you're getting at.

get at에 무슨 특별한 뜻이 있는 건가? 있지.
'~에 이르다', '~을 얻다' 등의 의미를 포함한대. 그렇다면 what you're getting at은 무슨 뜻일까? '무엇에 이르다', '무엇을 얻다'? 비슷해.
결국은 what you're getting at은 '네가 무슨 말을 하려는 건지' 로 이해하게 된다는군.
아하, 그런 거구나.

20 Give me credit for something.

아니 credit을 달라는 게 무슨 말이지?
아, credit에 '신뢰' 이외에 '인정', '믿음', '칭찬' 등의 뜻이 있대.
그래? 결국 give credit은 '인정하다', '칭찬하다' 등의 뜻이 되는 거지.

---

16 난 버림받은 듯한 기분이었어.   17 난 그게 별로 애처로워 보이진 않았어.
18 주말 별로였어?   19 너 지금 무슨 소리하는 건지 모르겠다 정말.
20 뭐가 됐든 나도 좀 인정해주고 칭찬해주라.

21 I'll take that as a compliment.

compliment에 '칭찬의 말' 의 뜻이 포함되어 있지.
그리고 take는 '받아 들이다' 이고. 아, 그렇다면 '그걸 칭찬으로 받아 들이다' 구나.
참 쉽다. 그렇지? 영어는 쉬운 거야^^.

22 We should rethink this.

어? 왜? rethink면 think를 다시 한다는 거 아닌가? ㅎㅎㅎ 맞았어.
그러면 '재고하다' 의 뜻이겠네. 맞아, 바로 그거야.
열심히 하다 보면 그런 감각은 자연스레 생기지. 아자!!

23 It sounds like an awful lot of work.

sound like는 '~처럼 들리다' 잖아. 그렇지. 그런데 an awful lot이 뭐야?
그거야 뭐 '굉장히 많이' 란 뜻이지. 아, awful에 '대단한' 의 뜻이 있는 거구나.
그렇다면 an awful lot of work는 '굉장히 많은 일' 이겠네. 빙고!!!
해야 할 일을 듣고 보니 장난이 아니라고 말할 때 이 표현을 쓰면 딱이지.

24 Look who's here!

누가 여기에 있는지 봐라? 이건 또 뭐야?
아, 이건 감탄문이잖아. 뜻밖의 장소에서 뜻밖의 사람을 만났을 때
"아니, 이게 누구야!"라며 감탄할 때 쓰는 말이래.

25 I'm not supposed to do it.

그대로 직역하면 "나는 그것을 하기로 되어 있지 않다."인데. 이게 무슨 말일까?
아, 나는 그걸 하면 안 된다는 말인가? 와! 천재다, 천재. 정말 훌륭해!!!

---

21 그건 칭찬으로 받아들일게.   22 우리 이 문제를 다시 한 번 생각해 봐야 돼.
23 듣고 보니 일 엄청 많겠군.   24 아니, 이게 누구야!   25 난 그거 하면 안돼.

26 How could I ever forget that?

내가 그걸 어떻게 잊을 수 있겠어? 잊는다면 사람도 아니지.
정말 내 인생 최고의 반전이 있었던 시긴데. 너의 도움도 정말 컸고.
내가 그걸 어떻게 잊겠냐고.

27 Nothing to be sorry about.

sorry about이라면 '~에 대해서 미안해하다' 인가? 맞았어.
그래서 "어제 일은 미안했어."를 I'm sorry about yesterday.라고 하지.
그렇구나. 미안할 것이 하나도 없으면?

28 There's no way we'll ever know.

아하, 이렇게 표현하면 되는구나. There's no way.는 "방법이 전혀 없다."는 뜻이군.
무슨 방법인가 했더니 we'll ever know야. '우리가 알 방법' 이라는 거지.
우리말과 영어의 다른 어순을 탓할 게 아니라 사용 가능한 말을 이해하고 구사하려고 노력하면 그런 어순은 전혀 문제가 되지 않는다는 것을 알아야 해.

29 What are you going to do with it?

우리말에 비해서는 좀 긴듯한 문장이네^^.
What are you going to do에서는 be going to가 '이미 예정되어 있었던 것' 을 뜻하니까 '너 진작부터 무엇을 할 생각이었어?' 정도의 뜻이 되잖아. 그러니까 with it까지 합하면 "너 그거로 뭘 하려던 건데?"로 간단하게 해석되는 거지.
이젠 뭐 영어 도사 다 됐어. ㅎㅎㅎ.

30 That's what I was hoping.

what I was hoping은 '내가 희망하고 바라고 있었던 것' 이네. 그렇지.
영어는 그렇게 의미군으로 이해하고 넘어가면 되는 거야. 그 의미군들의 조합이 결국 문장이 되는 거지.

---

26 내가 그걸 어떻게 잊겠어?   27 미안해할 일은 전혀 아니야.
28 우리가 알 수 있는 방법이 전혀 없어.   29 그걸로 뭘 하게?
30 그게 내가 바라고 있었던 거야.

MP3 #**067**

01 This is so touching.

동사 touch에는 '감동시키다' 의 의미가 포함되어 있대.
정말? 물리적인 것뿐 아니라 마음을 건드리는 것도 touch래.
그래서 touching은 '감동시키는', '감동적인' 등의 뜻을 갖는 거지.

02 We should get their permission first.

이 문장에서 should는 무슨 의미일까?
우리가 이미 배운 뜻을 돌이켜보면 '마땅히 해야 하다' 와 '강력한 권유' 가 있잖아. 물론 '추측' 도 있고. 그 중에 '마땅히' 와 '권유' 둘 다 괜찮네. get their permission은 '그들의 허락을 얻다' 의 뜻이고. 그렇다면 결국 그들의 허락을 먼저 구해야 된다는 거네. 그렇지.

03 They look pretty cool.

cool이 '좋다', '훌륭하다' 등의 의미로 쓰일 때는 '속어' 로 쓰이는 거래.
정말 그게 속어야? 하지만 거의 표준어로 바뀌었다고 해도 과언이 아니지.
pretty cool은 '대단히 좋다' 는 말씀!

04 I'm not a kid anymore.

지금 나를 너무 애 취급하는 거 아니야? 난 더 이상 애가 아니라고.
나도 나이 들만큼 들었고 이젠 어른이야. 어른 대접 좀 해줘. 난 더 이상 애가 아니란 말이야.

05 We have some shopping to do.

do shopping은 무슨 뜻일까? 당연히 '쇼핑하다' 겠지. 그렇지.
여기에서 shopping이 앞으로 나가고 to do가 뒤에서 수식해주는 꼴이 된 거야.
아, 그렇구나.

---

01 이거 정말 감동적인걸.   02 우린 먼저 그들의 허락을 받아야 돼.
03 저것들 정말 멋있어 보이는걸.   04 난 더 이상 애가 아니야.
05 우리 쇼핑을 좀 해야 돼.

06 You know what I mean.

너 지금 내가 무슨 말하고 있는 건지 잘 알잖아. 그렇게 못 알아듣는 척하지 말고. 알아들었으면 내가 말한 대로 잘 따라서 하도록 해. 내 말 잘 이해했을 테니.

07 Don't make a big deal out of it.

big deal은 '대단한 것'이라고 했는데... 맞아.
그러면 "그것으로 대단한 것을 만들지 말아라."?
그게 뭐지? 여기서 it은 '별 것도 아닌 일'을 뜻한대. 아하, 그렇다면...

08 There's a lot of truth in that.

그 말 안에 많은 진리가 있다고? 결국 그 말 안에 사실이 있다는 것이니까 '일리가 있다'는 뜻인가 보다. 맞아, 아주 정확해.

09 There is nothing wrong with it.

nothing wrong with it은 '그게 전혀 잘못되지 않았다'의 뜻이지.
nothing, something, anything 등은 형용사가 뒤에서 수식한다는 사실을 기억할 것!!!

10 Start with the obvious.

obvious가 무슨 뜻이지? 이건 '명백한', '분명한' 등의 뜻이래.
아, 그러면 the obvious는 '분명한 사실' 정도 되겠구나. 맞아.
그래서 '확실한 것부터 하자' 이 말이군. 빙고!!!

---

06 내가 무슨 소리하는 건지 너 알잖아.　07 별것도 아닌 걸 가지고 난리 치지 마.
08 그건 대단히 일리 있는 말이야.　09 그거 전혀 이상 없어.　10 확실한 거부터 시작해.

MP3 #068

11 I've never heard of it.

hear of는 앞서서 '~에 대한 소문을 듣다' 라고 배웠는데. 맞아.
그런데 사람이 아닌 어떤 이야기나 사물이 목적어로 나오면 그저 '~에 관한 이야기를 듣다' 정도로 해석하게 된대.

12 I still don't know if it's a good idea.

내가 뭐 이런저런 사정으로 동의를 하기는 했지만 난 아직도 그게 좋은 아이디어인지 모르겠단 말이야. 물론 좋아야지. 당연히. 하지만 과연 좋은 생각인지 확신이 서질 않아서….

13 Do you have a minute?

a minute이야 뭐, '잠깐' 이라고 이미 배운 거니까. 그렇지.
그러면 have a minute은 '잠깐 시간이 있다' 는 말이네.
너무 쉬웠나? 하지만 숙달이 되게끔 읽고 또 읽고 쉬지 말자!!!

14 That's what I thought.

바로 그거야. 그게 바로 내가 생각했던 거야. 내 말 못 믿어? 아니 왜 못 믿는 눈치지?
네가 지금 한 말과 내가 이미 생각했던 것과 딱 일치한다니까. 바로 그거라고, 그거!!!

15 What if he's not what you imagine?

What if 구문 이거 많이 들었던 건데. 정확히 무슨 뜻이지?
'만일 ~라면 어떻게 할 건데?' 의 의미라는군. What will you do if ~에서 What if만 남은 거래. 아하, 그렇구나~~. 그러면 "걔가 너를 사랑하지 않으면 어쩌려고?"는 What if he doesn't love you?라고 하면 되나?
그렇지, 바로 그거야. 완벽해, 완벽!!! 그리고 what you imagine에서 imagine은 꼭 '상상하다' 가 아니라 '생각하다' 로 해석하는 게 좋을 때도 있대.

---

11 그건 한 번도 들어본 적 없는데.   12 그게 좋은 생각인지 아직도 잘 모르겠어.
13 잠깐 시간 좀 있어?   14 내 생각이 바로 그거야.
15 그가 네가 생각하는 거하고 다르면 어쩌지?

16 I don't know how this will work out.

사실 I don't know를 모르는 사람은 아무도 없잖아. 그런데 신기한 건 그 뒤에 절이 따라올 때 어색해하는 사람들이 아주 많다는 거야.
특히, 우리말을 영어로 바꿀 때 I don't know 다음에 절을 사용할 줄 몰라서 전혀 예상치 못한 문장이 만들어지는 경우가 종종 있다는 거지. 우리 이런 문장에 익숙해지자고. 그리고 work out은 '해결하다', 기억나?

17 That doesn't mean you shouldn't try.

That doesn't mean ~ 요 부분을 우리말답게 잘 해석할 수 있어야 되는데.
'그것은 ~을 의미하는 것이 아니다' 가 아니라는 말인가? 아니, 꼭 아닌 건 아니지만 좀 더 자연스러워야 된다는 거지. 그래서 '그렇다고 그게 ~라는 말은 아니야' 정도면 아주 좋대. 아하, 말을 약간 바꿨는데 느낌이 많이 다르네. 그렇지? 적절한 의역에 익숙해져야 되는 거야.

18 I've gone through a lot.

어, go through 배운 건데. 맞아. 아주 오래 전에 배웠지. 첫 날이었어. 맞아. '경험하다'. 와, 기억력 대단한데. 아니, 복습을 많이 해서 기억나는 거겠지. 아주 좋았어.

19 Sometimes you've got to take a chance.

때때로 기회를 잡아야만 된다? 이거 말이 좀 이상한데. 그렇지?
chance가 '기회' 긴 한데, 때로는 adventure 즉 '모험' 의 느낌으로 이해될 때도 있데. 어차피 '기회' 라는 것이 순조롭게만 풀리는 게 아니라 모험을 동반할 수 있다는 거지. 그러면 take a chance가 '기회를 잡다' 보다는 '모험하다' 의 뜻이겠네? 눈치 100단, 인정!!!

20 Ten years can destroy anything.

10년이 어떤 것이든 파괴할 수 있다고? 잘 생각해봐. 우리도 비슷한 말이 있잖아.
아, 10년이면 강산도 변한다? 그렇지!!! 결국 10년이면 무엇이든 바뀔 수 있다는 거지.

---

16 이게 어떻게 해결될지 난 모르겠어.
17 그렇다고 해서 네가 시도조차 하지 말라는 건 아니야.   18 정말 산전수전 다 겪었어.
19 때로는 모험을 할 줄도 알아야 돼.   20 10년이면 강산도 변하는 거야.

MP3 #069

21 I thought you knew.

해석이 아주 중요한 문장이야. thought와 knew가 과거시제이기 때문에 "네가 알고 있었다고 나는 생각했다."라고 해석하면 옳지 않아.
원래 문장은 I thought you know.인데 thought의 영향으로 know가 knew로 바뀐 것 뿐이지. 시제의 일치 문법이야. 형태는 과거이지만 의미는 현재를 그대로 살려서 해석하는 것이 맞아. 반드시 기억할 것!!!

22 What are you wearing?

wear가 진행형으로 쓰일 수 있는 건가? 물론이지.
 wear를 상태동사라고는 하지만 일반적으로는 진행의 형태를 유지한대.
"걔 안경 쓰고 있어."는 He's wearing glasses.거든.

23 It's a long story.

그저 이야기하자면 좀 길어. 지금은 시간도 없으니까 나중에 얘기해줄게.
아이고, 내 말 좀 들어. 지금 얘기하기에는 이야기가 너무 길다니까. Come on!!!

24 Are you speaking from experience?

와, 이렇게 말하는 거구나. 정말 간단하네. from experience가 '경험에서 우러나오다'의 뜻 맞는 거지? 와, 정확해. 이젠 뭐 영어 감각이 대단히 뛰어나. 대단해~~.

25 Can I take you home with me?

Can I take you home?은 "내가 집까지 데려다 줄까?" 아닌가? 맞아.
그런데 뒤에 with me를 구태여 추가한 이유는 '내가 직접'의 느낌을 강조하기 위한 거래.
아, 그렇구나.

---

21 난 네가 알고 있는 줄 알았지.   22 지금 뭘 입고 있어?   23 얘기가 좀 긴데.
24 경험에서 하는 얘기야?   25 내가 직접 집까지 바래다 줄까?

26 You've got a point

어? 이거 좀 헷갈리네. point가 '핵심'이잖아.
"네가 핵심을 가지고 있다."? 그렇지. 그걸 자연스럽게 해석해봐.
앞서 나왔던 truth와 point가 비슷한 느낌인걸. '일리' 말이야.

27 Let me put it this way.

그것을 이런 식으로 놓다? 이게 뭐지?
아, 동사 put에 '이야기하다', '설명하다' 등의 뜻이 포함되어 있데.
그래서 put it this way는 '이런 식으로 설명하다'가 되는 거지. 아!!!

28 You knew this was coming.

I thought you knew.에서 처럼 시제의 일치 문법이 쓰인 문장이야.
this is coming이 knew의 영향으로 this was coming이 된 거지. 형태는 과거로 바뀌었지만 의미는 현재진행 그대로 살려서 해석하는 거 잊지 않았지? 문장을 직역하면 "너는 이것이 다가오고 있는 것을 알고 있었잖아."가 되잖아. 이게 뭔 소릴까? 맞아, "이런 일이 생기게 될 줄 알고 있었잖아." 정도로 해석하면 딱이겠네. "내가 그렇게 될 줄 알았어."는 I saw it coming.으로 표현한다는 것도 기억해두면 정말 좋겠다.

29 What's so scary about it?

scary? 좀 생소한 것 같기도 하고…. scared는? 그건 두렵다는 거잖아. 맞아.
반면에 scary는 '두렵게 하는', '무섭게 하는' 등의 뜻인 거야. 아, 그런 거구나.

30 You'll be the first to know.

이것을 직역해서 "네가 알게 될 처음일 거야."라고 하면 이상하지?
자연스러운 우리말로 바꾸면 "가장 먼저 너에게 알려줄게."가 된대.
아, 정말 그러네. 이거 정말 중요한 말이구나.

---

26 네 말에 일리가 있어.   27 이런 식으로 한번 설명해볼게.
28 넌 일이 이렇게 될 줄 알고 있었잖아.   29 그게 뭐가 그렇게 무서워?
30 너한테 제일 먼저 알려줄게.

MP3 #070

01 Tell me a little more about yourself.

a little more는 우리말과 똑같네. '조금만 더' 잖아. 그렇지.
이것을 some more라고 말해도 좋고. Tell me about yourself.는 너에 대해서 말해달라는 뜻이니까 뭐. 그럼 다 됐네^^.

02 How old do you think I am?

How old am I?과 do you think가 합해지면서 약간 혼란스러워진 문장이네.
How old am I가 think의 목적절이라서 그 형태는 평서문으로 바뀌게 되는 거래. 맞아, 기억난다.

03 I don't have much time for it anymore.

I don't have much time.은 "시간이 많지 않다."는 뜻이잖아. 그렇다면 "시간이 전혀 없다."는 말은 어떻게 표현할까? 가만, I don't have any time.이라고 하나? 와, 정답이야. 대단해. I don't have much time for ~는 '~할 시간이 별로 없다'는 뜻이고 not anymore는 '더 이상은 아니다' 맞지? 최고다, 최고. 이젠 뭐 다 알아서 하는군 그래^^.

04 I was just curious.

curious는 '호기심이 강하다'는 뜻이래. 맞아, 맞아.
그렇다면 결국 '궁금하다' 잖아. 그렇지, 바로 그거야. '호기심' 에서 멈추지 않고 '궁금하다' 로까지 해석할 수 있어야 되는 거야.

05 I was stuck in traffic and couldn't call.

be stuck in traffic이 뭐지? be stuck in ~은 '~에 빠져서 꼼짝 못하는 상태'를 뜻한대. 아, 그러면 교통체증에 걸려서 꼼짝 못한다는 뜻이구나. 그렇지. 만일 지금 당장의 상황을 말하면서 "나 교통체증에 걸려서 꼼짝 못해."라고 한다면 I got stuck in traffic.이라고 한다는 거야. 이게 교통체증을 말할 때 가장 일반적인 표현이래. 아, 그런 거구나.

---

01 너 자신에 대해서 좀 더 말해봐. 02 내가 몇 살인 거 같아?
03 더 이상 그것을 위해서 할애할 시간이 많지 않아.
04 난 그냥 좀 궁금했어. 05 교통체증에 걸린데다 전화를 할 수가 없는 상황이었어.

06 Something sure smells good.

sure가 뭐지? 아, 좀 생소하지?
sure가 문장 안에서 부사로 쓰일 때는 '확실히', '틀림없이' 등의 뜻을 갖는대.
sure smells good은 '진짜 좋은 냄새가 나다' 로 이해하는 거야. 아!!!

07 Did you buy these for yourself?

해석에 특히 신경 써야 되는 문장이야. for yourself를 '너 자신을 위해서' 가 아니라 '네가 입으려고', 또는 '네가 쓰려고' 정도로 해석할 수 있어야 영어 좀 한다 말할 수 있지^^.

08 I feel like I could use a cigarette.

어, could use가 뭐야? 이거 해석이 이상한데. 좀 그렇지?
could use는 need의 느낌이야. 약간 늦은 감이 있는 need지.
그러기에 좀 더 간절하다고나 할까?

09 I don't mind a woman who smokes.

아하, 이렇게 말하면 되는군요. mind는 '꺼리다', '싫어하다' 등의 의미잖아요.
결국 mind a woman who smokes는 '담배를 피우는 여성을 싫어하다' 가 되네요.
표현 재미있네요^^.

10 Be more specific.

이건 단어가 세 개밖에 안 되는데 의미가….
specific이 뭐지? 아, 이건 '자세한', '상세한' 등의 뜻이지. 그래? 그럼 쉬운 말이네.
그렇지, 어려울 거 없지. '좀 더 자세히', 그거야.

---

06 뭔가 진짜 냄새 좋네.   07 이거 네가 입으려고 산 거야?   08 담배 피우고 싶어. 정말.
09 난 담배 피우는 여성 상관없어.   10 좀 더 자세하게 말해봐.

MP3 #**071**

11 Are you sure you know what you're saying?

진짜 쉬운 말인데 해석이 만만치 않은걸. "네가 무슨 말을 하는지 네가 알고 있다고 확신해?" 이거 말이 정말 어색하잖아. 이것을 좀 자연스럽게 풀어 쓰면 "너 정말 네가 무슨 말을 하고 있는지 알고는 있는 거야?" 그렇지. 훨씬 나아졌네. 여기에서 나아가 "너 지금 제정신으로 하는 말이야?"까지 해석이 가능하다면 그건 뭐, 최고 중의 최고지.

12 I've been waiting for this opportunity.

아, 이럴 때도 wait for를 쓰는 거구나. 그렇지.
What are you waiting for?에서 익혔던 것처럼 사람 이외의 것을 기다릴 때도 얼마든지 사용할 수 있는 거래. 그렇구나~~

13 Turn that music down.

turn down은 '거절하다' 아닌가? 물론 그렇지.
하지만 그 근본적인 뜻은 '돌려서(turn) 내리다(down)' 이니까 '소리를 줄이다' 가 원래 뜻이 되는 거래. 아, 그렇겠구나~~

14 Don't give me a hard time today.

a hard time을 어떻게 해석해야 되는 거지? 말 그대로 '힘든 시간' 이잖아.
그러면 give me a hard time은 '내게 힘든 시간을 주다' 인가? 맞아, 그것을 '힘들게 하다' 로 이해하면 된대.

15 Is something bothering you?

bother 배웠는데…. 가만, '성가시게 하다' 였던가? 그렇지. 기억력 진짜 좋다^^.
그러면 bother you는 '너를 성가시게 하다' 잖아. 당연하지. 문장 활용도 대단히 높음!!!

---

11 너 지금 제 정신으로 하는 말이야? 12 그 동안 이런 기회가 오기만을 기다려왔잖아.
13 그 음악 좀 줄여줘. 14 오늘 나 힘들게 하지 마. 15 뭐 신경 쓰이는 일 있어?

16 Do I make myself clear?

make myself clear가 뭐지? '나 자신을 분명하게 하다'? 맞아.
이걸 우리말답게 바꿔야지. 내가 남에게 분명하게 전달되려면?
아, 이해시키는 거구나. 바로 그거야^^.

17 I've got everything under control.

under control이면 '통제하에 있는' 이잖아. 그렇지.
그러면 '모든 것을 통제하에 두었다'? 맞아. 그래서 결국 '모든 게 준비되었다' 는 뜻이 되는 거야. 아, 그렇구나.

18 Why didn't you tell me this sooner?

이렇게 말하면 되는 거구나. 늘 쓰고 싶었는데….
말했잖아. 어렵게 생각하지 말고 아는 그대로 말해보라고.
의외로 sooner가 떠오르지 않지? '좀 더 빨리', 맞아 바로 그거야.

19 Sit up straight.

여기에서는 straight가 물리적 의미 그대로야. '똑바르다' 이지.
up은 '위로' 니까 up straight는 '상체를 위로 똑바로' 정도겠네. 그렇지.

20 I ain't got all day.

어, ain't가 뭐였지? 이건 isn't, aren't, haven't, hasn't 등을 통일해서 쓰는 어휘래.
속어지만 대단히 일반적인 어휘야. '하루 종일을 갖고 있는 건 아니다'? 이게 뭘까?^^

---

16 내 말 알아듣겠어?   17 모든 준비는 다 끝났습니다.
18 이 얘기를 좀 더 일찍 말해주지 그랬어?   19 똑바로 앉아있어.
20 지금 지체할 시간이 없어.

MP3 #**072**

21 I haven't heard from her yet.

hear from은 '누군가로부터 소식을 듣다' 의 뜻이라고 했잖아. 그렇지.
그리고 not yet은 '아직은 ~이 아니다' 이니까 해석은 쉽게 되네 뭐. 아무렴^^.

22 Don't be ridiculous.

이건 뭐 ridiculous만 알고 있으면 되는 문장이네.
그런데 ridiculous가 정확히 무슨 뜻이지?
이건 '우스꽝스럽다', '바보 같다' 등의 느낌이래. 말이나 행동이 터무니없는 거지.

23 He should be here any minute.

should를 '가능성' 의 느낌으로 봐서 should be here는 '이리로 올 거야' 로 해석하게 되지. any minute은 '곧', '당장', '어느 때라도' 등의 뜻이래. 아하~~

24 Put her on the phone.

그녀를 전화 위에 올려 놓으라는 것은 통화를 하게 만들라는 것이니까 전화 바꾸라는 의미겠네. ㅎㅎㅎ 정확해. 아주 좋아. 뭐든 하면 할수록 이해력이 일취월장하는 법이야.

25 Why are you doing this?

참 쉽다. 이렇게 간단하게 말할 수 있으니 참 좋다^^.
왜 우린 이렇게 쉬운 영어를 못할까? 무작정 어렵다고만 생각하는 이유가 뭘까?
"왜 이러는 건데?" 얼마나 쉬워!!!

---

21 아직 그녀에게서 연락을 받지 못했어.   22 바보 같은 짓 좀 하지 마.
23 그는 곧 이리로 올 거야.   24 그녀 전화 좀 바꿔봐.   25 너 지금 왜 이러는 건데?

26 When will he be back?

걔가 언제 돌아오는데? 이거 정말 중요한 일이거든. 걔하고 꼭 상의해야 돼. 물었잖아.
왜 대답을 안 해? 그 사람 언제 돌아오냐고. 응?

27 You're welcome to stay here.

어, You're welcome.만 쓰면 "천만에요."잖아. 그런데 뒤에 to stay here가 붙었네.
아, You're welcome to ~ 구문은 '네가 얼마든지 ~을 해도 좋다' 는 의미래.
아, 그렇구나.

28 I don't have to lie about this.

정말 평범한 말인데···. lie about ~은 '~을 거짓말하다' 의 뜻이래.
about이라고 해서 반드시 '~에 관해서' 로 해석할 필요는 없다는 거지.
상황에 맞게 적절한 해석이 필요함!!!

29 She doesn't have her seat belt on.

아, 이렇게 표현하는 거구나. have her seat belt on은 '안전벨트를 매다' 지?
맞아. '입거나 걸친 상태' 는 on을 써서 표현하는 거래.
그리고 현재시제는 '늘 그렇다' 는 뜻, 명심!!!

30 You need a haircut.

정말 간단하구나. 그냥 haircut이네. 그렇지. 잘라진 머리 상태를 haircut이라고 하지.
그래서 "나 머리 잘랐어[깎았어]."를 말할 때는 I got a haircut.이라고 한대.

---

26 그 사람 언제 돌아와요?   27 넌 얼마든지 여기에 머물러도 좋아.
28 내가 이걸 거짓말할 필요가 전혀 없는 사람이야.
29 그녀는 평소에 안전벨트를 전혀 매지 않아.   30 너 머리 좀 깎아야겠다.

MP3 #**073**

01 I want you to behave.

behave가 그냥 '행동하다' 가 아닌가 보네. 그렇지? "난 네가 행동하기를 원해."라고 하면 이상하잖아. 원래 behave는 '예의 바르게 행동하다' 의 의미래. 정말? 그랬구나~~.

02 How can you be sure?

와, 이것도 전혀 어렵지 않게 표현하는구나. 어떻게 확신할 수 있냐는 거 아냐? 그렇지. 만일 '그렇게 확신하다' 라고 말하고 싶으면 so sure로 바꾸면 되는 거래.

03 It's already driving me crazy.

drive에 '운전하다' 뿐 아니라 '어떤 상태로 몰고 가다' 의 뜻이 포함되어 있다는군. 결국 drive me crazy는 '나를 미치게 만든다' 는 뜻인 거지.

04 You have nothing to lose.

쉬운데. "넌 잃을 것이 하나도 없다."잖아. 맞어. 그걸 살짝 우리가 자주 쓰는 말로 바꿔봐. 우리가 자주 쓰는 말? 아!!! "밑져야 본전이다."? ㅎㅎㅎ 바로 그거야.

05 It's completely untrue.

untrue는 true의 반대 의미이니까 '진실이 아닌' , '거짓의' 등의 뜻이겠지. 맞았어. 그러면 뭐 해석은 쉽게 되네. 잠깐!!! It's a lie.는 좀 거친 느낌이라서 이 표현을 사용하는 게 좋대.

---

01 너 처신 똑바로 해. 02 어떻게 확신할 수 있는 건데?
03 그것 때문에 벌써 나 미치겠어 정말. 04 넌 잃을 게 하나도 없어. 밑져야 본전이라고.
05 그건 완전 거짓이야.

06 Have we met before?

어디서 많이 본듯한 사람에게 다가가서 쓰는 말이라지?
또는 추파를 던질 때도 자주 사용되는^^.
이렇게 추파용 멘트를 pickup line이라고 한다네. pick up이 '집적거리다'의 뜻이래.

07 It must have been a lot of work.

어? "그게 많은 일이었음에 틀림없다."?
뭔가 말이 좀…. 뜻이 전혀 틀리지는 않았지만 자연스럽지 못해.
"일 많았겠다."의 느낌은 어떨까? 와, 그거 정말 자연스럽게 좋은 해석이다.

08 I shouldn't have said that.

'should + have + 동사의 과거분사' 기억나? 앞서 배웠었는데.
그거야 당연히 기억하지. '~할 걸 그랬다'는 뜻이잖아. 그러게, 괜히 물어봤네. 안 물어보는 게 좋을 뻔 했어^^.

09 I haven't slept in twenty hours.

가만, in twenty hours가 뭐지? 20시간 안에? 그건 아닌데.
아, in에는 '동안'의 뜻도 포함되어 있대.
아, 그래? 특히 부정문일 때는 for 대신에 in을 흔히 쓴다네. 그런 거구나~~.

10 It's quite embarrassing.

embarrassing은 '사람을 무안하게 하는', '난처하게 하는' 등의 뜻이래.
주어로는 사람을 포함해서 우리를 난처하게 만드는 모든 것들이 다 올 수 있는 거지.
동사는 embarrass.

---

06 우리 전에 만난 적 있던가요?   07 정말 힘들었겠다. 일 정말 많았겠어.
08 그 말을 하지 말았어야 했는데.   09 스무 시간 동안 전혀 잠을 못 잤어.
10 그거 정말 사람 난처하게 만드는군 그래.

MP3 #074

11 I want a straight answer.

straight을 뭐라고 해석해야 좋은 거지? 맞아, 이게 좀 살짝 헷갈리긴 하네.
straight은 휘지 않고 똑바른 거니까 '정직한' 의 의미를 포함한대. 꼬인 것 없이 확실하고 분명한.

12 I cannot cut any more classes.

아, 대강 짐작은 간다^^. cut classes는 '수업을 잘라먹는다' 이니까 '수업을 빼먹다' 아닌가? 맞아, 바로 그거야. 이것을 miss classes, 또는 skip classes라고도 표현한대.

13 Things have a way of leaking out.

have a way가 숙어 같은데. 맞아.
'방법을 알고 있다', 또는 '~의 버릇이 있다' 는 의미라네.
leak out은 '밖으로 새어나가다', '비밀이 누설되다' 등으로 이해한대. 기막힌 표현이네 정말.

14 She avoided meeting my eyes.

avoid는 '회피하다' 잖아. 그렇지. meet을 이럴 때도 쓸 수 있는 거구나. 그러게 말이야. meet my eyes면 '나와 눈이 마주치다' 로 이해하면 되겠네. 아주 좋아, 바로 그거야.

15 You got a minute?

이건 Do you have a minute?과 같은 뜻 아닌가? 아, 약간 차이가 있대.
완전한 의문문은 전혀 몰라서 묻는 경우고 평서문으로 묻는 의문문은 어느 정도 확신하면서 묻는 거라는군.

---

11 거짓없이 솔직하게 대답해줘.   12 더 이상 수업을 빼먹을 수 없어.
13 무슨 일이든 다 새어나가게 되어 있어. 세상에 비밀은 없다고.
14 그녀가 나하고 눈 마주치기를 피하던걸.   15 잠깐 시간 좀 있지?

16. Call me if anything changes.

알았어. 그렇게 알고 있을 테니까 상황이 달라지는 게 있으면 전화해줘. 지금은 이렇지만 얼마든지 달라질 수도 있는 거니까 변화가 있으면 꼭 전화 달라고. 알았지? 나 먼저 간다.

17. I can't leave him alone for a minute.

leave him alone은 '그를 혼자 두다' 잖아.
그렇지. for a minute은 '잠시 동안' 인데, not for a minute은 '잠시 동안도 안 된다' 는 말인가? 그렇지, 훌륭한 추측이야^^.

18. We were in the middle of something.

middle은 '한 가운데' 라는 뜻이잖아. '중간' 말이야. 그렇지.
그래서 in the middle of something이라고 하면 '뭔가를 하는 중에' 라는 의미가 되는 거래. 아하!

19. I appreciate your taking the time.

appreciate은 '고맙다' 는 뜻이고 take the time이 관건이네. 이건 '시간을 떼어내서 특별한 목적을 위해 취하다' 의 뜻이래. 그래서 '시간을 내다' 로 의역하는 거지. 그렇구나~.

20. I was given wrong information.

wrong information은 '잘못된 정보' 맞지? 맞아. 이 문장에는 수동태가 쓰였네.
그러면 잘못된 정보를 받은 거야, 그렇지? 정확해. 아주 좋았어^^.

---

16 무슨 변화가 있으면 전화 줘. 17 잠시도 그를 혼자 내버려둬서는 안 돼.
18 우리 뭐를 좀 하고 있던 중이었어.
19 시간을 내주셔서 정말 감사합니다. 20 내가 잘못된 정보를 받았던 거지.

MP3 #075

21 Let me find out, and I'll get back to you.

find out 오랜만에 나왔네. '어떤 사실을 알아내다' 잖아. 역시 잊지 않고 있었군. 복습을 열심히 하니까 다르군 그래^^.
그리고 get back to는 '누군가에게 다시 연락하다' 의 뜻으로 쓰인대. get back이 '돌아오다' 의 뜻으로 배웠던 거 기억나? 실제 몸이 돌아오는 것뿐 아니라 다시 연락하는 것에도 get back이 쓰인다는 말씀!

22 I don't want to make it worse.

이미 worse things(더 안 좋은 상황)을 통해서 worse의 느낌을 익혔으니 make it worse 는 '상황을 더욱 악화시키다' 라는 거 이해하겠지? 물론^^.

23 You're asking for trouble.

ask for는 '~을 요구하다' 아닌가? 그렇지. 그러면 ask for trouble은 '문제를 요구하다'? 아, 스스로 문제를 만든다는 뜻인가 보네. 바로 그거야. 영어 감각 대단하네요~~.

24 I have complete confidence in it.

기억나? 이미 I got every confidence in you. 배웠잖아. got every confidence와 have complete confidence는 비슷한 느낌이네. 뒤에 이어지는 목적어로는 사람뿐 아니라 상황이나 일이 올 수도 있다는 것 기억해야겠어. 어떤 일에 확신이 있을 때 이 표현을 이용하면 정말 좋겠는걸. 그러게^^

25 I couldn't agree more.

이거 정말 많이 쓰는 말인가 봐. 많이 듣고 보고 했는데 정확한 뜻을 모르겠어.
그래? 직역하면 "나는 더 이상 동의할 수가 없을 것 같아."잖아. 완전 동의한다는 말이지. 아하!

---

21 내가 알아보고 나서 너한테 연락할게.   22 나는 상황을 더 악화시키고 싶지 않아.
23 너 지금 화를 부르는 거야.   24 난 그 일에 완전 자신 있어.
25 정말 대 찬성입니다.

26 I've given her your thoughts.

말 참 쉽게 하네. 그런데 멋있어. 그렇지 않아?
직역하면 "그녀에게 너의 생각을 주었다."잖아. 결국 "그녀에게 네 생각을 전달했다."는
뜻이지. 표현 정말 괜찮네. 그치?

27 You picked this fight.

pick a fight는 '싸움을 걸다'의 뜻이고 get into a fight는 '싸우다'의 뜻이래.
이미 앞서 배웠지만 fight는 동사와 명사로 모두 사용될 수 있다는 것도 잊지 말 것!!!

28 That's what they call it.

what they call it은 '사람들(they)이 그것을 부르는 것'이네.
결국 사람들이 그것을 그렇게 부른다는 뜻이네. 활용이 쉽지 않은 표현이므로 열심히 읽는
연습해야겠다. 정말~~.

29 That will be best for everyone.

will은 '불확실한 미래'이니까 '아마도' 정도로 해석하고 best는 '최선의', '최적의' 등의
형용사의 의미로 쓰인 거야. 역시 표현을 참 쉽게 하는구나. 괜찮다~~.

30 We've been friends a long time.

have been friends는 '계속 친구로 지내왔다'는 의미네. 그렇지.
그리고 for 없이 a long time 만으로도 '오랫동안'의 뜻을 전할 수 있대.
아하 그렇구나. 간단하고 좋은걸^^.

---

26 그녀에게 네 생각을 전달했어.   27 네가 이 싸움을 시작한 거잖아.
28 그들은 그것을 그렇게 불러.   29 그렇게 하는 게 모두에게 최선일 거야.
30 우린 오랫동안 친구로 지내왔어.

Part II

어휘의
다양한 활용에
초점이 맞추어진
해설

MP3 #**076**

01 It's very profitable.

이득이 되는 |
It is the most profitable way to operate. (그게 운영[경영]하기에 가장 이득이 되는 방법이야.) – from a novel, *The Firm*, by John Grisham

02 That's completely unacceptable.

받아들이기 어려운 |
She should have told him it's completely unacceptable. (그녀가 그에게 그건 완전 받아들일 수 없는 거라고 말해줬어야지.) – from a novel, *Disclosure* by Michael Crichton

03 Let's not be hasty.

서두른, 성급한, 경솔한 |
Before you make any hasty decisions, I suggest, discuss it with your teammate. (서둘러 결정 내리기 전에 내가 제안하는데, 이 문제를 자네 팀원과 상의해보게.) – from a movie, *baseketball*

04 That's not my concern.

관심사, 관심 |
Money is not my main concern.
(돈은 내 주관심사가 아니야.) – from a movie, *To Die For*

05 It doesn't matter what I say.

중요하다 |
That's all that matters.
(중요한 건 바로 그거야. 그거면 다 되는 거야.) – from a movie, *If Only*

---

01 그건 대단히 이익이 되는 일이야.   02 그거 완전히 받아들일 수 없는 일이잖아.
03 우리 서두르지 말자고.   04 그건 내 관심사가 아니야.
05 내가 하는 말은 전혀 중요하지 않아.

06 It's pretty unlikely.

가능성 없는 |
Why don't you explain to the detectives why that is unlikely?
(왜 그럴 가능성이 없는 건지 형사들에게 설명해줘.) – from a movie, *The Sentinel*

07 That isn't going to do you any good at all.

도움이 되다 |
It won't do your grades any good. (그래 봐야 네 성적에는 전혀 도움이 되지 않을 거야.) – from a novel, *Doctors*, by Erich Segal

08 I'm not sure where to begin.

어디에서부터 시작할지 |
I don't really know where to begin. (어디에서부터 시작해야 될지 정말 모르겠어.) – from a movie, *The Mirror Has Two Faces*

09 Where did the meeting take place?

일어나다, 생기다 |
I hope that we will never again allow such a tragedy to take place.
(다시는 그런 비극이 일어나지 않도록 했으면 좋겠어.) – from a magazine, *Teen Vogue*

10 How much detail do you want?

세부, 상세한 설명 |
I explained to him in great detail. (나는 그에게 아주 자세하게 설명해주었다.)
– from a novel, *The Rainmaker*, by John Grisham

---

06 그건 정말 가능성 없는 일이야.   07 그래 봐야 너한테 전혀 도움이 되지 않을 거야.
08 어디에서부터 시작해야 될지 확실히 모르겠어.
09 회의는 어디에서 열렸습니까?   10 어느 정도 자세하게 말씀 드릴까요?

MP3 #**077**

11 What was your reaction?

반응, 태도 |
Paul's initial reaction to the idea wasn't good. (그 아이디어에 대한 폴의 첫 반응은 좋지 않았어.) – from a magazine, *Glamour*

12 How long did your relationship last?

계속하다, 지속하다 |
Luck doesn't last forever. (행운이 영원히 계속되는 건 아니잖아.)
– from a movie, *Summer Catch*

13 I really haven't seen her at all.

그녀를 만난 적이 없다 |
I haven't seen her for a long time. (그녀를 만난 지 정말 오래됐어.)
– from a movie, *Nikita*

14 We didn't have much contact.

접촉, 연락 |
Have you been in contact with your mother recently? (최근 들어서 어머니와 연락을 취해보셨습니까?) – from a movie, *Chocolate*

15 Her manner is kind of cool.

멋진, 시원스러운, 차분한 |
They look pretty cool. (그거 정말 멋진걸.) – from a novel, *Message In A Bottle*, by Nicholas Sparks

---

11 넌 어떤 반응을 보였는데?   12 너희 관계가 얼마 동안 지속되었던 건데?
13 난 그동안 정말 그녀를 전혀 만나보지도 못했어.
14 우린 그다지 접촉을 자주하지 못했어요.   15 그녀는 매너가 좋다.

16 I'll try to make this as brief as possible.

간단한, 짧은 |
Talk to a variety of people for brief periods. (다양한 사람들과 짧게나마 대화를 하도록 해라.) – from a magazine, *Shape*

17 I tried to get her to stop.

~을 하게 하다, ~해달라고 부탁하다 |
I think I can get my brother to buy us some beer. (우리 오빠한테 맥주를 좀 사달라고 부탁할 수 있을 것 같아.) – from a movie, *13 Going On 30*

18 It's a question most people would ask.

~을 할 것 같다 |
Nothing against smoothies, but I wouldn't mind some real food sometime. (스무디를 거부하는 건 아니지만 언제 한번 진짜 음식을 먹는 것도 나쁘지 않을 것 같은데요.) – from a TV series, *Desperate Housewives*

19 There isn't any way to keep it quiet.

비밀을 지키다, (사람을) 진정시키다 |
You just keep him quiet tonight. (오늘 밤에는 그가 진정할 수 있게끔 해주세요.) – from a movie, *What Lies Beneath*

20 That wasn't the main reason.

중요한, 주된 |
He's the main character. (그가 주인공이야.) – from a movie, *The Good Girl*

---

16 최대한 짧게 해보겠습니다.   17 나도 그녀를 막으려고 애썼지.
18 그건 대부분 사람이 물을 것 같은 질문이야.
19 그것을 비밀로 할 방법이 없는 거야.   20 그것은 주된 이유가 아니었다.

MP3 #078

21 Did you volunteer?

자원하다, 자발적으로 하다 |
She volunteered to do it. (그녀는 자발적으로 그 일을 했다.) – from a novel, *Disclosure*

22 I did it on my own.

스스로, 남의 도움 없이 |
Don't try to solve your problems on your own. (문제들을 혼자서 풀려고 하지 말아요.) – from a magazine, *Cosmopolitan*

23 Are you on your own?

혼자인(= alone) |
The actress has now come to terms with being on her own. (그녀는 이제 자신이 혼자라는 사실을 받아들이게 되었어요.) – from a magazine, *Us*
*come to terms with 좋지 않은 상황을 점차적으로 받아 들이고 인정하다

24 I'm being very honest with you.

이 순간만큼은 정직한 |
If I was being 100 percent honest, I'd say I'm not crazy about marriage. (제가 순간 100% 솔직했더라면 제가 결혼하고 싶어서 미친 건 아니라고 말했을 거예요.) – from a magazine, *FHM*

25 I was feeling uneasy at that point.

불편한, 불안한 |
You always use humor to deflect things when you're uneasy? (당신은 늘 유머를 이용해서 화제를 돌려 불편한 마음을 피하시는 편입니까?) – from a movie, *28 Days*
*deflect 방향을 바꾸다, 피하다

---

21 네가 자발적으로 했던 거야?   22 난 그 일을 남의 도움 없이 혼자서 처리한 거야.
23 혼자 온 거야?   24 나 지금 이 순간은 정말 솔직하게 말하고 있는 거야.
25 그 순간에는 정말 마음 불편했어.

26 I didn't feel good about it.

기분이 좋다 |
It made her feel really good. (그것으로 인해서 그녀는 기분이 정말 좋았다.) – from a movie, *Autumn In New York*

27 Do you happen to know her name?

우연히[혹시] ~하다 |
You wouldn't happen to know where Rosehill Cottage is? (로즈힐 카티지가 어디에 있는지 혹시 알고 계시진 않으신지요?) – from a movie, *The Holiday*(로맨틱 홀리데이)

28 She had a company uniform on.

옷을 입고 있다 |
This is the muffler you have on in that picture of you. (이게 바로 네가 그 사진에서 걸치고 있는 머플러야.) – from a novel, *The Object of My Affection*

29 It didn't even occur to me.

떠오르다, 일어나다, 생기다 |
I confess the thought has occurred to me at odd moments. (고백하건대, 그 생각은 이상한 순간에만 떠오르더란 말이지.) – from a novel, *Doctors*

30 I advise you to tell her at once.

당장, 즉시 |
You must leave Amalfi at once. (아말피를 당장 떠나야 돼.)
– from a movie, *A Good Woman*

---

26 그것 때문에 기분이 별로 안 좋았어.　27 혹시 그녀의 이름을 알고 있어?
28 그녀는 회사 유니폼을 입고 있었어.　29 그럴 거라는 생각은 전혀 떠오르지도 않았지.
30 내가 충고하는데 그녀에게 지금 당장 전하도록 해.

MP3 #079

01 Make a full and complete disclosure.

폭로 |

Bush was stunned by disclosures of a previously unknown effort. (부시는 사전에 알려지지 않았던 노력과 활동이 밝혀지면서 놀라움을 금치 못했다.) – from a newspaper, *USA Today*

02 I was feeling ignored.

무시하다 |

That's no reason to ignore her. (그렇다고 그녀를 무시하면 안 되지.) – from a movie, *Simply Irresistible*

03 It will place the burden back on you.

놓다, 얹다 |

Great emphasis was placed on the subject. (그 주제가 대단한 주목을 받았으며 그 중요성이 강조되었다.) – from a novel, *The Rainmaker*

04 It isn't much discussed.

상의하다, 토의하다 |

We could discuss this if you like. (이 문제를 다같이 상의해볼 수도 있습니다. 원하신다면 말이죠.) – from a movie, *Step Up*

05 If you bring a lawsuit, the company will fire you.

소송, 고소 |

There's no family, not much of a lawsuit. (연관된 가족이 없어서 소송이랄 것도 없어요.) – from a novel, *The Street Lawyer*, by John Grisham

---

01 하나도 빠짐없이 완전히 다 털어놔. 02 소외되고 무시당하는 기분이었어.
03 그렇게 되면 다시 네게 부담이 될 거야. 04 그건 그다지 많이 상의된 문제는 아니야.
05 네가 소송을 제기하면 회사에서는 너를 해고시킬 거야.

06 Let me deal with him.

다루다, 처리하다 |
We get bigger problems to deal with. (그것보다 훨씬 큰 문제들을 처리해야 돼, 지금.) – from a movie, *Tail Lights Fade*

07 It has to be dealt with.

다루다, 처리하다 |
I don't know how I can deal with being single all over again. (처음부터 완전히 다시 싱글로 살아야 된다는 사실을 어떻게 헤쳐나가야 할 지 모르겠어.) – from a TV series, *Sex and the City*

08 You're telling me the truth?

(이야기를) 전하다, 말하다 |
Are you gonna tell me how you stopped the van? (네가 어떻게 밴을 멈추어 세운 건지 분명히 말해줄래?) – from a movie, *Twilight*

09 Now you're finished.

끝나다 |
The autopsy was finished an hour ago. (부검은 한 시간 전에 끝났어.) – from a novel, *The Client*

10 You're dishonest and irresponsible.

무책임한 |
You're irresponsible, self-centered, completely childish. (너는 무책임하고 자기중심적인데다 완전 유치해.) – from a movie, *Cellular*

---

06 그는 내가 처리할게. 07 그 일은 당연히 처리되어야지.
08 너 지금 사실대로 말하고 있는 거지? 09 넌 이제 끝났어.
10 너는 정직하지 못한데다 무책임하기까지 하잖아.

MP3 #080

11 I deserve better than this.

~을 받을만한 자격이 있다 |
He's good to me and I don't deserve him. (그는 제게 잘해요. 제게는 과분한 사람이죠.) – from a movie, *The Notebook*

12 I don't want you to be involved.

연루시키다 |
I shouldn't have gotten involved. (내가 연루되지 말아야 되는 건데 그랬어.)
– from a movie, *Music and Lyrics*

13 I urge you to reconsider.

충고하다, 촉구하다, 재촉하다 |
Even though they urged me to respond, I chose not to. (다들 저더러 대응하라고 재촉했지만 저는 그러지 않기로 했어요.) – from a magazine, *Entertainment Weekly*

14 I've reconsidered all day.

재고하다 |
You won't reconsider? (다시 한 번 생각해보지 않으련?)
– from a novel, *The First Wives Club*

15 You misunderstood me entirely.

완전히 |
That's not entirely true. (그건 전혀 그렇지 않아.) – from a movie, *Legally Blonde*

---

11 난 이보다 더한 대우를 받을 자격 있어.　12 난 네가 연루되기를 원치 않아.
13 제발 다시 한 번 생각해봐.　14 하루 종일 깊이 생각했어.
15 네가 나를 완전히 오해했던 거야.

16 You mentioned that several times.

여러 번

I imagine your unacceptable behavior has something to do with that boy in the building. He called several times this week. (난 너의 받아들일 수 없는 행동이 저 건물의 그 남자애와 관계 있다고 생각해. 걔가 이번 주에 여러 번 전화했었어.) – from a movie, *Nanny Diaries*

17 We can't appear to be rushed.

재촉하다, 서두르다

You didn't have to rush right over. (그렇게 서둘러서 당장 달려올 필요는 없었는데.) – from a movie, *Must Love Dogs*

18 It may not be that simple.

그 정도로 간단한

Pay up and get off at the next stop. It's that simple. (돈을 다 내든지 다음 정거장에서 내리든지 해요. 간단하잖아요.) – from a movie, *Derailed*

19 What's it going to take to make him go away?

~이 필요하다, ~을 필요로 하다

That takes courage. (그 일은 용기가 필요해.) – from a movie, *Wonder Boys*

20 I want this issue dead and buried by then.

묻다, 감추다

You're gonna bury yourself under a mountain of paperwork. (넌 엄청나게 많은 문서업무에 파묻혀 지내게 될 거야.) – from a movie, *Miss Congeniality*

---

16 너 그 얘기 여러 번 했어.   17 우리는 뭔가에 떠밀려서 서두르는 듯한 인상을 주면 안 돼.
18 그게 그렇게 간단하지 않을 수도 있어.   19 그를 떠나 보내려면 어떤 구실을 대야 되는 거야?
20 이 문제가 그때까지는 세간의 관심에서 묻혔으면 좋겠어.

MP3 #**081**

21 It has to stop.

멈추어야 한다 |
This has gotta stop between you and him. You can't do that. You need a father.
(너하고 아빠 사이에 이런 관계는 끝내야 돼. 너 그러면 안 돼. 넌 아빠가 필요하단 말이야.)
– from a movie, *A Walk To Remember*

22 I want you to be clear.

분명한, 의심할 여지없이 확실한, 냉철한 |
Are we clear? (우리 서로 분명히 이해된 거지?) – from a TV series, *Alias: Truth Be Told*

23 Some men are like that.

~와 같은 |
I can't stand women like her. (난 그녀 같은 여성은 정말 참을 수가 없어.)
– from a movie, *Waiting To Exhale*

24 I'm afraid very few men are like you.

(숫자가) 거의 없는 |
I am a man of very few words. (저는 말이 거의 없는 편이에요.)
– from a movie, *Waiting To Exhale*

25 He won't admit what happened, I'm sure.

인정하다 |
A man is afraid to admit his mistakes for fear of not being loved. (남자는 자신의 실수를 인정하기 두려워합니다. 사랑 받지 못할 거라는 두려움 때문이지요.)
– from a book, *Men are from Mars, Women are from Venus*

---

21 그건 당연히 멈춰야 돼. 22 난 네가 좀 분명했으면 좋겠어.
23 남자들 중에는 그런 사람들도 꽤 있지. 24 너 같은 사람은 거의 없을 거야.
25 그는 무슨 일이 있었는지 절대 인정하지 않을 거야. 분명해.

26 They finally got together.

만나다

I gotta run now, but maybe someday we can all get together. (나 지금 가봐야 돼. 하지만 언젠가 우리 다같이 만날 수 있을 거야.) – from a movie, *Only You*

27 Let's get together for lunch sometime.

언젠가, 언제

Can we go see a movie sometime? (우리 언제 영화 보러 갈까?) – from a movie, *Shall We Dance*

28 What was his response?

반응, 응답

It depends on her response to treatment. (그건 그녀가 치료에 어떤 반응을 보이느냐에 따라 다릅니다.) – from a movie, *Girl, Interrupted*

29 Is there something here I don't know?

여기에서[이 부분에서] 뭔가

We could use a little something here besides the smell of lumber. (여기에서 뭔가 나무 냄새 말고 다른 게 필요하거든.) – from a movie, *Notebook*

30 They're forcing me to do this.

강요하다

I don't want to force you to see him. (너더러 그를 만나라고 강요하고 싶지는 않아.) – from a movie, *Waiting To Exhale*

---

26 그들은 마침내 만났다. 27 언제 만나서 점심 같이 하자.
28 그는 어떤 반응을 보였어? 29 내가 모르는 뭔가가 있는 거야?
30 그들이 지금 나더러 이걸 하라고 강요하고 있어.

MP3 #082

01 You did a good job.

잘하다, 잘 해내다 |
We did a great job. She's a good kid. (우리가 애는 정말 잘 키웠어. 우리 애 정말 훌륭해.) – from a movie, *What Lies Beneath*

02 She'll do a better job than the others.

~보다 더 나은 |
Anyway, you've got better legs than I've got. (어쨌든, 너는 나보다 더 좋은 다리를 가졌잖아.) – from a movie, *Match Point*

03 I won't be home for dinner.

집에서 저녁을 먹다 |
Looks like I'm running a little late. I'll be home for dinner. (좀 늦을 것 같아. 저녁은 집에 가서 먹을 거야.) – from a movie, *Chances Are*

04 Let's be frank.

솔직한 |
I'll kind of be frank with you. (내가 좀 솔직하게 말해줄게.) – from a movie, *Spiderman*

05 Take a deep breath and put yourself back.

심호흡하다 |
Take a deep breath. You concentrate too much on bowing. Just let it flow. (심호흡을 좀 해봐. 넌 지금 (첼로) 활의 움직임에 너무 집중하고 있어. 그냥 편하게 손이 가는 대로 해.) – from a movie, *Cruel Intentions*

---

01 아주 잘했어. 02 그녀가 다른 사람들보다 더 잘할 거야.
03 오늘은 저녁을 먹고 들어갈 거야. 04 우리 솔직하게 이야기하자.
05 심호흡을 하고 정신을 좀 차려봐.

06 Just take your time.

시간을 내다

All I ask is that you take the time to come and see how these treatments are incinerating your son's brain. (내가 요구하는 건 네가 시간을 내서 와서 이런 치료들이 네 아들의 뇌를 어떻게 태워버리는 지를 보라는 거야.) – from a novel, *Doctors*

07 There's no rush.

서두름, 바쁜 상황

I'd love to have coffee with you, but I'm in a rush. (같이 커피를 마시고는 싶은데 제가 지금 시간이 없어서요.) – from a TV series, *Desperate Housewives*

08 Look away from her face.

시선을 피하다

She looked away and bowed her head for a moment. (그녀는 얼굴을 돌리더니 잠시 고개를 떨구었다.) – from a novel, *Special Delivery*

09 I have a few things to do first.

약간의, 여럿의

I know he'll be back in a few days. (그는 며칠 후에 돌아올 거야. 내가 알아.) – from a novel, *State Of Fear*, by Michael Crichton

10 Let's break now and meet again in two hours.

쉬다, 흩어지다

We'll break for five minutes, and return to hear her version. (5분 쉬었다가 다시 모여서 그녀의 입장을 들어봅시다.) – from a novel, *Disclosure*

---

06 서두르지 말고 천천히 해.   07 서두를 필요 전혀 없어.
08 그녀의 얼굴을 보지 말고 시선을 돌려.   09 먼저 해야 할 몇 가지 일들이 좀 있어.
10 지금은 각자 흩어졌다가 몇 시간 후에 다시 만나자.

11 I don't want to know anything about it.

~에 관해서 뭐든 알다 |
I don't know anything about you. I haven't seen you since high school. (난 너에 대해서 아무 것도 몰라. 고등학교 졸업 이후에 너를 한 번도 본 적이 없잖아.) – from a movie, *13 Going On 30*

12 You really think this is necessary?

필요한, 불가피한 |
That won't be necessary. (그게 뭐 꼭 필요하지는 않을 거야.) – from a movie, *Wedding Crashers*

13 Everybody's talking about it.

~에 관해서 얘기하다 |
My parents keep talking about how much college is gonna cost. (우리 부모님은 대학 학비가 얼마나 들 거라는 것만 계속 말씀하셔.) – from a movie, *High School Musical*

14 It's been a long day today.

긴 하루, 힘든 날 |
"You mad about this morning?" she asked. "No," he said. "Really, I'm not. It was just a long day." (오늘 아침 일로 화났어?" 그녀가 물었다. "아니야," 그는 말했다. "정말이야, 화난 거 아니야. 오늘 그냥 좀 힘든 날이었어.") – from a novel, *Disclosure*

15 There's no truth to it at all.

사실, 진실 |
We have to face the truth. (우리는 이런 사실을 피하지 않고 부딪혀 나아가야 돼.) – from a movie, *AeonFlux*

---

11 그것에 대해서는 아무 것도 알고 싶지 않아.
12 너 정말 이게 꼭 필요하다고 생각하는 거야?   13 다들 지금 그 얘기야.
14 오늘 정말 긴 하루였어.   15 그건 전혀 사실이 아니야.

16 You're late for work.

~에 늦다 |
She had once been fifteen minutes late for a dinner appointment with him. (그녀는 한 번 그와의 저녁식사 약속시간에 15분 늦은 적이 있었다.) – from a novel, *If Tomorrow Comes*

17 I got nothing to say to you.

할 말이 없다 |
I've got nothing to say on the subject of Meredith Johnson. (난 메러디스 존슨을 주제로 할 말은 하나도 없어.) – from a novel, *Closure*

18 I thought that was a little unfair.

부당한, 불공평한 |
It's just so unfair to the girls. (그건 우리 딸아이들에게는 너무나 불공평한 일이잖아.) – from a movie, *The Devil Wears Prada*

19 I never wanted any of this.

이것에 대해서는 어느 것도 |
Do not mention any of this to the families.. (식구들한테는 이 사실을 절대로 언급해서는 안 돼.) – from a novel, *The Firm*

20 If I did anything to offend you, I apologize.

불쾌하게 하다, 기분 나쁘게 하다 |
Have I offended you? I meant it as a compliment. (저 때문에 불쾌했어요? 저는 칭찬으로 드린 말씀인데.) – from a movie, *A Good Woman*

---

16 너 회사에 지각했어.   17 너에게 할 말 하나도 없어.
18 그건 좀 부당하다고 생각했지.   19 난 이런 거 원한 적 없어.
20 내가 너를 불쾌하게 만드는 짓을 했다면 사과할게.

MP3 #**084**

21 Can you forgive me?

용서하다 |

How could you do this? I may never forgive you. (어떻게 이럴 수가 있어? 널 결코 용서 못할 것 같아.) – from a movie, *The Mirror Has Two Faces*

22 Can I drop you somewhere?

내려주다, 갖다 주다 |

You can drop the cup off at any time. (컵은 아무 때나 갖다 주시면 돼요.) – from a movie, *Bound*

23 Are you following me?

이해하다, 따르다, 따라가다 |

You don't make history by following the rules. (규칙을 따르기만 해서는 역사를 만들지 못해.) – from a movie, *Hollow man*

24 I am glad you are not bored with your life.

지루한 |

You'd be bored to death. (너 아마 지루해서 죽을 거야.) – from a movie, *Secretary*

25 It wouldn't surprise me.

놀라게 하다 |

Jason wanted to surprise you. Hope it's okay. (제이슨이 너를 놀라게 해주고 싶어했어. 그래도 괜찮을지 모르겠네.) – from a movie, *Message In A Bottle*

---

21 날 용서해줄 수 있겠어? 22 내가 어디에 내려줄까?
23 내 말 이해 돼? 24 네 삶이 지루하지 않다니 듣던 중 반가운 소리다.
25 그래 봐야 난 놀라지 않을 거야.

26 What difference does it make to you?

차이, 영향

I don't see what difference it makes. (난 그게 어떤 영향을 주는 건지 모르겠어.) – from a movie, *Angels In America*

27 Are you listening?

신경 써서 듣다

I listened with a rising fear and a wholly selfish desire to defend Sheba. (나는 들으면서 점점 두려움이 커졌고 쉬바를 지켜야 된다는 완전히 이기적인 생각으로 가득해졌다.) – from a novel, *South of Broad*

28 I had a long talk with him.

오랫동안 대화하다

I'm very tired and sleepy. I promise we'll have a long talk first thing in the morning. (나 지금은 너무 피곤하고 졸려. 약속할게. 내일 아침 눈뜨자마자 오랫동안 대화하자.) – from a novel, *The Client*

29 He's making progress.

진전, 발전

You've made a lot of progress. (정말 많은 발전이 있었어.) – from a movie, *Nikita*

30 I'll have somebody check it out.

확인하다

Mom, can I check out the toys? (엄마, 어떤 장난감들이 나왔는지 확인 좀 해도 돼요?) – from a movie, *One Hour Photo*

---

26 그게 너한테 무슨 영향을 주는 건데? 27 내 말 듣고 있는 거니?
28 그와 오랫동안 얘기를 나누었지. 29 그는 지금 진전을 보이고 있어.
30 사람을 시켜서 그걸 확인해보도록 해야겠어.

MP3 #**085**

01 Clean out your desk.

깨끗이 씻다 |
I gotta go clean out my brushes. (가서 솔들을 깨끗이 씻어놔야 돼.) – from a movie, *Bound*

02 You've thought it over carefully?

잘 생각해보다 |
Think it over and get back to me. (잘 생각해보고 다시 나한테 연락을 좀 줘.) – from a novel, *Disclosure*

03 Take a sleeping pill if you need to.

수면제 |
This resulted in an overdose of a sleeping pill. (이것으로 인해 결국은 수면제의 과다 복용으로 이어졌다.) – from a magazine, *Glamour*

04 I'll see you in the morning.

아침에 |
Go to bed. Go to bed, Augusten. You've got school in the morning. (가서 자라. 가서 자야지, 어거스틴. 아침에 학교 가야잖아.) – from a movie, *Running With Scissors*

05 I never dress like that at the office.

그런 식으로 |
I'd never say something mean like that. (나라면 그런 식으로 못된 말을 하지는 않았을 텐데 말이야.) – from a novel, *The Object of My Affection*

---

01 책상을 좀 깨끗이 치워. 02 그거 신중하게 잘 좀 생각해봤어?
03 필요하면 수면제라도 좀 먹어. 04 내일 아침에 보자.
05 난 사무실에서는 그렇게 옷 입지 않아.

06 You have a very busy schedule.

바쁜, 분주한 |
Can you see he's busy getting mine right now? (쟤 지금 내 거 준비하느라고 바쁜 거 보이잖아?) – from a movie, *Man of the Year*

07 Has he discussed it with you?

상의하다 |
What is it you wanted to discuss? (네가 상의하고자 했던 게 뭐야?) – from a movie, *The Mirror Has Two Faces*

08 You should stay competitive.

경쟁력 있는, 경쟁이 심한 |
It's one meeting at Goldman Sachs. It's highly competitive. (그건 골드만 삭스에서 그냥 한 번 만나는 것뿐이야. 거기가 경쟁이 얼마나 치열한데.) – from a movie, *Nanny Diaries*

09 I see a business there.

장사, 사업 |
It's a cutthroat business where the weak are eaten and the strong get rich. (그건 정말 치열한 일이야. 약자는 먹히고 강자는 부자가 되는 일이지.) – from a novel, *The Firm*

10 That's fine with us.

~에게는 좋은 |
A: Let's just stay here for the rest of the trip. B: Fine with me. (A: 우리 나머지 여행은 여기에서 머물자. B: 난 좋아.) – from a movie, *Just Married*

---

06 너 스케줄 정말 바쁘구나.   07 그가 그 문제를 너와 상의했던 거야?
08 경쟁력을 잃지 말아야 돼.   09 그거 사업이 되겠는걸.
10 우리는 그렇게 해도 좋습니다.

MP3 #086

11 Don't make a mistake like that.

실수하다 |
I did make another typing mistake. (나는 타이핑을 치다가 또 하나의 실수를 저질렀다.) – from a movie, *Secretary*

12 Don't let it upset you.

속상하게 하다 |
I didn't mean to upset you. (너를 속상하게 할 생각은 없었어.) – from a movie, *Notes On A Scandal*

13 No matter what happens, just tell the truth.

무슨 일이 있더라도 |
Will you stay with me no matter what? (무슨 일이 있더라도 나하고 같이 있을 거야?)
– from a movie, *Me, Myself & Irene*

14 Whatever you do, keep cool.

침착한, 차분한 |
He seemed to be cool with it. (그는 그 일을 침착하고 자신 있게 처리하는 것 같던데.)
– from a magazine, *Cosmopolitan*

15 I have some questions before we go on.

계속 진행하다 |
Before we go on, I want to emphasize one thing. (계속 진행하기 전에 한 가지만 내가 강조할게.) – from a novel, *Disclosure*

---

11 그런 식의 실수는 하지 마.   12 그런 일로 속상해 하지 마.
13 무슨 일이 있든지 사실만을 얘기해야 돼.   14 뭘 하든지 냉정을 잃지 마.
15 계속 진행하기 전에 질문이 좀 있는데.

16 What is your understanding of it?

이해, 파악 |
He was beyond understanding. He was out of control. (그는 이해 불능이었어. 통제가 전혀 안 됐으니까.) – from a novel, *The Game*, by Neil Strauss

17 It is arguable.

논쟁의 여지가 있는 |
The question is arguable. (그 질문은 논란의 여지가 있어.) – from a newspaper, *USA Today*

18 Would you like a break?

잠깐의 휴식 |
Take a break baby, grab a coffee with me. (자기 좀 쉬었다 해. 나하고 커피 한 잔 마시자.) – from a movie, *Step Up*

19 Why did you think that?

그 생각을 하다 |
I don't think I'm gonna be wrong, but if I am, the ride's free. (내가 틀릴 거라고는 생각하지 않아요. 하지만 내가 틀리면 탑승하신 금액은 받지 않겠습니다.) – from a movie, *Collateral*

20 You are in line for a promotion.

~을 얻을 가능성이 있는, ~을 대기 중인 |
We're third in line for takeoff. (우린 출발선 3번째 줄에 서 있어.) – from a movie, *French Kiss*

---

16 자네는 그걸 어떻게 이해하고 있는가? 17 그건 논란의 여지가 있어.
18 잠시 쉬었다 하시겠어요? 19 왜 그런 생각을 했어?
20 넌 승진 가능성이 충분해. 대기 중이라고.

MP3 #**087**

21 I'm going to let him continue.

계속하다, 계속되다 |
We'll continue this tomorrow. (이건 내일 계속하도록 하자.) – from a movie, *X-Men*

22 She volunteered to do it.

자진해서 하다 |
He's always the first to volunteer if I ever need anything. (걔는 항상 내가 뭔가가 필요하면 자진해서 제일 먼저 나서서 해주거든.) – from a novel, *A Bend In The Road*

23 Were you pleased?

기분 좋게 하다 |
I'm pleased to know that. (그 사실을 알게 되니 기분 참 좋습니다.) – from a novel, *Doctors*

24 I'll have a drink with you after work.

퇴근 후에 | I'm going to go by there after work tomorrow. (내일 퇴근 후에 거기 들러볼 생각이야.) – from a movie, *The Good Girl*

25 I thought I better do it.

~하는 게 더 낫다(had better) |
You better hurry. You don't want to be late your first day. (서두르는 게 좋을 거야. 첫날부터 늦고 싶진 않잖아.) – from a TV series, *Dawson's Creek*

---

21 걔가 계속 하도록 내버려 둘 거야.　22 그녀는 자진해서 그걸 했던 거야.　23 즐거웠어?
24 너하고 퇴근 후에 한 잔 해야겠어.　25 내가 그걸 하는 게 좋겠다는 생각이 들었던 거야.

26 We had our normal ups and downs.

좋을 때와 나쁠 때, 부침 |
Every relationship has its ups and downs. (어떤 관계든 나름대로의 부침이 있는 법이야.) – from a TV series, *Sex and the City*

27 It never crossed your mind?

생각이 나다, 떠오르다 |
It actually crossed my mind a few times that I might run into you. (실제로 몇 번씩 그런 생각이 들었어. 내가 너를 우연히 만나게 될 지도 모른다는 생각.) – from a movie, *Before Sunset*

28 I'll be an hour late.

한 시간 늦은 |
A: You're an hour late. B: Yeah, my bad, I got caught up. (A: 한 시간 늦었어. B: 그래, 내 잘못이야. 꼼짝할 수가 없었어.) – from a movie, *Step Up*

29 That annoys her.

짜증나게 하다 |
What are you so annoyed about? (무엇 때문에 그렇게 짜증이 난 거야?) – from a movie, *Message In A Bottle*

30 You won't like what she says.

마음에 들다 |
I don't really like the rain. Any cold, wet thing. (난 정말 비는 별로야. 춥고 젖는 거, 그런 거 정말 싫어.) – from a movie, *Twilight*

---

26 누구나 다 그렇듯이 우리도 일반적인 부침이 있었지.
27 그 생각이 전혀 들지 않았다는 거야?   28 한 시간 늦을 거야.
29 그렇게 하면 걔 짜증 내는데.   30 걔가 평소에 말하는 거 들으면 마음에 안 들 거야.

MP3 #088

01 It's important that you stay calm.

계속 침착하다 |
Stay calm. Can't get any worse. (침착해. 더 나빠질 것도 없으니까.) – from a movie, *Bridget Jones's Diary*

02 I can't remember exactly.

정확히 |
What exactly did Walsh say? (월쉬가 정확히 뭐라고 말했어?) – from a TV series, *24*

03 That wasn't really my style, but I agreed.

내 스타일, 내가 좋아하는 것 |
I could beat around the bush, but it's not my style. (나도 말을 돌려서 할 수는 있어요. 하지만 그건 내 스타일이 아니죠.) – from a movie, *How Stella Got Her Groove Back*

04 I kept trying to make light of it.

가볍게 여기다 |
How dare you make light of this? (네가 어떻게 이걸 가볍게 받아들일 수 있는 거니?)
– from a movie, *Man On The Moon*

05 Let's not do this.

이런 짓을 하다 |
Are you sure you want to do this? (너 정말 이거 하고 싶은 거야?) – from a movie, *Along Came Polly*

---

01 이건 중요한 문제야. 네가 침착해야 돼.   02 정확히 기억이 안 나.
03 그게 진짜 내 스타일은 아니었지만 동의했어.
04 난 그걸 계속 가볍게 넘기려고 애를 썼지.   05 우리 이러지는 말자.

06 He was determined.

단호한, 단단히 결심한

I'm determined to make my way back to my home in Delaware. (저는 델러웨어에 있는 제 집으로 돌아가겠습니다.) – from a movie, *Original Sin*

07 I was under so much pressure.

스트레스

Don't feel any pressure. (스트레스를 받지는 말아요.) – from a movie, *Music and Lyrics*

08 How did you decide to handle it?

다루다, 처리하다

I don't know if I can handle this. (내가 이 일을 처리할 수 있을지 모르겠어.) – from a TV series, *Six Feet Under*

09 We knew each other from the past.

서로

We've only known each other six months, but I've loved you every minute of it. (우리가 서로 알고 지낸 지가 6개월 밖에 안됐지만 그 동안, 매 순간 당신을 정말 사랑했습니다.) – from a TV series, *Desperate Housewives*

10 Things did not go well.

잘 되다, 잘 진행되다

Things aren't going so well for your client. (상황이 네 고객의 입장에서는 그다지 잘 진행되고 있는 게 아니지.) – from a movie, *Disclosure*

---

06 그는 아주 단호했어.   07 난 정말 너무 스트레스가 심했어.
08 그 문제를 어떻게 처리하기로 결정하셨어요?
09 우리는 서로 옛날부터 알고 있었지.   10 상황이 그다지 잘 진행되지 않았어.

11 I could not permit that.

(공식적으로) 허락하다 |
Excuse me, sir, but smoking is not permitted. (죄송합니다, 선생님, 금연입니다.) – from a movie, *Heart Breakers*

12 That's all I was thinking about.

~에 대해서 생각하다 |
Do you break out into a sweat when you think about asking someone out on a date? (누군가에게 데이트 신청할 생각을 하면 땀이 나세요?) – from a book, *Idiot's Guide to Beating the Blues*

13 The chance was nil.

무(無), 전혀 없음 |
The odds of finding a good lifelong mate are almost nil. (훌륭한 평생의 반려자를 만날 가능성은 거의 제로이다.) – from a newspaper, *The New York Times*

14 There wasn't time to prepare.

준비하다 |
I didn't prepare. I didn't have enough time. (내가 준비를 못했어. 시간이 충분치 않았거든.) – from a TV series, *Alias*

15 Have a pleasant lunch.

즐거운, 기분 좋은 |
Have a pleasant stay in Los Angeles. (로스앤젤레스에서 즐겁게 머무세요.) – from a movie, *Bulworth*

---

11 난 그걸 허락할 수가 없었지. 12 그게 내가 생각하고 있었던 전부야.
13 기회는 전혀 없었어. 14 준비할 시간이 없었어. 15 점심 즐겁게 잘 먹어.

16 She sometimes forgets to eat.

잊다, 기억 속에서 지우다 |
Forget you'll give yourself cancer and die a slow and horrible death. (암에 걸려서 천천히 그리고 끔찍하게 죽을 생각은 꿈도 꾸지 마.) – from a TV series, *Six Feet Under*

17 They aren't moving one inch.

조금, 약간 |
You look like you've grown another inch, but you don't look so hot, buddy. (너 키가 또 좀 더 자란 것 같은데 그다지 깔끔해 보이진 않네.) – from a movie, *Wall Street*

18 Take my word for it.

내 말을 액면 그대로 받아 들이다 |
You're just gonna have to start taking my word for it. (제 말을 좀 액면 그대로 받아 들여보도록 해봐요.) – from a movie, *Red Eye*

19 That's why I ask.

그래서 ~한 거야 |
I got so sick of sneaking around behind her back. That's probably why I got engaged at 14. (그녀에게 들킬까 몰래 살살 피해 다니는 것에 지쳤어요. 아마도 그래서 제가 열 네 살 때 약혼한 것 같아요.) – from a magazine, *FHM*

20 Are you going to be back in the office today?

돌아오다 |
I'm having lunch with Irv. I'll be back at 3. (어브와 점심을 먹을 거야. 3시에 돌아올 거고.) – from a movie, *The Devil Wears Prada*

---

16 그녀는 가끔 식사하는 걸 잊을 정도야.　17 그들은 지금 꼼짝도 않고 있어.
18 내 말을 좀 곧이곧대로 받아들여 봐.　19 그래서 내가 묻는 거야.
20 오늘 사무실에 돌아올 거야?

21 I never got a message.

메시지, 메모 |
You know, she is in a meeting. Could I please take a message? (그게, 그녀는 지금 회의 중이십니다. 메시지를 전해 드릴까요?) – from a movie, *The Devil Wears Prada*

22 Leave a message when you hear the tone.

남겨놓다 |
I'll call and leave a message on your machine. (내가 전화 걸어서 네 자동응답기에 메시지를 남겨 놓을게.) – from a novel, *The Object of My Affection*

23 We're not able to come to the phone right now.

가능성이 있다, 상황이 되다 |
I'll never be able to turn this round at the other end. (저쪽 끝에서는 이걸 돌릴 수가 없을 거예요.) – from a movie, *The Holiday*

24 My ears were burning.

불에 타다, 불빛이 환하다 |
It stays pretty bright around here all night long. We keep a few lights burning in the corridor. (여기는 밤새 아주 환하게 불이 켜져 있어요. 복도에는 불 몇 개만 밝혀두죠.) – from a movie, *The Green Mile*

25 How are you holding up?

견디다, 지탱하다 |
I just stopped by to see how you're holding up. (네가 잘 지내고 있는지 알고 싶어서 잠깐 들른 거야.) – from a movie, *What Lies Beneath*

---

21 나 메시지 받은 거 하나도 없었어.   22 삐 소리가 나면 메시지를 남겨 주세요.
23 지금은 전화를 받을 수가 없습니다.
24 귀가 간지러웠어. 누가 내 얘기를 했나 봐.   25 어떻게 견디며 지내니?

26 We go way back.

알고 지낸 지 오래되다 |
Sanders and I go way back. (샌더즈와 저는 오래 전부터 알고 지내던 사이입니다.) – from a movie, *Disclosure*

27 She's very talented and I support her.

지지하다 |
I fully support that. (난 그 생각을 완전 지지해.) – from a movie, *Legally Blonde*

28 She's not that young.

그렇게, 그 정도로 |
Come on, it can't be that bad. (너무 그러지 마. 그게 그렇게 나쁜 것만은 아니거든.)
– from a novel, *The Firm*

29 Equality means treating people the same.

대하다, 다루다 |
Don't ever treat me like that again. (나를 다시는 그런 식으로 대하지 마.)
– from a movie, *Man On The Moon*

30 That really remains to be seen.

남아 있다, ~의 상태를 유지하다 |
The couple are making good on their promise to remain friends. (그 커플이 약속을 지키고 있는 건 친구관계를 유지하기 위함이야.) – from a magazine, *Us*

---

26 우리는 오래 전부터 알고 지낸 사이에요. (죽마고우에요.)
27 그녀는 대단히 재능이 있어. 난 그녀를 지지해.　28 그녀는 그렇게 젊지는 않아.
29 평등이란 사람들을 똑같이 대한다는 뜻이야.　30 그건 정말 두고 봐야 할 일이야.

MP3 #091

01 My hope is that we can put this to rest.

잠재우다, 가라앉히다 |
He put to rest long-running speculation. (그는 오랫동안의 추측을 잠재웠다.) – from a newspaper, *The New York Times*

02 Let's go back to the way things were.

상황, 형편 |
Things have changed since you were actively running the company. (당신이 정열적으로 회사를 운영하던 때와 비교해서 지금은 상황이 많이 변했어요.) – from a movie, *The People vs. Larry Flynt*

03 Why not just forget it and go forward?

앞으로 나아가다, 계획을 진척시키다 |
I'm prepared to go forward now. (밀고 나갈 준비 다 됐어요.) – from a novel, *Disclosure*

04 Things have gone too far.

너무 심해지다 |
Don't you think it's going a bit too far? (그게 좀 점점 심해지고 있다고 생각하지 않아?) – from a novel, *The Firm*

05 Don't play rough.

거친, 힘든 |
When life gets rough, go get your shoes shined. (삶이 힘들 때 가서 신발을 깨끗이 닦아라.) – from a movie, *Anywhere But Here*

---

01 내 희망이라면 우리가 이 일을 좀 조용히 잠재울 수 있으면 좋겠어.
02 상황이 예전일 때로 돌아가자 우리.   03 그런 건 그냥 잊고 할 일은 계속 해나가는 게 어떤가?
04 상황이 너무 심하게 확산됐어.   05 너무 거칠게 다루지 마.

06 He's not a team player.

단체작업을 잘하는 사람 |
Working alongside a good team player is one of life's most fulfilling experiences. (훌륭한 팀 플레이어와 함께 일한다는 건 인생에서 가장 큰 성취감을 주는 경험들 중의 하나이다.) – from a magazine, *O Magazine*

07 I disagree.

동의하지 않다 |
Lasagna tends to disagree with my bowels. (라자냐는 내 장하고는 맞지 않는 것 같아.) – from a novel, *The Firm*

08 Nobody in their right mind'll buy it.

동의하다 |
That'll be an interesting approach for you. Think she'll buy it? (그게 네 입장에선 흥미로운 접근법인걸. 그녀가 동의할까?) – from a movie, *Poison Ivy*

09 We need to apply pressure.

적용하다, 행사하다 |
Apply gentle pressure between your toes. (발가락 사이를 부드럽게 눌러주세요.) – from a magazine, *Cosmopolitan*

10 That helps explain it.

설명하다 |
There's no time to explain. (지금 설명할 시간이 없어.) – from a movie, *Cellular*

---

06 그는 팀을 위해 희생하는 애가 아니야. 07 난 동의하지 않아.
08 누구든 제 정신이라면 그 생각에 동의할 사람은 없을 거야.
09 압력을 행사할 필요가 있어. 10 그렇게 하면 그걸 설명하는 데 도움이 되지.

MP3 #**092**

11 The situation isn't clear.

분명한 |
I had a pretty clear picture of you in my mind. (내 마음 속에 당신 모습이 너무도 선명하게 자리잡고 있었죠.) – from a movie, *Before Sunset*

12 We have failed to reach a settlement.

합의, 해결, 지불 |
I received $9,000 as an insurance settlement. (나는 보험금으로 9,000달러를 지급 받았어.) – from a magazine, *O*

13 There may be a genuine misunderstanding here.

진짜의, 거짓이 없는 |
You need to go somewhere where you can get a genuine rest. (어디 가서 진짜 휴식을 좀 취해야겠어.) – from a movie, *Girl, Interrupted*

14 You've changed your story.

말, 이야기 |
Why haven't you heard my side of the story? (넌 왜 내 입장에서의 말은 들어보지도 않는 거야?) – from a movie, *Step Up*

15 I think it's obvious.

분명한, 명백한 |
Isn't it obvious? (그거야 말해봐야 뻔한 거 아니야?) – from a movie, *Chicken Run*

---

11 상황이 그다지 분명치가 않아.   12 우리는 결국 합의에 이르는 데 실패했어.
13 이 부분에서 분명 진짜 오해가 있었던 것 같아.
14 네가 말을 바꿨잖아.   15 그건 분명한 사실인 것 같은데.

16 Anyone can see that.

이해하다, 알다 |
He'll see that this is not working. (그는 이렇게 해봐야 효과 없다는 걸 알게 될 거야.)
– from a novel, *The Client*

17 I don't remember his exact words.

정확한, 빈틈없는 |
Those were his exact words. (그가 정확히 그렇게 말했어.) – from a movie, *Roger Dodger*

18 Are you aware of this tape?

알고 있는, 눈치 채고 있는 |
I'm so aware of it. (나야 그 사실을 너무도 잘 알고 있지.) – from a movie, *The Holiday*

19 I think she had another reason.

또 다른, 또 하나의 |
I gotta move the car into another parking spot. (차를 다른 주차장소로 옮겨야 돼.) – from a movie, *Trust The Man*

20 He's not expected back until late July.

예상하다 |
How can I be expected to open up if you're not relaxed? (당신이 긴장을 풀지 못하면 내가 어떻게 마음을 열고 말할 수 있겠어요?) – from a movie, *Kinsey*

---

16 그건 누구나 이해할 수 있는 거잖아.   17 그가 뭐라고 말했는지 정확히 기억 못해.
18 너 이 테이프가 있다는 사실은 알고 있어?
19 그녀가 또 다른 이유가 있는 것 같아.   20 그는 7월말이 지나야 돌아올 거야.

MP3 #093

21 I have some things to take care of.

신경 쓰다, 돌보다 |
Just let me take care of it for you. (그 일은 그냥 내가 네 대신에 처리할게.) – from a movie, *Man of the Year*

22 Don't make it worse than it is.

더 악화된, 상태가 더 나빠진 |
I'd just nip it in the bud before it gets worse. (상태가 악화되기 전에 싹부터 죽여버리려고.) – from a movie, *Juno*

23 You knew this was going to happen.

일어나다, 생기다 |
I keep trying to figure out what I did to make this happen. (내가 무슨 짓을 했길래 이런 일이 일어난 건지 계속 생각해보고 있는 중이야.) – from a movie, *Reservation Road*

24 I can hardly believe it.

거의 ~이 아니다 |
You've hardly told me anything about her. (그 동안 당신은 나한테 그녀에 대해서 거의 얘기해준 게 없어.) – from a movie, *Laurel Canyon*

25 I almost forgot.

거의 |
I'm almost there. I'll see you in a few. (거의 도착했어. 잠시 후에 보자.) – from a TV series, *24*

---

21 내가 처리해야 할 일들이 좀 있어. 22 괜히 지금보다 상황을 더 악화시키지 마.
23 이런 일이 일어날 거라는 거 알고 있었잖아. 24 정말 믿어지지가 않아. 25 깜빡 할 뻔했어.

26 She'll be delighted.

아주 기뻐하는 |
I'm delighted the Angels came through for you. (천사들이 자넬 위해 임무완수를 잘 해줘서 기분 좋군.) – from a movie, *Charlie's Angels*

27 How did you get here?

여기에 도착하다/오다 |
A: How did I get here? B: Two big guys dropped you off 10 minutes ago. (A: 내가 어떻게 여길 온 거야? B: 덩치 큰 사내 둘이 10분 전에 널 떨어뜨려놓고 갔어.) – from a movie, *XXX*

28 I have an allergy to chocolate.

알러지, 알레르기 |
The children have a very serious allergy to light. (저 아이들은 매우 심각한 빛 알레르기가 있어요.) – from a movie, *The Others*

29 She talks kinda funny.

이상한, 웃기는 |
Everybody's looking at me funny. (사람들이 다 나를 이상하게 쳐다봐.) – from a movie, *Man On The Moon*

30 Aren't you coming?

오다, 가다 |
You're still coming to parents' night, aren't you? (그래도 부모님의 밤에 오시는 건 맞는 거죠?) – from a movie, *White Oleander*

---

26 그녀가 아주 기뻐할 거야. 27 여긴 뭘 타고 왔어? 28 난 초콜릿 알레르기가 있어.
29 걔 말하는 게 좀 이상해. 30 너는 안 오는 거야?

MP3 #094

01 How could you tell what I was thinking?

알다, 판단하다, 구별하다 |
It's really easy to tell. (그건 판단하기(구별하기) 너무 쉬운 걸.) – from a movie, *Juno*

02 What makes you so certain?

확신하는, 확실한 |
I'm certain that I could be of some assistance to you. (제가 도움이 되어드릴 수 있을 거라고 확신합니다.) – from a movie, *The Pursuit of Happyness*

03 Worrying would make you sadder.

~하게끔 만들다 |
It would make me so happy if you took it. (받아 주시면 제가 정말 행복할 거예요.) – from a TV series, *Desperate Housewives*

04 He never lost his sense of humor.

유머감각 |
I don't know why I couldn't just tell her I was coming here. I mean, Delia's really nice person. She's got a good sense of humor. (내가 여기 온다는 말을 그녀에게 왜 말 못했는지 모르겠네. 딜리아는 정말 좋은 사람인데 말이야. 유머감각도 뛰어나고.) – from a TV series, *Ghost Whisperer*

05 You gotta help me practice.

연습하다 |
I want to practice parking. (주차하는 거 연습하고 싶어.) – from a movie, *Clueless*

---

01 내가 무슨 생각하는지 어떻게 알았어요? 02 왜 그렇게 확신하는 거야?
03 걱정이 결국은 더욱 슬프게 만드는 거야. 04 그는 전혀 유머감각을 잃지 않았다.
05 내가 연습하는 거 네가 도와줘야 돼.

06 That takes a while to get over.

이겨내다, 마음에서 털어내다 |
You're gonna get over this. You will, Frances. Someday, you're gonna be happy again. (이걸 분명 극복할 거야. 프란세스, 그렇게 될 거야. 언젠가 다시 행복해질 거야.) – from a movie, *Under the Tuscan Sun*

07 You don't know what you're talking about.

네가 무슨 말을 하고 있는 건지 |
Do you have any idea what you're talking about? (너 지금 네가 무슨 말을 하고 있는 건지는 알고 하는 소리야?) – from a movie, *Tail Lights Fade*

08 Do you know who you're up against?

~을 상대하는, ~에 부딪혀 |
Let's be careful. You know who we're up against. (우리 조심하자. 우리가 지금 누구를 상대하고 있는지 잘 알잖아.) – from a movie, *AeonFlux*

09 Time was running short.

점점 ~의 상태가 되다 |
It has to be after I pick up Nate at the airport. I'm already running late. (그건 내가 공항에서 네이트를 픽업한 이후에 해야지. 나 이러다 늦겠어.) – from a TV series, *Six Feet Under*

10 You're dating her or something?

~인가 뭔가, ~같은 거 |
Maybe tonight we could rent a movie or play pool or something. (아마 오늘 밤에 우린 영화를 빌려보든지 당구를 치든지 뭐 그런 거 할 거야.) – from a TV series, *The OC*

---

06 그거 극복하려면 시간 좀 걸리지.   07 년 지금 네가 무슨 소리를 하고 있는지도 모르잖아.
08 네가 지금 누구를 상대하고 있는 건지나 알아?   09 시간이 점점 줄어들고 있어.
10 너 걔하고 데이트 같은 거 하는 거야 지금?

203

MP3 #**095**

11 I'd like to ask her out.

데이트 신청하다 |
Why don't you ask Alice out on a date? (앨리스에게 데이트신청을 좀 해보지 그래?)
– from a movie, *The Door In The Floor*

12 I felt a pain in my chest.

통증, 고통 |
I can't even remember what it felt like before the pain. (통증 전에는 어떤 느낌이었는지조차도 기억할 수가 없을 정도야.) – from a movie, *Frida*

13 I think it's probably just something he ate.

그가 먹었던 것 |
I think it's an allergic reaction to something I ate. (그건 내가 먹은 음식이 잘못돼서 생긴 알러지 반응인 것 같아.) – from a movie, *The Mirror Has Two Faces*

14 You're upset over nothing.

속이 상한, 언짢은 |
I'm just frantic. I'm very, very upset. (나 지금 제정신 아니야. 지금 너무, 너무나 속상해.) – from a movie, *Running With Scissors*

15 What took you so long?

시간이 걸리다 |
This is taking forever. It's forever. (이러다 시간 하루 종일 걸리겠어. 정말 하루 종일.) – from a movie, *Man of the Year*

---

11 그녀에게 데이트 신청하고 싶어.   12 가슴에 통증을 느꼈어.
13 그게 아마도 그가 먹은 음식 때문인 것 같아.   14 넌 지금 아무 것도 아닌 일에 속상해하는 거야.
15 왜 이렇게 오래 걸렸어?

16 I couldn't figure out what to do.

생각해내다, 짐작하다 |
I'm just trying to figure out what you do for fun. (네가 평소에 뭘 즐기는지 알고 싶어서 그래.) – from a movie, *The Notebook*

17 He admitted he had chickened out.

겁을 먹다, 꽁무니를 빼다 |
Don't be such a chicken. (겁쟁이처럼 그러지 마.) – from a movie, *The Stepford Wives*

18 Promise you won't hate me.

싫어하다(싫다), 미워하다 |
I understand you've moved every summer for the past five years, and I'd hate to think today is goodbye. (너 지난 5년 동안 보면 여름방학 때마다 집에 다녀왔잖아. 오늘이 작별 인사하는 날이라는 게 생각하기도 정말 싫다.) – from a movie, *High School Musical 2*

19 What are the possibilities?

가능성 |
I'm always anxious, thinking I'm not living my life to the fullest, taking advantage of every possibility. (난 항상 불안해요. 삶을 최대한 누리지 못한다는 생각에요, 모든 가능성을 활용해야 되는 거잖아요.) – from a movie, *Eternal Sunshine*

20 What brings you here so late?

데려오다 |
What brings you here? (여기는 무슨 일로 온 거야?) – from a movie, *Monster's Ball*

---

16 내가 뭘 해야 될지 생각이 나지 않았어.   17 걔는 자기가 겁을 먹었던 거라고 시인했어.
18 날 미워하지 않겠다고 약속해.   19 가능성은 어느 정도나 되는 거야?
20 이렇게 늦은 시간에 여긴 왠 일이야?

MP3 #096

21 Can we go for a walk?

산책하다 |
I thought I'd go for a walk. (잠깐 산책을 좀 다녀 오려고요.) – from a movie, *Fur*

22 Will you please tell me what's wrong?

뭐가 잘못된 건지 |
This woman pours her heart out to you, and you give her beauty tips? What's wrong here? (이 여성은 너한테 자기 마음을 털어놓는데 너는 그녀에게 예뻐지는 법을 가르쳐준다고? 이게 도대체 뭐야?) – from a movie, *Good Advice*

23 You're the only person I could tell about this.

유일한 사람 |
You're the only person that's gonna understand this! (이걸 이해해줄 사람은 당신밖에 없어.) – from a TV series, *Heroes*

24 Is there any way I can help you?

방법이 있을까? |
Is there any way you can get from the hotel to the house on your own? (네가 호텔에서 집까지 혼자 갈 수 있는 방법이 있어?) – from a TV series, *Brothers and Sisters*

25 It's the best I can do.

최상의 것, 최고 |
We came here because this hospital is supposed to be the best in Washington. (우리가 여기 온 이유는 이 병원이 워싱턴에서 최고이기 때문이야.) – from a TV series, *Grey's Anatomy*

---

21 잠깐 좀 걸을까?　22 뭐가 잘못된 건지 말 좀 해줄 수 있어요?
23 내가 이 이야기를 할 수 있는 사람은 너밖에 없어.
24 내가 너를 도울 수 있는 방법이 있을까?　25 그게 내가 할 수 있는 최선이야.

26 We'll be there any time you like.

언제든 |
What's that got to do with it? You can have pancakes any damn time of night you want. (그게 이거하고 무슨 상관이야? 원한다면 아무리 늦은 밤이라도 언제든 팬케이크를 먹을 수 있는 거지.) – from a movie, *The Notebook*

27 Does this change anything?

바꾸다, 달라지게 하다 |
The thing is, you can't change what happens to them (중요한 건, 네가 그들에게 일어나는 일을 변화시킬 수는 없다는 거야.) – from a movie, *The Time Traveler's Wife*

28 Are you trying to discourage me?

낙담시키다, 좌절시키다 |
What you can't do is rush in, be discouraged. (해서는 안 될 것은 서둘러 뛰어드는 것, 그리고 좌절하는 거야.) – from a movie, *Match Point*

29 I don't have anything to confess.

고백하다, 인정하다 |
I desperately wanted to confess to you. (정말 간절하게 당신에게 고백하고 싶었어.) – from a movie, *Notes On A Scandal*

30 You're exaggerating.

과장하다 |
You always exaggerate, Cullen. Everything is always great, terrific. (넌 항상 큰 소리야, 컬른. 모든 게 다 늘 잘 되고 끝내주지 넌.) – from a movie, *Kindergarten Cop*

---

26 우린 네가 원하는 시간 언제든 그 쪽으로 가도록 할게.
27 이렇게 한다고 뭐 달라지는 거 있어?   28 지금 나를 좌절시키려는 거야?
29 난 고백할 거 하나도 없어.   30 너 지금 너무 과장해서 말하고 있잖아.

MP3 #**097**

01 Are you going to do it or not?

아니면 말겠다 |
Believe it or not, cooking was once a required course in the Med School. (믿어지지 않겠지만 요리하는 게 한 때는 의과대학교에서 필수과목이었다.) – from a novel, *Doctors*

02 It's six weeks till school starts.

~할 때까지 |
Gabby, you're leaving now? I thought you weren't going till the morning. (개비, 지금 가게? 내일 아침에나 갈 줄 알았더니.) – from a movie, *It's Complicated*

03 It gives me lots of time to study.

많은 |
I'll be back again. Lots of times. In fact, I'll be back next Tuesday at four. (나 다시 올 거야. 여러 번. 사실은, 다음 주 화요일 네 시에 또 올 거야.) – from a movie, *The Time Traveler's Wife*

04 I feel a bit stuffy.

환기가 안 되서 답답한 |
It's terribly stuffy in here I can hardly breathe. (이 안이 너무 답답해서 숨도 못 쉬겠어.) – from a movie, *A Good Woman*

05 I think I'll get a bit of fresh air.

맑은 공기, 신선한 바람 |
Some fresh air would do you good. (맑은 공기를 마시는 게 몸에 좋아요.) – from a movie, *The Notebook*

---

01 너 그거 할 거야 말 거야? 02 개학하려면 6주 있어야 돼.
03 그렇게 하면 내가 공부할 시간이 많아지지.
04 환기가 안 되니 좀 답답한데. 05 맑은 공기를 좀 쐐야겠어.

06 Can you please come quickly?

서둘러서, 빨리 |
Interest in the scandal quickly faded. (그 스캔들에 대한 관심은 빠른 속도로 사라졌다.) – from a movie, *Rumor Has It*

07 Can you hurry, please?

서두르다 |
Go tell your sister to hurry up. (가서 언니한테 좀 서두르라고 해라.) – from a movie, *Frida*

08 Has anybody phoned the hospital?

~에게 전화하다 |
I long to phone S, but it's late. (S에게 전화하고 싶지만 시간이 늦었어.) – from a movie, *Notes On A Scandal*

09 They said they would come as soon as possible.

가능한 한 빨리 |
Have him come to my office as soon as possible. (그에게 가능한 한 빨리 내 사무실로 좀 와달라고 해줘.) – from a movie, *Charlie Wilson's War*

10 What were you so angry about?

~때문에 화난 |
You'd been expecting a promotion and she got it instead. You got angry about it. (당신은 승진을 기대했는데 대신 그녀가 그 자리에 올랐어요. 당신은 그것 때문에 화난 거죠.) – from a movie, *Disclosure*

---

06 빨리 좀 와줄 수 있어? 07 좀 서둘러 주시겠어요? 08 누가 병원에 전화했니?
09 걔들은 가능한 한 빨리 오겠다고 했어. 10 너 왜 그렇게 화났던 거야?

MP3 #**098**

11 Time makes a crucial difference.

중대한, 결정적인 |
Timing on this is crucial. (이 일에서는 타이밍이 결정적이야.) – from a movie, *Heart Breakers*

12 There is no point.

요점, 핵심 |
There's no point to these questions. (핵심이라고는 찾을 수 없는 전혀 무의미한 질문들이에요.) – from a movie, *A Good Woman*

13 You must accept that he is dead.

받아 들이다 |
Please, accept our deepest condolences. (우리의 깊은 애도의 뜻을 받아주세요.)
– from a movie, *Far From Heaven*

14 He was meticulous about these things.

꼼꼼한 |
He has been meticulous about keeping his texts squeaky clean. (그는 요즘 자신의 문자메시지가 오해를 일으키지 않도록 아주 꼼꼼하게 확인한다.) – from a newspaper, *USA TODAY*

15 I've given a lot of thought to it.

생각 |
I have to give it some thought. I have to ask my wife. (그거 생각을 좀 해봐야겠어요. 아내에게도 물어봐야 되고요.) – from a movie, *Angels In America*

---

11 시간이 결정적인 영향을 주게 되어 있어.   12 전혀 핵심이 없어.
13 그가 죽었다는 사실을 인정하고 받아 들여야 돼.
14 그는 이런 문제들은 아주 꼼꼼하게 처리했어.   15 그거 많이 생각해봤어.

16 I know what this place means to you.

의미하다, 의미로 존재하다 |
This means so much to me. (이건 내게 정말 큰 의미가 있어.) – from a movie, *Dead Poets Society*

17 I just can't get used to that idea.

~에 익숙해지다 |
The worst part is I'm starting to get used to it. (최악은 내가 지금 그것에 익숙해지기 시작했다는 거야.) – from a movie, *If Only*

18 Come off it, don't waste my time.

그런 소리는 집어치워 |
A: I think of you as a friend. B: Oh, come off it.
(A: 난 너를 친구로 생각해. B: 말도 안 되는 소리 집어치워.) – from a movie, *Disclosure*

19 I found it very moving.

감동적인 |
It's brilliant. It's really moving. (그거 정말 멋진 생각이야. 정말 감동적인걸.)
– from a movie, *How To Lose A Guy In 10 Days*

20 I hope you'll be joining us for dinner.

우리와 합류하다 |
Well, I just wanted to let everyone know that we have a new student joining us.
(여러분 모두에게 알린다. 우리 반에 우리와 함께 공부할 새로운 학생이 전학 오게 되었다.) – from a movie, *Mean Girls*

---

16 이 장소가 너에게 얼마나 중요한지 내가 잘 알지.   17 난 그 아이디어에 적응이 안돼.
18 집어치워. 내 시간 낭비하지 말고.   19 그거 무척 감동적이던걸.
20 네가 우리와 함께 저녁을 먹었으면 좋겠어.

MP3 #**099**

21 I was looking forward to being alone with you.

몹시 기다리다 |
I've been looking forward to this day all my life. (난 정말 평생 이 날이 오기만을 기다렸었어.) – from a movie, *Imagine Me & You*

22 I've got a load of studying to do.

많음 |
I could only stay a second. I still have loads to do. (금방 가야 돼. 아직 할 일이 너무 많이 남았어.) – from a movie, *Far From Heaven*

23 Thank you for coming by.

잠깐 들르다, 방문하다 |
Honey, your father would like you to come by his office for lunch today. (애야, 아빠가 너에게 오늘 사무실에 들러서 같이 점심 먹자고 하신다.) – from a movie, *Havoc*

24 I think you'll make a wonderful doctor.

~이 되다 |
I think you'd make a fine writer. (넌 정말 훌륭한 작가가 될 것 같아.) – from a movie, *My Girl*

25 Fat chance.

희박한 가능성 |
Sweet, I say. Fat chance, mutters the skeptic within. (고마울 따름이지, 난 말한다. 되지도 않을 소리, 회의론자들은 속으로 중얼거린다.) – from a newspaper, *The New York Times*

---

21 너와 단 둘이 있기만을 기다렸어. 22 공부할 게 너무나 많아. 23 들러줘서 고마워.
24 넌 정말 훌륭한 의사가 될 거야. 25 가능성은 대단히 희박합니다.

26 I didn't catch your name.

알아듣다, 이해하다 |
I didn't catch that. Sorry? (못 알아들었어요. 다시 말씀해주시겠어요?) – from a movie, *What Women Want*

27 It figures.

일치하다, 생각했던 것과 일치하다 |
A: Lemme guess. You watch 'L.A. Law,' right? B: Every week. A: Figures. (A: 잠깐. 너 평소에 L.A. Law 시청하지? B: 매주 봐. A: 거봐, 내 그럴 줄 알았어.) – from a novel, *The Client*

28 What're you doing here alone?

혼자 |
I don't want to go up alone. (나는 위에 혼자서 올라가고 싶지 않단 말이야.) – from a movie, *Birth*

29 Why don't you join us for a bite to eat?

간단한 식사 |
Would you like to get a bite to eat? (간단하게 뭘 좀 드시겠어요?) – from a movie, *Fur*

30 I hope she doesn't drive me crazy.

~로 몰고 가다, ~의 상태로 만들다 |
If he's trying to drive me crazy, it's too late. (그가 괜히 나를 열 받게 하려고 한다면 때는 이미 늦었어.) – from a movie, *Steel Magnolias*

---

26 이름을 못 알아들었어요. 27 내가 그럴 줄 알았어. (안 좋은 결과)
28 여기엔 혼자서 웬 일이야? 29 우리하고 같이 간단하게 뭐라도 좀 드시죠?
30 그녀가 나를 돌아버리게 하지 않았으면 좋겠어.

MP3 #**100**

01 You made the right choice.

선택 |

I didn't have a choice, okay? Miranda asked me, and I couldn't say no. (난 선택의 여지가 없었어, 알아? 미란다가 부탁했고 그걸 거절할 수가 없었단 말이야.) – from a movie, *The Devil Wears Prada*

02 I can barely breathe.

가까스로, 겨우 |

When I broke up with my ex, I could barely breathe. (전 애인과 헤어졌을 땐 정말 힘들어서 숨도 겨우 쉬었어.) – from a movie, *Anywhere but Here*

03 Is that understood?

이해 된 |

Even if a cop comes and writes you a ticket, you don't move the car, understood? (경찰이 와서 딱지를 끊는다 해도 차 빼면 안 돼. 알았어?) – from a movie, *Catch Me If You Can*

04 Did you notice anything out of the ordinary?

눈치채다, 주목하다 |

Have you noticed anything different? (뭔가 다른 점을 좀 발견했어요?) – from a TV series, *Nip Tuck*

05 What shall we call him?

부르다 |

When we're out of the office and alone, you can call me Andy. (우리가 사무실 밖에서 단 둘이 있을 땐 그냥 앤디라고 불러도 돼.) – from a movie, *The American President*

---

01 네 결정이 옳았어.   02 숨 겨우 쉰다, 겨우.   03 이해됐어요?
04 뭔가 보통과는 다른 걸 목격하셨어요?   05 그를 뭐라고 불러야 되죠?

06 I don't doubt that for a second.

의심하다

I doubt she'd do it again just for kicks. (그런 짓을 또다시 재미 삼아서 하지는 않겠죠.) – from a movie, *Ocean's Eleven*

07 I'll go and ask her myself.

직접

"How do you like your coffee?" "Black, but I'll fix it myself." ("커피 어떻게 드세요?" "블랙으로요. 하지만 제가 직접 탈게요.") – from a novel, *The Firm*

08 You look like you've been up all night.

밤을 샌

I was gonna be up all night anyway. (어차피 밤새려고 했었어.) – from a TV series, *Six Feet Under*

09 Please don't push.

다그치다, 강요하다

You're not gonna bully me into this. You're not gonna push me into anything. (이래라저래라 협박하지 마. 나한테 어느 것도 강요하지 말란 말이야.) – from a movie, *Heart and Souls*

10 I didn't get much sleep last night.

잠을 자다

You should get some sleep. (너 잠을 좀 자야지.) – from a movie, *White Oleander*

---

06 난 한 순간도 그 사실을 의심하지 않아. 07 내가 직접 그녀에게 가서 물어볼게.
08 얼굴을 보니 밤샌 것 같은데. 09 제발 다그치지 마. 10 간밤에 잠을 많이 못 잤어.

MP3 #101

11 She's scared about getting involved.

무서워하는 |
I'm scared of you. (난 당신이 무서운걸.) – from a movie, *Angels in America*

12 She's taking pills to stay awake and study.

깨어 있는, 잠들지 않은 |
She's not awake. We just moved here from Wisconsin. (애가 아직 잠에서 덜 깨서 그래요. 우리는 위스콘신에서 여기로 방금 이사 왔어요.) – from a movie, *Anywhere But Here*

13 Can you spare a few minutes?

할애하다, (시간을) 내다 |
I really couldn't spare a second before eleven-thirty. (정말이지 11시 30분까지 1초도 시간을 낼 수 없었어.) – from a novel, *Doctors*

14 I want a simple yes-or-no answer.

긍정인지 부정인지[긍정이나 부정] |
We need a very simple answer from Alfred. We need to know, yes or no, if our employee is working with the Fibbies. (우리는 지금 알프레드에게서 아주 간단한 대답을 들을 필요가 있어. 우리 직원이 Fibbies 쪽과 일을 하게 되는 건지 아닌지를 알아야 된다고.) – from a novel, *The Firm*

15 Can I offer you a drink?

제공하다 |
All I could offer you is some freelance work. (네게 줄 수 있는 일이라고는 자유계약 일밖에는 없어.) – from a movie, *One True Thing*

---

11 그녀는 연루되는 걸 무서워하고 있어.   12 걘 약 먹고 잠 안 자고 공부할 거야.
13 잠깐 시간 좀 내줄 수 있어요?
14 난 그냥 간단하게 그렇다, 그렇지 않다의 대답만 원하는 거야.   15 한 잔 드릴까요?

16 I have a pile of work waiting for me.

많은 |
You make a pile of dough, and you're miserable. (넌 돈을 많이 벌어서 그런지 비참하기 짝이 없어.) – from a movie, *She's The One*

17 You misread me.

오해하다 |
I think I misread stuff, and I'm sorry. (내가 상황을 잘못 읽은 것 같아. 미안해.)
– from a movie, *Bounce*

18 I just got a little carried away.

흥분하다, 자제력을 잃다 |
I'm sorry. I just couldn't help it. I got carried away. (미안. 어쩔 수 없었어. 내가 좀 흥분했어.) – from a movie, *Dave*

19 Would you like to meet for coffee a little later?

만나서 ~을 먹대[하다] |
I'm supposed to meet my girlfriends for lunch. (나는 친구들을 만나서 점심을 먹기로 되어 있어.) – from a TV series, *Desperate Housewives*

20 I've got a lot more studying to do tonight.

해야 할 공부 |
We both had studying to do, but we were mad tired. (우리 둘 다 할 공부가 있었지만 너무 피곤했어.) – from a movie, *The Best Man*

---

16 해야 할 일이 산더미처럼 쌓였어. 17 네가 날 오해한 거야. 18 내가 좀 흥분했었어.
19 이따 만나서 커피 한 잔 할까? 20 오늘 밤에 해야 할 공부가 훨씬 더 많아.

MP3 #102

21 Could we make it another time?

하다, 해내다 |
We thought you'd never make it. (우린 네가 못해낼 줄 알았지.) – from a movie, *The Big Bounce*

22 I know how busy you are.

너무나 바쁜 |
Maybe you resent how busy I've been. (당신은 아마도 그 동안 내가 너무 바빠서 그게 싫었던 거야.) – from a movie, *What Lies Beneath*

23 I'm sorry I took up so much of your time.

차지하다, 가져가다 |
I won't take up any more of your time. (더 이상 네 시간을 빼앗지 않을게.) – from a novel, *The First Wives Club*

24 I won't take more than three minutes of your time.

~이상 |
My own life costs more than I can afford right now. (제가 사는 게 지금 당장 제가 감당할 수 있는 것 이상의 비용이 듭니다.) – from a novel, *The Object of My Affection*

25 What seems to be the difficulty?

어려움, 장애 |
He has difficulty with exact memory. (그는 정확히 기억하는 데 어려움(장애)이 있어.) – from a novel, *Disclosure*

---

21 지금 말고 다음에 하면 안 될까?   22 네가 얼마나 바쁜지 내가 잘 알잖아.
23 시간을 너무 많이 빼앗아서 미안해요.   24 2, 3분이면 됩니다.
25 어떤 점이 어려운가요?

26 Her family's very religious.

독실한, 종교의

I respect principles. I'm not religious, but I like God, God likes me. (난 원칙을 존중해. 난 독실하지는 않지만 하나님을 좋아하고 하나님은 또 나를 좋아하시지.) – from a movie, *Angels In America*

27 Are you seriously considering marrying her?

깊이 생각하다

Have you considered the cost of such a machine? (자네 그런 기계의 비용을 생각해 봤나?) – from a movie, *The Prestige*

28 You're putting me on.

놀리다

He wouldn't do that. You're putting me on. (그가 그런 짓을 할 리가 없어. 너 지금 날 놀리는 거지.) – from a dictionary, *Longman*

29 Where have you been hiding yourself?

숨기다

Now, Beau-line doesn't just hide the effects of aging, it actually reverses them. (이제, Beau-line은 그저 노화의 결과를 숨겨주는 것이 아니라 실제로 잃어버린 나이를 돌려드립니다.) – from a movie, *CatWoman*

30 Can I help you in any other way?

다른

I have an errand to run, so maybe some other time. (제가 지금 해야 할 집안 일이 좀 있어서 우리 그건 다음에 하도록 해요.) – from a TV series, *Ghost Whisperer*

---

26 그녀 식구들은 아주 독실해. 27 너 지금 진지하게 그녀와의 결혼을 생각하고 있는 거야?
28 너 지금 날 놀리고 있잖아. 29 그 동안 어디에서 어떻게 지냈어?
30 다른 방법으로 내가 너를 도울 수 있을까?

MP3 #**103**

01 The faster you think, the more calories you burn.

더 빨리 |
Do you have to work out every day? Did you know, by the way, that muscle sinks faster in the pool? (매일 운동해야 돼? 그런데, 너 그거 알아? 근육이 수영장에서는 더 빨리 가라앉는다는 거?) – from a movie, *Trust The Man*

02 How did your test go?

(어떻게) 되다 |
A: So when's your interview? B: Oh, it was today. A: How'd it go? B: Fine, I guess. (A: 너 인터뷰 언제야? B: 아, 오늘 했어. A: 어떻게 됐어? B: 잘 한 거 같아.) – from a movie, *Roger Dodger*

03 We shouldn't have secrets between us.

비밀 |
It's incredibly important we keep this secret. (우리가 이걸 비밀로 해야 된다는 건 정말 대단히 중요한 일이야.) – from a movie, *Notes On A Scandal*

04 That goes without saying.

아무 말 없이 |
She made it clear without saying a word that she disliked him. (그녀는 말 한 마디 없이도 자기가 그를 싫어한다는 사실을 분명히 했다.) – from a novel, *Special Delivery*

05 Did you make other plans?

계획하다, 약속하다 |
I never make plans that far ahead. (나는 절대로 그렇게 미리 앞질러서 약속을 하지는 않아.) – from a movie, *Casablanca*

---

01 생각을 빨리 할수록 칼로리 소모가 많아진다. 02 시험 어떻게 됐어?
03 우리 사이에는 비밀이 없어야 돼. 04 그거야 두 말하면 잔소리지. 05 다른 약속 있어?

06 There's no such thing.

그런 것
She has no such thing. (걔한테 그런 거 없어.) – from a movie, *Anywhere but Here*

07 That's totally unnecessary.

불필요한
We were never allowed to waste time with unnecessary chitchat. (우린 절대로 불필요한 농담 같은 걸로 시간 낭비하는 게 용납되지 않았어.) – from a movie, *Chicken Run*

08 You're going to tell me the truth, aren't you?

사실대로 말하다, 진실을 말하다
Tell you the truth, whenever I'm here I can't wait to leave. (솔직하게 말씀 드리자면, 전 여기에 있을 때마다 빨리 어디론가 떠나고 싶은 심정이에요.) – from a movie, *Collateral*

09 I've seen this sort of thing before.

이런 종류의 것
I'm terrible at these sorts of things. (저는 이런 종류의 일은 정말 재주 없어요.) – from a movie, *The Painted Veil*

10 It's obvious by the way he dresses.

분명한, 확실한
It was obvious how much he missed Lydia. (그가 리디아를 몹시 그리워하고 있는 게 분명했어.) – from a movie, *The Sweet Hereafter*

---

06 그런 건 없어.   07 그건 완전히 불필요한 거야.   08 내게 진실만을 말해줄 거지, 그렇지?
09 예전에 이런 거 본 적 있어.   10 그가 옷 입는 걸 보면 분명해.

MP3 #**104**

11 Say a few prayers and go to bed.

자다, 잠자리에 들다 |
David, that is the third time I've told you to turn off that infernal racket and go to bed. (데이빗, 벌써 세 번째 하는 말이야. 그 지긋지긋한 소음 좀 끄고 어서 자란 말이다.) – from a movie, *Far From Heaven*

12 I know what you're thinking.

네가 생각하고 있는 것 |
You know that's what I was thinking. (자기도 알잖아. 그게 바로 내가 생각하고 있던 거야.) – from a movie, *If Only*

13 That's an understatement.

절제된 표현 |
To say I'm pissed off would be an understatement. (내가 지금 열 받았다고 말하면 그건 수위를 너무 낮춘 말일 거야.) – from a movie, *Poison Ivy*

14 Does this have anything to do with school?

관계 있다 |
I imagine your unacceptable behavior has something to do with that boy in the building. (내 생각엔 너의 그 용납할 수 없는 행동은 그 건물에 사는 그 애와 뭔가 관계 있는 것 같은데.) – from a movie, *Nanny Diaries*

15 He takes this very seriously.

심각하게 받아들이다 |
Don't take it all so seriously. (그걸 다 너무 심각하게 받아들이지는 마.) – from a TV series, *Sex and the City*

---

11 기도하고 자거라.   12 네가 지금 무슨 생각하고 있는지 알아.
13 그건 실제보다 낮추어서 한 말이군.   14 이게 학교와 무슨 관계 있는 일이야?
15 그는 이걸 아주 진지하게 받아들인단 말이야.

16 This is very upsetting.

속상하게 하는 |
The other secret was much more upsetting. (다른 비밀이 훨씬 더 기분을 언짢게 하는 것이었다.) – from a magazine, *O*

17 They're all the same.

똑같은 |
It all kind of looks the same to me. (내 눈에는 전부 다 똑같아 보이는데.) – from a movie, *Just Married*

18 You feel like some company?

~을 원하다 |
I don't feel like talking about it in my fragile state. (이렇게 힘든 상황에서 그런 말 하고 싶지 않아.) – from a movie, *Juno*

19 Do you have company there?

함께 있는 사람 |
Sometimes they're pretty good company. (때때로 같이 있으면서 대화하기 아주 좋은 사람들이야.) – from a movie, *Palmetto*

20 Can you keep me company?

내 말동무가 되어주다 |
Are you going to keep me company today? (오늘 하루 내 말동무나 좀 되어주겠니?) – from a movie, *Maid in Manhattan*

---

16 이거 너무 속상한데.   17 걔들 다 똑같아.   18 누가 옆에 같이 있었으면 좋겠어?
19 너 지금 누구하고 같이 있니?   20 내 말동무가 좀 되어줄 수 있겠어?

MP3 #**105**

21 We take pride in that.

~에 자부심을 갖다, ~을 자랑하다 |
It's an honor just to be asked. I hope you all take pride in that. (부탁 받은 것만으로도 영광인 거야. 모두들 그 사실에 자부심을 갖길 바란다.) – from a movie, *Summer Catch*

22 Why is that important?

중요한 |
It's important that you go home now and be with them. (중요한 사실은 네가 지금 집으로 가서 그들과 함께 있어야 된다는 거야.) – from a movie, *Reservation Road*

23 That's where my interest lies.

관심, 흥미 |
An interest in fashion is crucial. (패션에 대한 관심이 절대적이야.) – from a movie, *The Devil Wears Prada*

24 I put the books first.

첫째로, 맨 먼저 |
I think of myself first. (나는 나 자신을 가장 먼저 생각한다.) – from a novel, *The Object of My Affection*

25 Our firm frowns on drinking.

얼굴을 찡그리다 |
I'm sorry. Was I frowning? (죄송해요. 제가 얼굴을 찡그리고 있었나요?) – from a movie, *Kinsey*

---

21 우리는 그것에 자부심을 갖고 있습니다. 22 왜 그게 중요한 건데?
23 거기에 제 관심이 놓여 있는 거예요. 24 저는 책(공부)을 가장 중요하게 생각합니다.
25 우리 회사는 음주를 좋아하지 않아요.

26 I can live with all that.

받아들이다, 감수하다 |
Could you live with that? (그걸 받아들일 수 있겠어요?) – from a movie, *If Only*

27 We want stable families.

안정된 |
She wants different things. Career, stable relationship, a family. (그녀는 다른 걸 원하는 거야. 직업, 안정된 관계, 가정, 이런 거 말이야.) – from a movie, *Big Daddy*

28 Your education is far from over.

~와 거리가 먼, 전혀 ~이 아닌 |
She's far from stupid. (그녀는 절대 바보 같은 여자가 아니야.) – from a movie, *Two Weeks Notice*

29 You'll be paid handsomely.

후하게, 관대하게 |
Zduriencik thinks this latest move that caps Seattle's winter could pay off handsomely—if Bedard can get and stay healthy. (Zduriencik의 생각은 시애틀의 겨울을 마무리 지은 이 최근 조치가 결국은 아주 좋은 결과를 낳을 수 있을 거라는 거다— Bedard가 건강을 되찾고 또 건강을 유지할 수 있다면.) – from a newspaper, *The New York Times*

30 I want a ballpark figure.

대강의 숫자 |
I have a ballpark figure. (내가 대강의 숫자는 알고 있어.) – from a movie, *Music and Lyrics*

---

26 그 정도는 감수해야죠.   27 우리는 안정된 가정을 원합니다.
28 교육은 절대 끝이 없는 거야.   29 봉급은 아주 후하게 받게 될 거야.
30 대강의 숫자만 알면 돼요.

01 I think I'm about to lose my temper.

막 ~하려고 하다 |
I actually was about to call it a day. (사실 막 일을 마무리하려던 참이었어.) – from a movie, *Roger Dodger*

02 That's not what I hear from you.

~에게서 연락을 받다 |
How nice to hear from you. (당신에게 연락을 받으니 정말 기분 좋군 그래.) – from a movie, *Charlie Wilson's War*

03 If you hate it so much, why don't you quit?

~하지 그래? |
Why don't you just relax? Take a nap or something. (좀 쉬지 그래? 눈을 잠깐이라도 좀 붙이든지.) – from a movie, *Tail Lights Fade*

04 I guess I'm a little out of shape, that's all.

기분[몸] 상태가 좋지 않은 |
He's twice your age, completely out of shape. (그는 나이가 네 두 배고 몸매도 완전 엉망이야.) – from a movie, *Chances Are*

05 I saw him standing in line.

서 있는 모습을 보다 |
I saw her standing by the pool. (그녀가 풀장 옆에 서 있는 모습을 보았어.) – from a movie, *America's Sweethearts*

---

01 나 지금 막 열 받으려고 하거든.   02 그건 내가 평소에 너에게 듣던 얘기가 아닌데.
03 그게 그렇게 싫으면 그만두면 되잖아.
04 내가 몸이 좀 좋지 않은 것 같아서 그래. 다른 이유 없어.   05 개 줄 서 있는 거 봤어.

06 There's nothing to be afraid of.

~을 무서워하는 |
Since when did you become afraid of flying? (언제부터 비행기 타는 걸 무서워했어?) – from a movie, *Rumor Has It*

07 She pulled through the operation okay.

이겨내다, 회복하다 |
She'll defy the odds and pull through.
(그녀는 예상을 깨고 잘 이겨낼 거야.) – from a magazine, *Shape*

08 You pick the color.

고르다, 선택하다 |
Two country club memberships. And a new BMW. You pick the color, of course. (두 개의 컨트리 클럽 멤버십과 새 BMW 차량을 드리죠. 물론, 차량 색깔은 본인이 직접 고르세요.) – from a novel, *The Firm*

09 I've been with the firm seven years.

~에서 일하다 |
She's been with the firm more than eight years. (그녀는 그 회사에서 8년 넘게 일하고 있다.) – from a novel, *The Firm*

10 That worries me.

걱정시키다 |
That's what worries me. It will only get worse. (그게 나를 걱정하게 만드는 거야. 점점 악화될 뿐이라고.) – from a novel, *The Firm*

---

06 두려워할 거 하나도 없어. 07 그는 힘든 수술을 잘 이겨냈다.
08 색깔은 네가 골라. 09 그 회사에서 7년째 일하고 있어.
10 그것 때문에 걱정이 되는 거야.

MP3 #**107**

11 They insist on you coming.

~을 주장하다 |
He insists on once a week. (그는 1주일에 한 번은 해야 된다고 늘 주장이야.) – from a movie, *Far From Heaven*

12 We knew you'd like it.

~일거라는 사실을 알고 있었다(시제의 일치) |
I knew you would be here. (난 네가 여기에 올 거라는 걸 알고 있었어.) – from a movie, *The Sweet Hereafter*

13 You know what a bore it is.

지루하거나 귀찮은 일[사람] |
I think people think of me as a bore. (사람들은 저를 지루하고 귀찮은 존재로 생각하는 것 같아요.) – from a newspaper, *The New York Times*

14 Don't get me wrong.

나를 오해하다 |
You're getting me wrong. (지금 나를 잘못 알고 있는 거야. / 나에 대해서 오해하고 있는 거야.) – from a movie, *The Notebook*

15 They're free, but you need to book early.

예약하다 |
You two are booked on the first flight to Portland tomorrow. (너희 둘은 내일 포틀랜드로 가는 첫 비행기에 예약되어 있어.) – from a movie, *Kindergarten Cop*

---

11 그들은 네가 와야 된다고 난리야. 12 네가 좋아할 줄 알았어.
13 그게 얼마나 지루한 건지 너도 잘 알잖아. 14 내 말을 오해하지 마.
15 그건 공짜지만 일찍 예약해야 돼.

16 Most people can't afford a house.
~을 위한 경제적인 능력이 안 되다 |
I can't afford to make the payments no more. (더 이상은 지불능력이 안돼.) – from a movie, *Monster's Ball*

17 It's been seven years since we moved here.
~이후부터 |
I've known you since I was six years old. (나는 여섯 살 때부터 당신을 쭉 알고 있었어요.) – from a movie, *The Time Traveler's Wife*

18 The firm will see to it that you own a home.
반드시 ~하도록 조치하다 |
I'll see to it that you're sent to the mail room to lick stamps. (너를 반드시 우편물 처리실로 보내서 우표에 침이나 바르도록 해줄게.) – from a novel, *The Firm*

19 The firm is very demanding.
요구가 많은, 힘든 |
It was a demanding, difficult role. Very physical. (그건 힘들고 아주 어려운 역할이었어. 육체적으로 대단히 힘든 일이었지.) – from a novel, *River's End*

20 Do you plan to start a family?
(결혼 후에) 아이를 낳다 |
I came off the pill, ready to start a family. (나 피임약 끊었어. 아이 낳을 준비 됐어.) – from a magazine, *Cosmopolitan*

---

16 대부분 사람은 집을 장만할 여유가 없어.　17 우리가 이리 이사온 것도 7년이 됐어.
18 회사에서는 당신이 집을 가질 수 있도록 신경 쓸 거야.
19 회사에서는 요구하는 게 대단히 많아.　20 아이를 낳을 계획이에요?

MP3 #**108**

21 He has been heavily recruited.

뽑다, 모집하다 |
When GE recruited me, the company had laid out a cushy red carpet. (GE는 나를 선발하고 나서 나를 편안하게, 그리고 극진히 대우해줬지.) – from a book, *JACK*

22 I'm not much of a drinker.

대단한 ~이다 |
Am I that much of a clich? (내가 그렇게 심할 정도로 고리타분한 거야?) – from a movie, *Bounce*

23 He has trouble with his weight.

문제가 있다 |
Since it looks like you didn't have any trouble making that sandwich, I'd like you to make another one at 11:30. (너 그 샌드위치 만드는 데 문제가 없는 것 같으니까, 11시 30분에 하나 더 만들어주면 좋겠는데.) – from a movie, *An Unfinished Life*

24 The job has a lot of pressure.

많은 스트레스를 주다 |
The job has a lot of pressure, and that usually means a lot of booze. (그 일은 스트레스가 정말 많아. 그래서 보통은 많은 술을 마시게 되는 거지.) – from a novel, *The Firm*

25 They're hard to deal with.

다루기 힘든 |
 If you can't deal with your own problems, well, it's hard to deal with others. (자기 자신의 문제를 다룰 수 없으면 다른 문제들을 다루는 건 힘든 거지.) – from a movie, *Me, Myself & Irene*

---

21 그는 대단히 많은 회사에서 입사제의를 받았다.   22 전 술을 아주 많이 마시지는 못합니다.
23 그는 몸무게에 문제가 좀 있어.   24 그 일은 스트레스가 엄청나.
25 그들은 다루기 정말 힘들어.

26 How much would the monthly payments be?

지불, 납입 | This is my sixth phone call and the only thing anyone ever tells me is I have to fill out a form to get in line for an insurance payment. (이제 여섯 번째 전화인데 매번 하는 소리가 양식을 써서 제출해야만 기다렸다가 순서가 되면 보험금을 타실 수 있다는 거예요.) – from a movie, *Julie & Julia*

27 It is very important to us that you buy a home.

구매하다, 구입하다 |
A: I'd like to buy your cafe. B: It's not for sale. A: You haven't heard my offer. (A: 자네 카페를 사고 싶은데. B: 팔려고 내놓은 적 없습니다. A: 내 제안을 아직 듣지 않은 게로군.) – from a movie, *Casablanca*

28 That's very tempting.

솔깃한, 유혹이 되는 | When chips or nuts are tempting, reach for an apple or a piece of cheese. (튀김이나 견과류가 땡기면 사과나 치즈를 먹어라.) – from a magazine, *Shape*

29 You buy the air fare, but the condos are free.

공짜인, 돈을 받지 않는 | It's a going-away party for this girl, for my ex-chick. But it'll be good, you know, free booze, free food, hot chicks. (어떤 여자를 위한 송별회야. 내 전 여자지. 하지만 파티는 괜찮을 거야, 그러니까, 공짜 술에, 공짜 음식에, 끝내주는 여자들 말이야.) – from a movie, *London*

30 Appearance is very important to us.

모습, 외모 | Physical appearance is not important! (외모는 중요하지 않습니다!) – from a movie, *The Mirror Has Two Faces*

---

26 월 지불액이 얼마나 되는데?   27 우리에겐 당신이 집 사는 게 대단히 중요한 일이야.
28 그거 아주 솔깃한데.   29 비행기표는 네가 사지만 콘도는 무료로 사용할 수 있어.
30 겉으로 드러나는 모습이 우리에겐 대단히 중요하거든.

01 There's no dress code.

복장 규정 |
Most companies have a dress code, even those that say they do not. (대부분의 회사에는 복장 규정이 있습니다. 그런 규정은 없다고 말하는 회사들마저도 말이죠.) – from a book, *Idiot's to Business Etiquette*

02 I want you to be productive.

생산적인 |
Although we may like to consider ourselves more productive when we sleep less, we're actually much more efficient when we're rested. (우린 잠을 덜 잘 때 더욱 생산적으로 일하는 것처럼 생각하고 싶어하겠지만 사실은 충분한 휴식을 취할 때 더욱 능률이 오른다.) – from a magazine, *Reader's Digest*

03 I'll contact you before then.

연락하다 |
If you're at all interested, please contact me. (아무튼 관심이 있으시면 연락 주세요.) – from a movie, *The Holiday*

04 What about the salary?

~는 어때? |
What about the driver, sir? Could you describe the driver? (운전자는 어떤가요? 운전자의 외모를 말씀 가능하세요?) – from a movie, *Reservation Road*

05 He was not that friendly.

친절한, 우호적인 |
There is a hair's breadth between friendly offer and hostile takeover. (우호적인 제안과 적의를 품은 탈취행위는 종이 한 장 차이입니다.) – from a movie, *Hulk*

---

01 복장 규정은 없어. 02 난 네가 좀 생산적이었으면 좋겠어. 03 그 전에 내가 연락할게.
04 봉급은 어떻게 되는 겁니까? 05 걔 그 정도까지 우호적이지는 않았어.

06 I don't think it's a problem.

~는 아닌 것 같다, ~라고는 생각하지 않는다 |
I don't think it's right to talk about one client's business affairs in front of another client. (고객에 관한 공적인 정보를 다른 고객 앞에서 논하는 건 옳지 않다고 생각해요.) – from a movie, *Music and Lyrics*

07 I think he got the message.

메시지를 받다 |
I came as soon as I got the message. (메시지 받자마자 달려왔잖아.) – from a movie, *Eyes Wide Shut*

08 They were nervous, but had a good time.

긴장된 |
That must make you nervous. (그것 때문에 네가 긴장했겠구나.) – from a movie, *Roger Dodger*

09 Very impressed with your place.

인상 깊은, 감동적인 |
I'm not sure how you did it, but I'm impressed. (어떻게 그렇게 하신 건지는 잘 모르겠지만 정말 대단하십니다.) – from a movie, *CatWoman*

10 It's a strong marriage.

강력한 |
Now, I'm more than confident of my decisions, my positions, and my strong relationship with the voting public. (지금, 난 나의 결정, 입장과 위치, 그리고 유권자들과의 강력한 관계 등을 대단히 확신하고 있어.) – from a movie, *Man of the Year*

---

06 난 그게 문제라고 생각하지 않아. 07 걔 메시지 받았을 거야.
08 걔들 긴장은 했지만 즐겁게 시간은 잘 보냈어. 09 너희 집 정말 멋지다.
10 결혼생활이 빈틈이 없을 정도로 탄탄해.

MP3 #**110**

11 That's understandable.

정상적인, 당연한, 이해할 수 있는 |
I know you're mad. It's completely understandable. (너 화난 거 알아. 네가 화내는 건 정말 당연한 일이야.) – from a movie, *Bruce Almighty*

12 What's your opinion of this guy?

의견, 생각 |
The truth is, this is just a courtesy call. Sydney doesn't give a damn what my opinion is. (사실은, 이건 그저 예의상 하는 전화에 불과하다는 거야. 시드니는 내 생각 따위에는 전혀 관심이 없으니까.) – from a TV series, *Alias: Truth Be Told*

13 That's what I wanted to hear.

~을 원했었다 |
I just wanted to hide from everything. (정말 쥐구멍에라도 들어가고 싶은 심정이었어.) – from a magazine, *Glamour, UK*

14 He barely made it home.

도착하다 |
You made it in time for the toast. (건배시간에 맞추어서 잘 도착했어.) – from a movie, *Under The Tuscan Sun*

15 It was a business trip.

출장 | In memory of Jane Lefco, whose loss was one of the most traumatic of my life. Jane, who handled every aspect of my business life, was a rare and fabulous woman. (레프코를 기억하면, 그녀를 떠나 보낸 건 내 인생에서 가장 충격적인 일이었어. 제인은 내 비즈니스 인생의 모든 면을 지켜봐 주었던 보기 드문, 정말 멋진 여성이었지.) – from a novel, *South Of Broad*

---

11 그건 충분히 이해돼. 12 그 남자에 대한 네 생각은 어때?
13 그게 바로 내가 듣고 싶었던 말이야. 14 걘 가까스로 집에 도착했어.
15 그건 출장 다녀온 거였어.

16 She has a tendency to give advice.

경향, 성향 |
Supposedly miraculous and painless cures have a nasty tendency to backfire. (추정컨대 기적 같고 아무런 문제가 발생할 것 같지 않은 치료법은 역효과라는 좋지 않은 경향을 띠는 것 같다.) – from a novel, *Disclosure*

17 That's our policy. Unless you object.

반대하다, 의견이 다르다 |
Before we get to that, if you don't object, I have this lawsuit against Jack Billings. (그 말 하기 전에 당신이 반대하지만 않는다면, 내가 지금 Jack Billings를 상대로 한 소송 건이 하나 있는데.) – from a TV series, *Ally McBeal*

18 I don't quite know what to say.

무슨 말을 해야 할지 |
No objection. I don't quite know what to say. (이의 전혀 없습니다. 전 정말 무슨 말을 해야 할지 모르겠어요.) – from a novel, *The Firm*

19 You don't have to say anything.

~할 필요 전혀 없다 |
I care about Clare more than you can possibly imagine, so you don't have to worry about that. (당신이 상상하는 것보다 제가 클레어에 대해서 많이 신경 쓰고 있어요. 그러니까 그 부분은 걱정하지 않아도 돼요.) – from a movie, *The Time Traveler's Wife*

20 How do you like your coffee?

~을 어떻게 원하는가? / ~을 어떻게 생각하는가? |
How do you like my outfit? (내 복장 어때? 마음에 들어?) – from a novel, *The Firm*

---

16 그녀는 자꾸 남에게 충고를 하려고 해.
17 그게 우리 방침이에요. 당신이 반대하지만 않는다면 말이죠.   18 뭐라고 말해야 할지 모르겠어요.
19 아무런 말할 필요 없어요.   20 커피를 어떻게 드세요?

MP3 #111

21 I don't mind fixing your coffee for you.

준비하다 | Can I at least fix you lunch? (제가 점심이라도 준비해드릴까요?) – from a movie, *Far From Heaven*

22 It was a figure of speech.

비유적인 표현 |
A: Remember what they didn't teach you at Harvard Business School, OK?
B: I didn't go to Harvard Business School.
A: It's a figure of speech, Robert.
(A: 하버드 비즈니스 스쿨에서 가르쳐주지 않은 걸 기억하라고. 알아? B: 전 하버드에 다니지 않았는데요. A: 로버트, 말이 그렇다는 거지.) – from a movie, *A Life Less Ordinary*

23 He's not much of a team player.

대단하지는 않다 |
I know it's not much, but I wanted to buy your first business suit. (이게 대단한 건 아니지만 네 첫 정장을 사주고 싶었어.) – from a movie, *Nanny Diaries*

24 The money makes up for it.

보상하다, 보충하다 | I overreacted, and I just wanna make up for it by taking you out shopping. (내가 괜히 과잉반응을 보였어. 그래서 말인데, 대신에 내가 쇼핑시켜줄게.) – from a movie, *What Women Want*

25 I should've known by the car.

~로 보아, ~에 따르면 |
By the look of things, Jennifer Aniston is fully ready to renew life as a single woman. (여러 정황의 전체적인 모습을 비추어볼 때 제니퍼 애니스턴은 싱글로서의 삶을 새롭게 시작할 준비가 완전히 되었다.) – from a magazine, *Us*

---

21 커피는 제가 타드릴게요.   22 그냥 비유적으로 한 말이었어요.
23 그는 팀 플레이에 약해.   24 돈이 그 정도는 상쇄해주잖아.
25 그 차를 보고 알아차렸어야 했는데 말이야.

26 I don't believe we've met.

~는 아닌 것 같다 |
I don't believe that you're guilty of letting down a friend. (난 당신이 친구의 기대를 저버렸다는 것에 대한 책임이 있다고는 생각하지 않아요.) – from a magazine, *O Magazine*

27 I apologize for not meeting you earlier.

사과하다 |
I came to apologize for missing our appointment. (약속을 지키지 못한 것을 사과하기 위해서 왔습니다.) – from a movie, *The Pursuit of Happyness*

28 My point is that this is high-pressure work.

내 말인즉슨, 내 말의 핵심은 |
It's my point. You're losing sight of our objective. (그게 제 얘기의 핵심이에요. 당신이 지금 우리의 목적을 놓치고 있다는 겁니다.) – from a movie, *Swordfish*

29 We've got it from a pretty good source.

소식통, 정보원 |
A reliable source informs me that there's usually a pickup game at five-thirty. (믿을만한 소식통에 의하면 보통 5시 30분에 픽업게임이 있대.) – from a novel, *Doctors*

30 This makes me sick.

역겨운, 메스꺼운, 지긋지긋한 |
Quit whining all the time! It makes me sick! (그만 좀 칭얼거려. 지긋지긋해 정말.) – from a movie, *L.A. Confidential*

---

26 우리가 만났다는 게 믿어지지 않아.　27 좀 더 일찍 만나지 못해서 미안해요.
28 내 말의 핵심은 이 일은 스트레스가 심하다는 거야.
29 대단히 정확한 소식통을 통해서 입수한 거야.　30 이것 때문에 정말 지겨워.

MP3 #112

01 I won't be home for a while.

당분간, 한동안 | I have admired your firm for quite a while. (정말 오랫동안 당신 회사를 선망해왔어요.) – from a movie, *Good Advice*

02 I've got much more to do.

훨씬 더 많은 [것] | Ultimately much more work will get done in much less time. (결국에는 훨씬 많은 일이 훨씬 적은 시간 안에 마무리될 것이다.) – from a book, *The 7 Habits of Highly Effective People*

03 This applies to every lawyer.

~에게 적용되다 | This doesn't apply to you, Sammy, but I've noticed that some of the employees are setting their PC monitors to all kinds of crazy colors. (이게 새미, 너한테 적용되는 말은 아니지만 보아하니 직원들 중에는 PC 모니터를 온갖 지저분한 색깔로 도배해놓은 애들이 있더라고.) – from a movie, *You Can Count On Me*

04 The less you say, the better off you are.

더 낫다 |
They judge me before they even know me. That's why I'm better off alone. (다들 나를 알기도 전에 날 평가해버려. 그래서 난 혼자 있는 게 좋아.) – from a movie, *Shrek*

05 You're the boss.

당신 뜻대로. |
A: I'm the big kahuna here. Do you have a problem with that?
B: No, Larry. You're the boss.
(A: 내가 여기 절대 책임자야. 그게 뭐 문제 있어? B: 아닙니다, 래리. 분부대로 하겠습니다.) – from a movie, *The People vs. Larry Flynt*

---

01 당분간 집에 못 들어갈 거야. 02 할 일이 훨씬 많아.
03 이건 모든 변호사들에게 다 적용되는 거야. 04 말을 적게 할수록, 너한테는 더 좋아.
05 분부대로 하겠습니다.

06 I need to work all night.

밤새 일하다 |
"Did you work all night?", "From eight to eight. We're doing twelve-hour shifts, four days a week." ("밤새 일한 거야?", "8시부터 8시까지. 12시간 교대근무거든. 1주일에 네 번.") – from a novel, *The Client*

07 I'm up to my ears in deadlines.

산더미처럼 쌓이다 |
He said he was up to his ears and that he'd call her the next day. (일이 산더미처럼 쌓여서 다음 날 그녀에게 전화하겠다고 했대.) – from a TV series, *Sex and the City*

08 I lost track of time.

~을 놓치다 |
The bottom line is they've lost track of what they're responsible for. (중요한 건 그들이 스스로 책임지고 해야 할 일들을 놓치고 있었다는 거야.) – from a movie, *Man of the Year*

09 Will this become a habit?

버릇, 습관 |
I broke my habit of putting off exercise. (운동을 자꾸 미루는 버릇을 없앴어.) – from a magazine, *Shape*

10 When do you think you might be home?

귀가하다 |
I told her I had a meeting and I would be home late. (그녀에게 말했죠. 회의가 있어서 집에 늦게 들어갈지 모른다고요.) – from a novel, *Disclosure*

---

06 오늘 밤에는 밤 새서 일해야 돼. 07 마감에 걸린 일들이 산더미야 지금.
08 시간 가는 줄 몰랐어. 09 이게 버릇처럼 되는 거 아니야?
10 언제 집에 돌아올 거 같아요?

MP3 #113

11 If I'm asleep, don't wake me.

깨우다 |
I'm sorry, did I wake you? (미안해요, 제가 깨운 거예요?) – from a movie, *Laurel Canyon*

12 You're up early.

잠에서 깨다 |
A: Why are you up?   B: I've got to be at the hospital. (A: 왜 일어났어? B: 병원에 출근해야 돼서요.) – from a movie, *Laurel Canyon*

13 You look haggard.

초췌해 보이다 |
When we're stressed, we look haggard. (우린 스트레스를 받으면 초췌해 보이잖아.)
– from a movie, *The Holiday*

14 Tell me every detail.

모든 사항[정보] |
They wanted every last detail, what David said and what he did to me; it was very embarrassing. (그들은 마지막 하나까지 남김없이 모든 것을 알고 싶어했어요. 데이빗이 내게 한 말이며 행동까지. 정말 당혹스러웠죠.) – from a magazine, *Glamour, UK*

15 She insisted we go to church.

교회에 가다, 교회를 다니다 |
On Saturday nights, Mama would make me go to church. (토요일 밤마다 엄마는 나를 교회에 가라고 강요했었다.) – from a movie, *Benjamin Button*

---

11 내가 잠들면 깨우지 마.   12 일찍 일어났네.   13 너 초췌해 보여.
14 모든 걸 다 상세하게 말해봐.   15 그녀는 우리가 교회를 다녀야 된다고 난리야.

16 She carried a chip because she was a female.

호전적으로 덤비다 |
She wears an enormous chip on her shoulder. (그녀는 대단히 거칠고 도전적이다.) – from a novel, *The Rainmaker*
*상대에게 싸움을 걸 때 어깨 위에 나무토막(chip)을 올려놓고 그 사람 앞에 선다는 상황에서 유래

17 This is a real nice place you've got here.

정말, 아주 |
Nice place you got here, Del. Real comfortable. (델, 여기 정말 좋다. 아주 편해.) – from a movie, *Nurse Betty*

18 Don't ask. Just trust me.

신뢰하다, 믿다 |
I can't believe this. I can't believe I trusted you. That was so stupid. (믿을 수 없어. 내가 널 신뢰했다는 사실이 믿기지 않아. 정말 바보 같은 짓이었어.) – from a movie, *Step Up*

19 Get the computer fixed.

고치다 |
It's gonna take some time to get it fixed. (그걸 고치려면 시간이 좀 걸릴 거야.) – from a movie, *Color Of Night*

20 How late are you working tonight?

언제까지, 얼마나 늦은 시간까지 |
"How late will you stay?", "Depends." ("언제까지 있을 거야?", "상황 봐서요.") – from a novel, *The Street Lawyer*

---

16 그녀는 자신이 여성이기 때문에 더욱 호전적으로 나왔던 거야.   17 여기 정말 좋네요.
18 묻지 마. 그냥 날 믿어.   19 컴퓨터 좀 고쳐놔.   20 오늘 밤 몇 시까지 일해?

MP3 #**114**

21 We have something to discuss with you.

~와 상의하다 |
I've discussed Molly's history in great detail with Dr. Prentice. (몰리의 병력에 대해서 자세하게 프렌티스 박사님과 상의했어요.) – from a movie, *Molly*

22 This calls for a little bonus.

~을 필요로 하다 |
Dealing with children who are so damaged calls for immense tact and sensitivity. (정신적인 타격을 심하게 받은 아이들을 다룰 때는 요령과 세심함이 대단히 필요하다.) – from a dictionary, *Longman*

23 Money don't grow on trees.

돈이 땅에서 솟는 건 아니다. |
A: Money doesn't grow on trees.
B: Would you care to elaborate?
A: I can't right now. (A: 돈이 땅에서 솟니? B: 무슨 말씀인지 자세히 설명해주시겠어요? A: 지금은 안 돼.) – from a novel, *The Firm*

24 I think you and I will become very close.

사이나 거리가 가까운 |
He was kind of a hard guy to get close to. (그는 가까워지기가 좀 힘든 아이였다.) – from a TV series, *Ghost Whisperer*

25 It was not accidental.

우연한, 돌발적인 |
Their deaths were not accidental. (그들의 죽음은 돌발적인 게 아니었다.) – from a novel, *The Firm*

---

21 우리가 너하고 상의할 일이 좀 있어.   22 이 정도면 보너스를 좀 줘야지.
23 돈이 땅에서 솟는 건 아니다.   24 너하고 난 아주 가까워질 것 같은데.
25 그건 우연히 생긴 일이 아니었어.

26 You sound serious.

말이 진지하게 들리다 |
A: You're not serious. B: Don't I sound serious? A: The President can't just go out on a date. (A: 진심으로 말씀하시는 건 아니죠? B: 내 말이 진지하게 들리지 않는 거야? A: 대통령은 데이트를 할 수 없는 겁니다.) – from a movie, *The American President*

27 I told him first thing this morning.

무엇보다도 먼저, (아침에) 맨 먼저 |
A: I got to go back to town. A meeting's come up.
B: On a Sunday? A: No. The meeting's first thing tomorrow. (A: 시내에 다시 들어가봐야 돼. 회의가 있어. B: 일요일에? A: 아니. 내일 출근하자마자.) – from a movie, *Bridget Jones's Diary*

28 I've told you what I remember.

~와 상의하다 |
We should try to remember what it was like when we were kids. (우리가 어렸을 때는 어땠는가를 기억해봐야 돼.) – from a TV series, *24*

29 Let me think a minute.

생각 좀 해보자 |
A: Are you seeing anybody? B: Let me think about it. (A: 너 요즘 만나는 사람 있어? B: 잠깐 생각 좀 해보고.) – from a movie, *America's Sweethearts*

30 Don't breathe a word of this to anyone.

숨을 쉬다, 나직이 말하다 |
Breathe through your mouth. (입으로 숨을 쉬어봐.) – from a movie, *Just Married*

---

26 너 말하는 걸 들어보니 진지하구나.　27 오늘 아침 가장 먼저 그에게 얘기 전달했어.
28 내가 기억나는 걸 네게 다 말해준 거야.　29 잠깐 생각 좀 해보고.
30 이건 누구에게도 입도 뻥긋하지 마.

MP3 #115

01 Stay away from him.

~에 접근하지 않다 |
Tell him you're sorry. Tell him you will stay away from that girl. (그에게 미안하다고 해. 앞으로는 그 여자에게 접근하지 않겠다고 말해.) – from a movie, *EDtv*

02 We've done nothing wrong.

잘못된 게 전혀 없는 |
There's nothing wrong with him. (걔 잘못된 거 하나도 없어.) – from a TV series, *House*

03 If he's got something on his mind, maybe he'll unload.

말하다, 짐을 내리다 |
David, please help Sybil unload the car. (데이빗, 씨빌을 도와서 차에서 짐을 좀 내려라.) – from a movie, *Far From Heaven*

04 Tell him to get lost if he shows up again.

나타나다 |
You can't just show up at my door and expect to get in. (집 앞에 불쑥 나타나서 들어가겠다는 건 말이 안 되죠.) – from a movie, *Disappearing Acts*

05 I don't get much practice.

연습 |
I'm so out of practice. I mean, I haven't played since university. I haven't picked up a racket in bloody ages. (제가 전혀 연습이 안된 상태에요. 그러니까, 대학 이후로 쳐보질 않았어요. 너무 오랫동안 라켓을 잡아보지도 못한 거죠.) – from a movie, *Match Point*

---

01 그 사람하고 가까이 하지 마. 02 우린 잘못한 거 없어.
03 그가 할 말이 있으면 아마 다 털어놓을 거야.
04 그가 다시 나타나면 꺼지라고 해줘. 05 난 평소에 연습을 충분히 못해.

06 A thousand dollars should do it.

적절하다, 충분하다 |
Decker took out an ever-present bottle of Advil from his coat pocket and tossed it to him. "Will this do?" (데커는 늘 가지고 다니는 에드빌 병을 자기 코트 주머니에서 꺼내어 그에게 건네 주었다. "이거면 되겠어?") – from a novel, *Stalker*

07 I'd like a real favor, if you don't mind.

괜찮으시면 |
When my customers are angry, I ask them to voice their complaints in writing, if you don't mind. (고객이 화났을 때 나는 괜찮다면 불만사항을 글로 적어달라고 부탁해.) – from a movie, *The Door In The Floor*

08 He was of no help.

도움이 되다, 힘이 되다 |
Let me know if I can be of any help to you. (내가 너에게 도움이 될 일 있으면 알려줘.) – from a dictionary, *Longman Contemporary*

09 Think about it some more, okay?

조금 더 |
So why don't you order some more? (그러니까 주문을 좀 더 하란 말이에요.) – from a movie, *Mystic River*

10 It sounds like she's getting tired of it.

~에 질리다 |
I got kind of tired of burgers. (나 햄버거에 좀 질렸어.) – from a movie, *The Door In The Floor*

---

06 1,000달러면 그걸 하기에 충분할 거야.
07 내가 정말 도움이 필요한데, 네가 괜찮다면 말이야.   08 그는 전혀 도움이 안 됐어.
09 그건 좀 더 생각해봐, 알았어?   10 듣자 하니 그녀가 그 일에 점점 질려 하는 것 같네.

245

MP3 #116

11 I feel like I've known you for years.

~같은 기분[생각]이 들다 |
When I feel like I'm about to faint, I eat a cube of cheese. (금방이라도 기절할 것 같을 때 난 치즈 하나를 먹어.) – from a movie, *The Devil Wears Prada*

12 Let's leave it at that.

그건 거기까지만 하다 |
It's funny. Let's just call it funny and leave it at that. (그거 재미있네요. 재미있다는 말로 접어두고 일단 그건 거기까지만 합시다.) – from a movie, *The Door In The Floor*

13 It could cause a little jealousy around here.

일으키다 |
The weather conditions may cause us a bumpy takeoff, but don't worry, we'll soon climb above it. (날씨 상태로 인해서 이륙이 순조롭지 않을 수 있습니다. 하지만 걱정하지 마십시오. 곧 정상비행을 하게 될 겁니다.) – from a movie, *Red Eye*

14 You seem to have unusual stamina.

특이한, 흔치 않은 |
That's an unusual name for a girl. (그건 여자 이름으로는 흔치 않은 이름인데.) – from a movie, *An Unfinished Life*

15 It's prettier in the moonlight.

더 예쁜 |
Can I just say you definitely look prettier in person? (이렇게 말씀 드려도 괜찮을지 모르겠는데 직접 뵈니까 정말 더 예쁘시네요.) – from a movie, *Trapped*

---

11 당신을 오랫동안 알아온 것 같은 기분이야.   12 얘기는 거기까지만 합시다.
13 그것 때문에 여기에서 약간 질투가 생길 수도 있어.
14 넌 정말 흔치 않은 스테미너를 갖고 있는 듯해.   15 달빛에 보니까 더욱 예쁘네.

16 You're not saying much.

말을 많이 하다 |
What a memory. I don't remember Bederman saying much of anything. (진짜 기억력 좋네. 난 베더만이 뭔가에 대해서 말을 많이 하는 것을 들어본 기억이 전혀 없는데.)
– from a novel, *Stalker*

17 I must decline.

정중히 거절하다, 사양하다 |
I asked a girl to the movies with me and my friends, and she declined. (나는 어떤 여자에게 나와 친구들과 함께 영화를 보러 가자고 제안했지만 그녀는 거절했다.) – from a magazine, *Cosmopolitan*

18 I got drunk and quit thinking.

그만하다, 멈추다 |
You quit everything you start. (넌 무슨 일이든 일단 시작하면 마무리를 못하고 다 중간에 멈추잖아.) – from a movie, *Step Up*

19 The rules never change.

변하다 |
When the children in the Chinese orphanage heard such words, their worlds began to change. (중국 고아원 아이들이 그런 말을 들었을 때 그들의 세계가 변하기 시작했다.) – from a book, *Fearless: Imagine Your Life Without Fear*

20 Time takes away the pain.

빼앗아가다 |
If you flunk it, we take away the BMW. (그거 실패하면 우린 BMW를 빼앗아가는 거야.) – from a novel, *The Firm*

---

16 너 오늘 말이 별로 없다.   17 그건 사양하겠습니다.
18 난 술에 취해서 생각이 멈추었던 거야.   19 규칙은 절대 바뀌지 않아.
20 시간이 흐르면 고통이 사라진다.

MP3 #**117**

21 I'll be sure to look you up.

찾다, 찾아가대[오다] |
You told me to look you up when I got out. (졸업하면 찾아오라고 저한테 말씀하셨어요.) – from a movie, *Chances Are*

22 It's no fun when you're not around.

주변에 있는 |
I'm sorry I haven't been around for the last ten years. (지난 10년 동안 네 곁에 있어 주지 못해 미안해.) – *from a movie, License to Wed*

23 Don't stay out late.

계속 밖에 있다 |
Don't stay out too late. (너무 늦게까지 밖에 돌아다니지 마.) – from a movie, *Mystic River*

24 It looked difficult at first.

처음에 |
At first, he thinks it must be some kind of trick. (처음에 그는 그것이 속임수일 거라고 생각한다.) – from a book, *The 7 Habits of Highly Effective People*

25 Keep your eyes open.

~에 질리다 |
He has been awake for two days straight prepping his two upcoming albums and shooting a film in New Mexico—can barely keep his eyes open. (그는 이틀 동안 연속 잠을 못 자고 깨어 있었다. 앞으로 나올 두 장의 앨범을 준비하고 뉴 멕시코에서 영화를 찍고 있었던 것이다. 결국 그는 눈을 거의 뜨고 있을 수 없을 정도다.) – from a magazine, *People*

---

21 분명히 찾아 뵙겠습니다. 22 네가 옆에 없으면 재미 없어.
23 늦게까지 돌아다니지 말고 들어와. 24 그게 처음에는 어려워 보였어.
25 방심하면 안 돼.(눈을 계속 뜨고 있어야 돼.)

26 There's been no change.

변화 |
Nothing remains the same for long. We either adapt to change, or we get left behind. (그 어느 것도 오랫동안 똑같은 상태를 유지할 수는 없다. 우리도 변화에 적응하든지 뒤처지든지 둘 중의 하나이다.) – from a TV series, *Grey's Anatomy*

27 I've been patient, but it's getting worse.

참을성 있는, 인내심 있는 |
We have to be patient. (우린 당연히 인내해야 되는 거야.) – from a movie, *The Cell*

28 I'm starved for adult conversation.

굶주린, 허기진 |
Many of the companies have been starved for cash. (그 많은 회사들이 그 동안 현금에 굶주려왔던 겁니다.) – from a magazine, *The New York Times*

29 Did you go through this with your husband?

겪다, 경험하다 |
I don't want her to go through what I went through. (내가 겪었던 일을 그녀가 또 경험하게 하고 싶지 않아.) – from a TV series, *Friends*

30 They all work around the clock.

밤낮으로, 24시간 내내 |
The FBI is now trailing him around the clock. (FBI에서 지금 그를 24시간 추적하고 있어.) – from a novel, *The Client*

---

26 그 동안 전혀 변화가 없었다.   27 계속 인내심을 갖고 지켜봤지만 점점 악화되기만 했어.
28 나는 지금 성인대화에 굶주려 있어.   29 이 일을 남편과 함께 경험하신 거예요?
30 그들은 모두 밤낮으로 일해.

249

MP3 #**118**

01 He won't come home until dawn.

~이 지나서야 …을 하다 |
She's not supposed to be here until 9. (그녀는 9시가 지나야 여기에 도착할 겁니다.)
– from a movie, *The Devil Wears Prada*

02 He's already a legend around the office.

전설, 전설적인 인물 |
She's a living legend. (그는 살아있는 전설이야.) – from a TV series, *Grey's Anatomy*

03 Come on, it can't be that bad.

그렇게 나쁜/심한 |
I already know that. And it's not that bad. (난 이미 알고 있었어. 그게 그렇게까지 나쁘진 않아.) – from a novel, *The Last Song*

04 I'm not ready for children.

~을 위한 준비가 된 |
He was busy getting ready for bed. (그는 잘 준비를 하느라고 바빴다.) – from a TV series, *Grey's Anatomy*

05 I can't put my finger on it.

딱 꼬집어 말하다 |
It's hard to put a finger on your type. (네가 좋아하는 타입은 뭐라고 딱 꼬집어 말하기가 힘들어.) – from a magazine, *KING*

---

01 새벽이 지나야 집에 들어올 거야.   02 그는 사무실에서 이미 전설이야.
03 아니야, 그게 그렇게까지 나쁜 건 아니야.   04 난 아직 아이를 가질 준비가 안됐어.
05 그걸 뭐라고 딱 꼬집어 말할 수 없어.

06 Get off my back.

성가시게 하지 않다 |
If I could only get my parents off my back I might be able to live my life. (부모님만 나를 귀찮게 하지 않는다면 난 내 인생을 제대로 살 수 있을 텐데 말이야.) – from a book, *The 7 Habits of Highly Effective Teens*

07 Have you been there?

그곳에 가다 |
I probably been there more times than she has. (나는 아마도 그곳에 그녀보다 더 많이 가봤을 거다.) – from a novel, *The Help*

08 Things will get much better.

훨씬 더 좋은 |
Why do you put up with it? You could do so much better. (그걸 왜 참아? 너라면 훨씬 더 잘 할 수 있을 텐데 말이야.) – from a movie, *Clueless*

09 I'll pay cash.

현금을 내다 |
"How much do I owe you?" "Six-twenty." "I'll pay cash. No records, okay?" ("얼마를 드리면 돼요?" "620불이요." "현금으로 드릴게요. 기록 남기는 건 아니죠?") – from a novel, *The Firm*

10 My instincts tell me you're in trouble.

본능, 직감 |
Instinct tells me you might not be her type. (내 직감에 의하면 넌 그녀 타입이 아닌 것 같아.) – from a movie, *Notes On A Scandal*

---

06 나 좀 귀찮게 하지 마.   07 너 거기 가봤어? [그런 경험 해본 적 있어?]
08 상황이 훨씬 좋아질 거예요.   09 현금으로 지급하겠습니다.
10 직감적으로 생각하건대 너 지금 난처한 상황에 빠진 거야.

MP3 #**119**

11 I think you need a friend, someone to trust.

절실히 필요하다 |
You really *need* to be certain it's what you want before you commit. (그게 네가 원하는 거라는 걸 정말 확실히 할 수 있어야 돼. 그리고 나서 약속해도 늦지 않아.) – from a novel, *Eat, Pray, Love*

12 Just call me anytime.

언제든지 |
I told him to come back *anytime*. (그에게 언제든 다시 찾아와도 좋다고 말했어.) – from a movie, *The Painted Veil*

13 I have no idea what they're after.

~을 추구하는, ~을 쫓는 |
I know what you're *after*. (난 네가 무엇을 추구하는지 잘 알아.) – from a movie, *Buffy the Vampire Slayer*

14 I don't know whom to believe.

누구를 |
When I got there, I ran into Emily, *whom* I'd had a crush on for months. (그곳에 도착했을 때 나는 우연히 에밀리를 만났어. 그녀는 몇 달 동안 내가 혼자서 짝사랑해오던 아이였지.) – from a magazine, *Cosmopolitan*

15 I've seen nothing suspicious.

의심스러운, 수상쩍은 |
I can see you got a *suspicious* mind. (믿음이 가지 않는 모양이구나.) – from a movie, *Money Train*

---

11 넌 친구가 필요한 것 같아. 믿을 수 있는 친구가.   12 언제든 저한테 전화하세요.
13 그들이 뭘 쫓는 건지 모르겠어.   14 누구를 믿어야 될지 모르겠다.
15 의심스러운 건 전혀 보이지 않았어.

16 We'll call you when we're ready.

준비된 |
I'll have the champagne ready. (제가 그 샴페인을 준비해놓겠습니다.) – from a movie, *The Prestige*

17 There's more to the story.

~이 다가 아닌, ~에 더 많은 것이 있는 |
There is a lot more to life than yard and a Peugeot. (인생이 넓은 마당과 푸조 자동차가 전부는 아니잖아. 그보다 훨씬 소중한 것들이 있지.) – from a novel, *The Firm*

18 It is a ten-hour drive.

운전 |
The ten-mile drive to his house was quiet. (그의 집까지 10마일 운전해가는 동안은 아주 조용했다.) – from a novel, *Everyone Worth Knowing*

19 I wish you would come with me.

나와 함께 가다 |
You wanna come with me? (나하고 같이 갈래?) – from a movie, *Rumor Has It*

20 Money isn't everything.

모든 것, 가장 중요한 것 |
I want to be in a position of knowing everything about this guy Anthony Aliso by tomorrow morning. (내일 아침까지 앤소니 알리소에 관한 모든 것을 알아야겠어.) – from a novel, *Trunk Music*

---

16 우리가 준비되면 연락 드리겠습니다. 17 얘기가 그게 다가 아니야.
18 10시간을 차로 가야 되는 거리야. 19 난 네가 나하고 같이 가면 좋겠는데.
20 돈이 전부는 아니잖아.

MP3 #120

21 I'll pay you right now in cash.

지금 당장 |

I can't do this right now. Deal with this and you, us—it's too much for right now. (이걸 지금 당장 할 수는 없어. 이 일을 처리하랴, 네 문제, 우리 문제를 해결하랴-그건 지금 당장 너무 무리야.) – from a novel, *The Concrete Blonde*

22 Take pictures of them coming and going.

~의 사진을 찍다 |

My big task is to take pictures of my roses for the garden club. (내게 주어진 중요한 일은 가든 클럽에 제출할 내 장미 사진을 찍는 거야.) – from a movie, *What Lies Beneath*

23 Don't get in my way.

방해하다 |

I don't wanna get in your way. (너를 방해하고 싶지는 않아.) – from a movie, *Music and Lyrics*

24 I'll reveal my strategy.

밝히다, 폭로하다 |

A woman never reveals her age. (여자는 절대 자기 나이를 밝히지 않아.) – from a movie, *How To Lose A Guy In 10 Days*

25 I'm going to lunch. Need anything?

점심을 먹으러 가다 |

"She's gone to lunch," says Alicia. "She showed me the present you bought her. Very stylish."("그녀는 점심 먹으러 나갔어," 앨리샤가 말한다. "네가 그녀에게 사준 선물을 그녀가 나한테 보여줬어. 정말 멋지던걸.") – from a novel, *Shopaholic Takes Manhattan*

---

21 지금 당장 현금으로 지급해 드리죠.   22 그들이 오고 가는 모습을 사진 찍어놔.
23 날 좀 방해하지 마.   24 제 전략을 밝히겠습니다.
25 나 점심 먹으러 가는 중이야. 뭐 필요한 거 있어?

26 Don't try to swallow the smoke.

삼키다

I bought you a present, but last night I accidentally swallowed it. (너 주려고 선물을 샀는데 어젯밤에 뜻하지 않게 그걸 삼켜버리고 말았어.) – from a movie, *Liar Liar*

27 It tastes kind of funny.

~의 맛이 나다

To Ray it tasted very similar to the first two. (레이에게는 그것이 처음 두 개와 아주 흡사한 맛이었다.) – from a novel, *The Summons*

28 You always say that.

그 말을 하다

"It's just that you seem a little overwrought." "Overwhat?" "Overexcited." "Oh really? What makes you say that?" ("너 좀 잔뜩 긴장한 것 같아." "잔뜩 뭐?" "너무 흥분한 것 같다고." "아, 그래? 왜 그렇게 말하는 건데?) – from a novel, *Incendiary*

29 Just be still a minute.

정지한, 고요한

Someday you will learn to be still. (언젠가 당신은 침묵하는 법을 배우게 될 것입니다.) – from a song, *Learn to Be Still* by Eagles

30 Why is that so hard to understand?

힘든, 어려운

What's so hard about this? (이게 뭐가 그렇게 힘든 거야?) – from a movie, *The Prestige*

---

26 담배연기를 마시려고 하지 마.   27 이건 맛이 좀 이상해.
28 넌 항상 그 소리 하더라.   29 잠깐만 아무 말 말고 조용히 있어봐.
30 왜 그게 그렇게 이해하기 힘든 건데?

MP3 #121

01 I'm sick of your crying.

질리다, 지치다 |
I am sick of you accusing me of not being a good mother! (난 네가 내게 좋은 엄마가 아니라고 비난하는 거 정말 지쳤다, 지쳤어.) – from a movie, *Wedding Crashers*

02 It's nice having you here.

대단히 좋은 |
A: Well, Conor, I had a really nice time. B: It was really nice meeting you. (A: 코너, 정말 즐거웠어요. B: 만나서 정말 좋았습니다.) – from a movie, *He's Not That Into You*

03 That's what my friends call me.

나를 ~라고 부르다 |
A cab nearly killed me. The cabbie screeched his brakes and he called me a stupid slapper. (택시에 치여 죽을 뻔했어. 그 택시운전수는 끽 소리를 내며 브레이크를 밟고는 나를 머저리 헤픈 년이라고 부르는 거였어.) – from a novel, *Incendiary*

04 That's the whole story.

자초지종, 일의 전말 |
On the surface, but when you get to know her better, there's a whole other story goin' on. (겉보기에는 그렇지만 그녀를 좀 더 잘 알게 되면 얘기가 완전히 달라.) – from a movie, *Shallow Hal*

05 I'm not surprised.

놀란 |
Why am I not surprised? (난 왜 놀라지 않는 걸까?) – from a movie, *AeonFlux*

---

01 너 우는 거에 내가 지쳤다, 지쳤어.   02 네가 여기에 있으니 정말 좋다.
03 제 친구들은 저를 그렇게 부릅니다.   04 그게 이야기의 전부입니다.
05 전혀 놀랄 일이 아닌데.

256

06 He's history.

더 이상 중요하지 않다, 이미 지난 일[사람]이다 |
In 10 minutes, it's history! At 4:00, I'm a dinosaur! (10분 후면 그건 무용지물이 되고 4시에 난 공룡이 되는 거야!) – from a movie, *Wall Street*

07 There must be a reason.

~임이 틀림이 없다 |
He'd had almost nothing yesterday. That must be why he still felt hungry. (그는 어제 거의 먹은 게 없었다. 그래서 그는 계속 허기를 느끼고 있었던 것이 분명한 듯했다.) – from a novel, *The Vampire Diaries: The Return: Nightfall*

08 It happened pretty fast.

빨리, 신속하게 |
Everything changed fast. (모든 것이 빠른 속도로 변했다.) – from a novel, *The Object of My Affection*

09 We need to get him to a hospital.

데리고 가다, 운반하다 |
It took every muscle of all three of them to get him up the stairs and into the house. (세 명의 힘을 모아야만 그를 계단 위로 올려서 집안으로 옮길 수가 있었다.) – from a novel, *A Reliable Wife*

10 I got in a fight in school. It wasn't my fault.

싸우다, 싸움에 끼어들다 |
Don't get into any fights or anything. (싸움이라든지 뭐 그런 거에 절대 끼어들지 마.) – from a movie, *Message In A Bottle*

---

06 그는 이제 과거의 인물이야.   07 분명히 무슨 이유가 있을 거야.
08 그건 순식간에 일어난 일이야.   09 우린 지금 그를 병원으로 데리고 가야 돼.
10 학교에서 싸웠어. 내 잘못은 아니었지.

MP3 #**122**

11 It's very traumatic.

대단히 충격적인, 정신적 외상의 |
It's very traumatic, and it could take time for him to get over it. (그건 너무 충격이 커. 그가 그걸 이겨내려면 시간이 좀 걸리겠어.) – from a novel, *The Client*

12 Brace yourself.

정신 똑바로 차리다, 안 좋은 일이 일어날 것에 대비해서 마음으로나 육체적으로 철저히 준비하다 |
Brace yourself: It's only a matter of time before someone pitches a concept for an online pet store. (정신 똑바로 차려: 완전 시간문제야. 누군가 온라인상의 애완동물 가게를 위한 컨셉트를 본격적으로 홍보하고 나설 테니까.) – from a magazine, *Forbes*

13 He's very tough and persuasive.

설득력 있는 |
Take notes on how she handles persuasive sales clerks. (그녀가 설득력 있는 영업사원들을 어떻게 다루는지 잘 기록해둬.) – from a magazine, *Shape*

14 They'll fax it to us in a few minutes.

잠시 후에 |
I'm really sorry, but I have a lunch date in a few minutes. (정말 미안해요. 내가 잠시 후에 점심 약속이 있어서요.) – from a movie, *Chances Are*

15 The writing is fairly legible.

읽을 수 있는 |
Make sure your handwriting is legible. (글씨를 다른 사람들이 읽을 수 있게 잘 쓰도록 해.) – from a magazine, *Glamour*

---

11 그건 정말 충격적인 일이야. 12 정신 똑바로 차려.
13 그는 대단히 터프하고 말이 설득력 있어.
14 그들이 그걸 잠시 후에 우리에게 팩스로 넣어줄 거야.
15 글씨는 읽기에 아주 선명하고 좋아.

16 This really freaked him out.

완전히 기절초풍하게 만들다 |
We're all going to die. Doesn't that freak you out? (우린 누구나 죽게 되어있어. 생각만해도 미칠 것 같지 않아?) – from a movie, *Trust The Man*

17 He got drunk over lunch.

~하면서 |
Come on, honey, let's discuss it over dinner. (얘야, 그건 저녁을 먹으면서 의논해보자꾸나.) – from a movie, *Two Weeks Notice*

18 There are a thousand things to check.

확인하다 |
I noticed you're always rushing into the hall to check the time. (당신이 늘 급하게 복도로 뛰어나가서 시간을 확인하는 모습을 여러 번 봤어요.) – from a TV series, *Desperate Housewives*

19 It happened when school was out.

학교수업이 끝나다 |
Me and this guy got into it at lunch, and agreed to meet when school was out. (저하고 그 애는 점심시간에 싸웠어요. 그리고는 학교수업이 끝나면 만나기로 했죠.) – from a novel, *The Client*

20 Your story is full of holes.

~로 가득한 |
Let me take a picture of you guys. My mom wants me to put together, like, a scrapbook full of memories. (너희들 사진 좀 찍자. 우리 엄마는 내가 기억으로 가득한 스크랩북 같은 걸 만들었으면 하셔서.) – from a movie, *New Moon*

---

16 이것 때문에 그는 정말 정신을 잃을 정도였다.   17 그는 점심을 먹으면서 취해버렸다.
18 확인할 게 너무 많아.   19 학교수업이 끝난 후에 일어난 일이었어요.
20 네 이야기에는 허점이 너무 많아.

MP3 #**123**

21 I can't remember it that way.

기억하다 |
I **remember** the first time I took Michelle to Kenya, shortly before we were married. (내가 미셸을 케냐로 처음 데려갔을 때가 기억납니다. 우리가 결혼하기 바로 전이었죠.) – from a book, *The Audacity of Hope*

22 There's not a lot we can do right now.

많지 않은 양 |
It's a clerical position, **not a lot** of money, but a pretty good place to start. (사무직이야. 돈이 많이 되지는 않지만 그래도 일을 시작하기에는 아주 좋은 자리야.) – from a novel, *The Brethren*

23 Keep him away from Ricky.

~에서 떨어져 있게 하다 |
It'll **keep** me **away from** her. (그것 때문에 내가 그녀와 떨어져 있어야 될 거야.) – from a novel, *The Rainmaker*

24 Depends on how quickly he responds.

~에 달려있다 |
That **depends on** the imagination. (그거야 상상하기 나름이지요.) – from a movie, *A Good Woman*

25 We'll worry about it tomorrow.

~에 대하여 걱정하다 |
I think 18 is a little young to start **worrying about** that. (열 여덟이라는 나이가 그런 걱정을 시작하기에는 좀 어린 것 같다.) – from a movie, *New Moon*

---

21 제 기억으로는 그건 아닌 것 같아요.   22 지금 당장 우리가 할 수 있는 건 그다지 많지 않아.
23 그를 리키에게 접근시키지 마.   24 그가 얼마나 빨리 반응을 보이느냐에 달린 문제야.
25 우리 그런 일은 내일 걱정하자.

26 She ran a stop sign.

빨간 불일 때 달리다 |
I sped, I followed too closely, I ran a stop sign, I almost hit a Chevy. (과속하고, 앞 차에 너무 붙어서 운전했으며 빨간 신호등을 무시했어요. 하마터면 쉐비(시보레 자동차)와 충돌할 뻔도 했고요.) - from a movie, *Liar Liar*

27 Time is critical. We must move fast.

대단히 중요한, 앞으로의 상황에 영향을 미치는 |
I'm at a critical juncture right now. (내가 지금 아주 중대한 시점에 있어.) - from a movie, *Wonder Boys*

28 Evidence disappears.

사라지다 |
I didn't disappear with anybody. (내가 다른 사람하고 같이 사라진 건 아니야.) - from a movie, *Eyes Wide Shut*

29 She was not very upset at the news.

~때문에 속이 상하다 |
In fact, I seldom think about it anymore. I'm simply upset at the facts. (사실, 난 더 이상 그것에 대해서 생각을 거의 안 해. 단지 그 사실 때문에 속상한 거야.) - from a book, *You Can Be Happy No Matter What*

30 Just a habit.

버릇, 습관 |
If you get into trouble, beep me, but don't make it a habit. (문제가 생기면 나를 호출해. 하지만 습관처럼 그러면 안돼.) - from a movie, *The Lake House*

---

26 그녀는 멈춤 신호를 무시하고 달렸다.
27 시간이 결정적이야. 우린 지금 신속하게 움직여야 된다고. 28 증거는 사라지기 마련이야.
29 그녀는 그 소식을 듣고 그렇게까지 속상해 하지는 않았어. 30 그냥 버릇이지 뭐.

MP3 #**124**

01 The first moments can be crucial.

때, 시기, 순간 |
We all have moments of desperation. (우리는 누구나 절망의 시기가 있는 거야.) – from a TV series, *Desperate Housewives*

02 There's no way to predict.

예측하다 |
I don't drive when they're predicting rain. (비가 온다는 예보가 있으면 난 운전 안 해.) – from a TV series, *Sopranos*

03 Have you seen cases like this before?

이와 같은, 이런 식의 |
God, God, why is it like this? Why am I going through this constant pain that never seems to get any better? (하나님, 하나님, 상황이 왜 이런 겁니까? 왜 제가 이런 계속된 고통을 겪어야 되는 겁니까? 절대 나아질 것 같지 않은 이런 고통을요.) – from a book, *90 Minutes In Heaven: A True Story of Death & Life*

04 It's a bit unusual.

조금, 약간 |
Mom and Dad, I'm a bit weary about the idea of adding another child to the Chapman clan. (엄마, 아빠, 생각만해도 좀 피곤하네요. 채프먼 문중에 아이를 또 하나 더해야 하다니요.) – from a book, *Choosing To See: A Journey of Struggle and Hope*

05 Here's the phone number, just in case.

만약의 경우에 대비해서 |
This is an extra copy to have on file, you know, just in case. (이건 여분의 책이에요. 철해서 보관해두세요. 만약 모르니까요.) – from a movie, *The Devil Wears Prada*

---

01 처음 순간이 결정적일 수 있는 거야.   02 예측할 방법이 없어.
03 전에 이런 경우(사건)를 본 적 있어?   04 그건 좀 드문 경우야.
05 여기 전화번호 있어요. 만약을 대비하세요.

06 They want you present.

참석한, 출석한 |
The hostess' main role is to be present for her guests so they will feel at home. (손님을 초대한 여주인의 역할은 손님들을 위해서 자리를 지키는 것이다. 그들이 편안하게 즐길 수 있도록.) – from a magazine, *Living*

07 Keep them away for now.

당분간 |
Just leave your shoes on the back porch for now. (네 신발은 뒤 현관에 잠깐 놓아 둬.) – from a dictionary, *Longman*

08 I wonder why he did that.

궁금하다 |
I wonder what happened to her. (그녀에게 무슨 일이 있었던 건지 궁금해 정말.) – from a movie, *13 Going On 30*

09 It wasn't a good time to talk.

좋은[적절한] 시간 |
I didn't know all that much about Troy, and tonight might be a good time to find out. (난 트로이에 대해서 그렇게까지는 몰랐어. 그래서 오늘 밤이 사실을 알게 될 적절한 시간이 될 것 같았지.) – from a novel, *Waiting To Exhale*

10 I planned to tell you as soon as we were alone, I promise.

정말이야 | You have nothing to worry about. I promise. (넌 걱정할 것 하나도 없어. 정말이야.) – from a TV series, *Grey's Anatomy*

---

06 그들은 자네가 출석해주기를 원하고 있어.   07 그들을 당분간 접근하지 못하게 해요.
08 그가 왜 그런 행동을 했을까 궁금해.   09 대화하기 좋은 때가 아니었어.
10 우리 둘만 있을 때 너한테 말해줄 생각이었어. 정말이야.

MP3 #**125**

11 It's a very private matter.

사생활의, 사적인 |
This is a private matter, and we must keep it so. (이건 사적인 문제라서 사적으로 처리해야 돼.) - from a movie, *Notes On A Scandal*

12 You can have a seat.

앉다 |
I turn to him and say, "Have a seat, Winston," and he sort of walks over to me. (나는 그에게 몸을 돌려 말한다, "앉아요, 윈스턴," 그리고 그는 내게 걸어온다.) - from a novel, *How Stella Got Her Groove Back*

13 It'll be a minute.

잠깐 |
Can I talk to you for a minute? (너하고 잠깐 얘기를 좀 할 수 있을까?) - from a movie, *Twilight*

14 I've got a busy morning.

바쁜 아침 |
Find a cashier if it's busy Saturday and it's your first time. (캐셔를 찾도록 해. 바쁜 토요일이고 그게 처음 하는 일이라면 말이야.) - from a magazine, *Redbook*

15 She crossed her legs.

다리를 꼰 상태로 앉아있다 |
Look at that body language. Legs crossed towards each other. (저 보디랭귀지를 봐. 다리를 서로를 향해서 꼬고 앉아 있잖아.) - from a movie, *Clueless*

---

11 그건 아주 사적인 문제야.   12 앉으세요.   13 잠깐이면 돼.
14 아침에 좀 바빠.   15 그녀는 다리를 꼬았다.

16 Let's hear the story.

자초지종을 듣다 |
She'd heard the story of the ossuary and the results of the mitochondrial DNA, but still had misgivings. (그녀는 납골당과 미토콘드리아 DNA 결과에 대한 이야기를 들었다. 하지만 여전히 의혹이 사라지지 않았다.) – from a novel, *Intervention*

17 What keeps you from telling me?

막다, 저지하다 |
We also check the pipes in the winter to keep them from freezing. (우린 또한 겨울에 파이프를 점검해야 돼. 얼지 않도록 말이지.) – from a movie, *Summer Catch*

18 I think he'll be okay, but it could take time.

시간이 걸리다 |
It takes more time. (그 정도가 아니야. 시간 더 걸려.) – from a novel, *Disclosure*

19 We've been through a lot.

겪다, 경험하다 |
I've been through this before. (전에 이런 일 겪은 적 있어.) – from a movie, *A Life Less Ordinary*

20 She'll need plenty of help.

많은 |
Don't worry. There's plenty of time. (걱정하지 마. 시간은 많으니까.) – from a movie, *Down With Love*

---

16 얘기를 좀 들어봅시다. 17 나한테 말하지 않는 이유가 뭐야?
18 그는 괜찮아질 거예요. 하지만 시간은 좀 걸릴 겁니다.
19 우리는 같이 많은 경험을 했습니다. 20 그녀가 많은 도움이 필요할 거야.

MP3 #**126**

21 They don't get along.

잘 지내다, 사이가 좋다 |
You guys seem to be gettin' along well. (너희들 사이 좋게 잘 지내는 것 같구나.) – from a movie, *Step Up*

22 He's bugging me.

괴롭히다 |
Your mom has been bugging us to come over just for lunch. (너희 어머니께서 점심 먹으러 오라고 우리를 괴롭히고 계셔.) – from a movie, *Angel Eyes*

23 I can put them off until tomorrow.

미루다 |
Put off homework until tomorrow. (숙제는 내일까지 미루도록 해.) – from a book, *The 7 Habits of Highly Effective Teens*

24 Just do as I told you.

내가 너한테 말할 대로 |
"Be my guest," she said. "As I told you, I've finally come to terms with Chris's passing." ("그렇게 하세요," 그녀는 말했다. "제가 말씀 드린 대로, 전 결국 크리스의 죽음을 인정하게 됐어요.") – from a novel, *Harmful Intent*

25 I know what I'm doing.

내가 지금 하고 있는 행동/짓 |
Find my way? How condescending is that? There's nothing wrong with what I'm doing. (내 길을 찾는다고? 너무 거들먹거리는 거 아니야? 지금 내 행동에 아무 잘못 없거든!) – from a novel, *Everyone Worth Knowing*

---

21 그들은 사이가 좋지 않아. 22 그가 나를 괴롭혀.
23 그 일은 내일까지 미룰 수 있어.[그들과 만나는 시간을 내일로 미룰 수 있어.]
24 내가 말해준 대로 해. 25 나 지금 제정신으로 하는 짓이거든.

26 Let's talk a few minutes.

잠깐 동안 |
I'm catching a plane back to Washington in just *a few minutes*. (비행기를 타고 워싱턴으로 돌아갈 거야. 잠시 후면.) – from a movie, *Charlie Wilson's War*

27 You've been watching too much TV.

너무 많은 양(量) |
I had *too much* to drink. (내가 술을 너무 많이 마셨어.) – from a movie, *A Good Woman*

28 Are you hiding something?

숨기다 |
Have your significant other *hide* the TV remote. (아내가 TV 리모콘을 숨기게 하라.) – from a book, *Nudge*

29 If you were in my place, would you want a lawyer?

나의 입장인 |
What would you have done *in my place*? (네가 내 입장이라면 넌 어떻게 했을까?) – from a dictionary, *Collins Cobuild*

30 It wasn't mentioned.

언급하다, 말하다 |
Why didn't you *mention* it was today? (그게 오늘이었다고 왜 말하지 않았어?) – from a movie, *The Lake House*

---

26 우리 잠깐 얘기 좀 하자.   27 너 TV를 너무 많이 봤어.
28 너 뭐 숨기는 거 있어?   29 네가 내 입장이었다면 변호사를 원했겠어?
30 그건 언급되지 않았어.

MP3 #**127**

01 What would you like us to call you?

부르다 |

Did you hear me call you a dummy? (내가 너를 바보라고 부르는 거 들었어?) – from a novel, *Waiting To Exhale*

02 I have a terrible confession to make.

고백 |

I have a bit of a confession to make. (내가 고백할 게 좀 있어.) – from a movie, *Shrek*

03 Our apartment is only a few minutes away.

(시간이나 거리가) 떨어져 있는 |

Even though Jeffrey was only ten feet away, he could not hear the conversation clearly. (제프리는 10피트밖에는 떨어져 있지 않았지만 대화를 분명하게 들을 수 없었다.) – from a novel, *Harmful Intent*

04 Let's get it over with.

성가신 일을 서둘러 끝내다 |

Why don't you just get it over with now and blame me? (딴소리 말고 빨리 끝내. 나 때문이라고 화를 내란 말이야.) – from a movie, *Just Married*

05 We can be there almost immediately.

즉시, 당장 |

You get back here immediately so we can finish this. (이리로 당장 와서 이 일을 끝내잔 말이야.) – from a movie, *Liar Liar*

---

01 우리가 뭐라고 부르면 좋겠어요?   02 고백할 좋지 않은 사실이 있어요.
03 우리 아파트는 여기에서 몇 분밖에 떨어져 있지 않아.   04 그 일은 빨리 해치우자.
05 지금이라도 당장 그리로 갈 수 있어.

06 There is no end in sight.

끝이 보이지 않음 | The crowd hummed and swayed and offered hearty "Amens" as he plodded along, no end in sight. (군중들은 웅성거리며 동요했고 진심에서 우러나오는 "아멘"을 외쳤다. 그 소리를 들으며 그는 터벅터벅 걸었다. 군중들의 끝이 보이지 않을 정도였다.) – from a novel, *The Confession*

07 Can't you come up with anything more original?

제안하다, 생각해내다 | You'll have to come up with a plan B. (아마 차선책을 생각해내야 할 거야.) – from a movie, *The Devil Wears Prada*

08 I'm losing my patience.

인내, 참을성 | You must have a lot of patience. (참을성이 정말 대단하신 거 같아요.) – from a movie, *Laurel Canyon*

09 Welcome aboard.

한 배를 타게 된 걸 환영하다, 비행기[배]를 이용해준 걸 감사하다 | Welcome aboard. The weather conditions may cause us a bumpy takeoff, but don't worry, we'll soon climb above it. (탑승을 환영합니다. 날씨로 인해서 이륙이 힘들 수 있지만 걱정하지 마십시오. 곧 무사히 이륙하게 될 겁니다.) – from a movie, *Red Eye*

10 I find you extremely attractive.

극도로 | You are extremely well informed. (정보에 대단히 밝으시군요.) – from a movie, *Inside Man*

---

06 끝이 보이지 않아. 07 좀 더 독창적인 거 생각해낼 수 없어?
08 인내심이 점점 사라지고 있어. 09 우리와 한 배를 타게 된 걸 환영합니다.
10 당신은 정말 매력적이에요.

MP3 #**128**

11 What's the rush?

서두름, 혼잡, 쇄도 | She's probably just trying to get a deal on rentals, beat the June rush or something ludicrous. (그녀는 아마도 이것저것 렌트 계약을 하려는 것 같고 6월의 혼잡한 결혼시즌, 또는 터무니없는 상황을 피하기 위해서 그러는 걸 거야.) – from a movie, *Laurel Canyon*

12 I didn't even notice.

~마저도 하지 않았다 | When the passenger-side door opened, Jeffery didn't even bother to look up. (조수석 문이 열렸을 때 제프리는 올려다보지조차 않았다.) – from a novel, *Harmful Intent*

13 I hope we'll be friends.

나는 ~가 되기를 바란다 | I hope this book will convince you of something: that by surrendering yourself totally to God's purposes, He will bring you the most pleasure in this life and the next. (바라옵기는 이 책이 당신에게 확신을 주기를 원합니다: 하나님의 목적 앞에 당신 자신을 완전히 내려놓음으로써 하나님은 당신에게 이 생과 다음 생에서 가장 큰 기쁨을 가져다 주실 거라는 겁니다.) – from a book, *Crazy Love*

14 It takes real courage to do it.

용기 | Paige may be too young to comprehend the extraordinary courage of her mother. (페이지는 너무 어려서 자기 어머니의 놀라운 용기를 이해하지 못할 수도 있어.) – from a magazine, *People*

15 It gave me the creeps.

소름 |
A: What would you do if you knew you couldn't be seen?
B: It gives me the creeps. (A: 네가 투명인간이라는 걸 알게 되면 어떻게 하겠어? B: 소름 끼치는 일이야.) – from a movie, *Hollow Man*

---

11 왜 그렇게 서둘러? 12 나는 전혀 눈치 못 챘어.
13 우리가 친구 사이로 지내게 되었으면 좋겠어. 14 그걸 하려면 정말 용기가 필요해.
15 그거 정말 소름 끼쳐.

16 He chose to deal with it personally.

직접, 개인적으로

I wanted to come by and tell you personally. (잠깐 들러서 직접 말씀 드리고 싶었습니다.) – from a movie, *Monster's Ball*

17 I'll take you to dinner.

저녁을 대접하다

I'm counting on it. I'd like to take you to dinner. (그 말 믿을게. 너한테 저녁을 대접하고 싶은데.) – from a novel, *Finding The Dream*

18 I don't want money spent that way.

그런 식으로

My editor didn't think that way. (우리 편집장은 그런 식으로 생각하지 않았던 거지.) – from a movie, *Before Sunset*

19 What are you smiling about?

미소 짓다

The plumber just smiled, handed me a flashlight, "for getting down safely when it's over," and also handed me a folded piece of paper. Then he left. (배관공은 그저 미소를 지으면서 내게 손전등을 건네주었다. "끝나면 안전하게 내려가시라고요," 그리고는 또 접은 종이 한 장을 주고는 자리를 떴다.) – from a book, *Eat, Pray, Love*

20 It won't be long.

오랜 시간이 걸리다

He shouldn't be too long. (걔 오래 걸리지는 않을 거야.) – from a movie, *Sweet Home Alabama*

---

16 그는 그 일을 직접 처리하기로 했다.   17 내가 저녁 살게.
18 나는 돈이 그런 식으로 쓰이는 거 원치 않아.   19 무엇 때문에 웃고 있는 거야?
20 그거 시간 오래 걸리지 않을 거야.

MP3 #129

21 May I ask why?

이유를 묻다 | When asked why, he gave this answer. "When I begin my prayers I call out to the Lord..." (이유를 물었을 때, 그는 이렇게 대답했다. "기도할 때 저는 주님께 큰 소리로 외칩니다…") – from a book, *When God Whispers Your Name*

22 I've already told you.

나는 이미 ~을 했다 |
I've already packed a denim jacket and a leather jacket, but you just can't count on September weather, can you? (전 이미 청자켓과 가죽자켓을 챙기긴 했지만 9월의 날씨를 믿을 수는 없는 노릇이잖아요, 그렇죠?) – from a novel, *Shopaholic Takes Manhattan*

23 I need to pee. I can't hold it any longer.

견디다, 버티다 | Hold it! We're not quite ready. (잠깐 좀 있어봐. 아직 완전히 준비가 안 됐어.) – from a dictionary, *Longman*

24 One day won't help.

도움이 되다 | She was already nervous. The camera and impossibly small space weren't helping. (그녀는 이미 긴장된 상태였다. 카메라와 어처구니없을 정도로 작은 공간은 전혀 도움이 되지 않았다.) – from a novel, *L.A. Candy*

25 Would you get me some water?

내게 ~을 가져다 주다 |
Where is their taxi now? How long? Okay, good. Bring them to the U.S. Botanic Garden. Service entrance. And make sure you get me that god-damn pyramid and capstone. (걔들 택시는 지금 어디에 있어? 얼마나 걸리는데? 그래, 좋아. 그들을 U.S. 식물원으로 데려 가. 직원용 출입구로. 그리고 잊지 말고 나한테 그 거지 같은 피라미드와 관석 가져다 줘.) – from a novel, *The Lost Symbol*

---

21 이유를 좀 물어도 될까요?   22 너한테는 내가 이미 얘기해줬어.
23 나 오줌 눠야 돼. 더 이상 버틸 수 없어.
24 하루로는 도움이 되지 않아요.   25 물 좀 가져다 주시겠어요?

26 I'm not sure what I'm supposed to do.

확실히 모르겠다 | I'm not sure I was supposed to tell you that. Maybe you should forget I said it. (모르겠어. 내가 너한테 그 말을 해도 되는 거였는지. 내가 그 말을 했다는 사실을 잊는 게 좋을 거야.) – from a novel, *The Last Song*

27 Is that all you wanted?

네가 원했던 ~ |
Your grip loosened except when it came to things you wanted me to do. Things I supposed made you value me. (넌 나를 생각하는 정도가 약해졌어. 단지 네가 나한테 원하는 것이 있을 때만 빼고 말이야. 내 생각엔 넌 물리적이고 실질적인 것으로 나를 평가했던 거야.) – from a novel, *Getting To Happy*

28 I've heard it secondhand.

간접적으로; 간접의 |
We're frequently exposed to secondhand smoke. (우리는 간접 흡연에 자주 노출된다.) – from a magazine, *Glamour*

29 I'll be there as fast as I can.

가능한 한 빨리 |
Honey listen to me, you have to get out of the house as fast as you can. (자기, 내 말 잘 들어. 가능한 한 빨리 그 집에서 빠져 나가야 돼.) – from a movie, *Cellular*

30 Do you have a few hours to spare?

할애할 몇 시간 |
The glowing arms on Langdon's Mickey Mouse watch indicated that they had less than ten minutes to spare. (랭든의 미키마우스 시계에서 빛나는 바늘은 그들에게 10분의 여유도 남지 않았음을 알렸다.) – from a novel, *The Lost Symbol*

---

26 내가 뭘 해야 되는 건지 잘 모르겠어요.   27 그게 네가 원했던 것 전부야?
28 그 사실을 간접적으로 들었어요.   29 가능한 한 빨리 가도록 할게.
30 너 몇 시간 여유 좀 있어?

MP3 #130

01 You catch on quick.

이해하다, 깨닫다 |
It was a long time before the police caught on to what he was really doing. (오랜 시간이 지나서야 경찰은 그가 실제 무엇을 하고 있는지 알게 되었다.) – from a dictionary, *Longman*

02 What's the first word that comes to mind?

생각이 떠오르다 |
A number of comebacks came to mind, but Rachel chose silence. (대꾸하고 싶은 말은 많이 떠올랐지만 레이첼은 침묵하기로 했다.) – from a novel, *Deception Point*

03 Feel free to leave whenever you want.

마음 놓고 ~을 해도 좋다 |
I've never been married, but feel free to call me Vianne. (전 결혼한 적 없어요. 하지만 마음 놓고 저를 Vianne라고 불러도 좋아요.) – from a movie, *Chocolate*

04 What time was that?

몇 시 |
Any idea what time you'll be through work? I'll pick you up. We can have dinner at my place tonight, if you feel up to it. (일이 몇 시에 끝날 것 같아? 내가 픽업할게. 오늘 밤 우리 집에서 저녁 먹자. 그럴 여력이 있으면 말이야.) – from a novel, *Now And Forever*

05 He made a ton of money.

아주 많은 |
I hope you didn't bring a ton of stuff. (짐을 너무 많이 가져온 건 아니겠지.) – from a movie, *White Oleander*

---

01 머리 회전이 빠르군. 02 가장 먼저 떠오르는 단어가 뭐야?
03 네가 원하면 언제든지 떠나도 돼. 04 그게 몇 시였어?
05 그는 엄청 많은 돈을 벌었어.

06 She's not good with people.

~을 잘 다루다/지내다 | I want to tell you straight off that I'm a coward. I'm really not very good with pain. (망설임 없이 말할게. 나 겁쟁이야. 난 정말 고통을 잘 못 참아.)
– from a novel, *Harmful Intent*

07 The climate doesn't bother us.

신경 쓰이게 하다, 괴롭히다 |
Don't even bother coming back. (애써서 돌아올 거 없어.) – from a movie, *The Devil Wears Prada*

08 I'd like to see them taken care of.

보살핌을 받다 | It looks like you had some kind of an infection that wasn't taken care of properly. (네가 뭔가에 감염되었다가 적절히 치료를 받지 못한 것 같아.) – from a movie, *21 Grams*

09 You can reach me at the office.

(전화로) 연락하다 |
Hi, you've reached Stuart. Please leave a message. (안녕하세요. 스튜어트입니다. 메시지를 남겨 주세요.) – from a movie, *Kate & Leopold*

10 I understand how you feel.

내 기분이 어떤지[네 기분을] |
"Is that how you feel about it now?" Astrid watched the hurt on Jessica's face and her heart went out to her. ("그 일 때문에 지금 그런 기분이 드는 거야?" 애스트리드는 상심으로 가득한 제시카의 얼굴을 보았고 그녀에게 안쓰러운 마음이 들었다.) – from a novel, *Now And Forever*

---

06 그녀는 사람들을 잘 못 대해.　07 기후 나쁘지 않아.
08 그들이 보살핌 받는 걸 보고 싶어요.　09 사무실로 전화하면 나하고 통화 돼.
10 네 기분 내가 이해해.

MP3 #**131**

11 I need time off.

휴식, 일시적인 활동 중단 |
You need some time off, that's all. (너 휴식이 필요하다는 거야. 그게 다야.) – from a novel, *The Street Lawyer*

12 I was not surprised to hear that.

그 얘기를 듣다 |
I heard that. I got your number. If he shows, I'll give you a call. (얘기 들었어요. 제가 그 쪽 전화번호를 알고 있으니까 그가 나타나면 전화 드릴게요.) – from a novel, *The Confession*

13 We should lower his salary.

내리다, 낮추다 |
Can you lower your voice just a little bit, please? (목소리를 조금만 낮추어 주시겠어요?) – from a movie, *Inside Man*

14 Is anyone sitting here?

앉다, 앉아 있다 |
His father left him sitting there, walked to the truck, and drove out of the cemetery. (그의 아버지는 그를 거기에 앉혀놓은 채로 트럭으로 걸어가서는 묘지 밖으로 차를 몰고 나갔다.) – from a novel, *On Bear Mountain*

15 I can't stand women like her.

참다, 견디다 |
I hate lipstick. I can't stand it. (난 립스틱 싫어. 참을 수가 없어.) – from a movie, *The Mirror Has Two Faces*

---

11 난 휴식이 좀 필요해. 12 그 얘기 듣고 난 별로 놀라지 않았어.
13 그의 봉급을 내려야 돼. 14 여기 자리 임자 있나요?
15 난 그녀 같은 여성은 못 참아.

16 I've been waiting all day for you.

하루 종일 | I had this really vivid dream about you last night. I haven't been able to stop thinking about it all day. (어젯밤에 네 꿈을 정말 생생히 꿨어. 하루 종일 그 생각을 떨쳐버릴 수가 없었어.) – from a book, *Eat, Pray, Love*

17 I don't know why I continue to do this.

이유를 모르겠다 |
I don't know why, but I scarcely thought about what it would mean to Bonnie and Meredith. (이유는 모르겠어, 하지만 난 그게 보니와 메러디스에게 무슨 의미인지를 거의 생각해본 적이 없었어.) – from a novel, *The Vampire Diaries: The Return: Nightfall*

18 When exactly are you expecting him?

정확히 언제 | My dad surveyed the room, probably wondering when exactly Alex or myself had become so interested in female pop starts. (우리 아빠는 방을 살폈다. 표정으로는 정확히 언제부터 알렉스나 내가 여자 팝 스타에 그렇게 관심을 갖게 되었는지를 궁금해하는 것 같았다.) – from a novel, *The Devil Wears Prada*

19 You heard me right.

내 말 들었어 | You heard me, I can't go. The doctor called today with the blood results, and as of right now, I'm not allowed to leave my apartment for the next three weeks. (들은 대로야. 난 못 가. 의사선생님이 오늘 전화해서 혈액검사결과를 말씀해주셨어. 지금 당장은 아파트에서 꼼짝 못해. 앞으로 3주 동안은.) – from a novel, *The Devil Wears Prada*

20 It's an offer he can't refuse.

거부하다, 거절하다 | I told him I wouldn't teach him anymore. But he refused to accept it. (나는 그에게 더 이상 가르치지 않겠다고 말했어. 그런데 그가 받아들이기를 거부한 거였어.) – from a movie, *Notes On A Scandal*

---

16 널 하루 종일 기다렸어.　17 내가 왜 계속 이 일을 하고 있는 건지 모르겠어.
18 정확히 그가 언제 오는 거예요?　19 들은 대로예요.
20 그건 그가 거절할 수 없는 제안이야.

MP3 #**132**

21 Let's not start that **again**, all right?

그 말을 꺼내다, 그 일을 시작하다 |
It seemed a thousand years since she had started that project, and it seemed so unimportant now. (그녀가 그 프로젝트를 시작한 지 천 년은 지난 것 같았다. 그래서 지금은 전혀 중요하지 않은 것처럼 느껴졌다.) – from a novel, *A Perfect Stranger*

22 Business hasn't been good for years.

몇 해 동안 |
For years, he had been frustrated with his small shoemaking business. (몇 해 동안 그는 자신의 소규모 신발제조업 때문에 심하게 절망상태였다.) – from a novel, *Strengthsfinder 2.0*

23 I'm not gonna debate this.

논쟁하다, 토의하다 |
The issue will be debated on Tuesday. (그 문제는 화요일에 토의될 겁니다.) – from a dictionary, *Longman*

24 It concerns my future.

영향을 주다, 관련되다 |
It concerns my future. I need the information now. (내 미래가 걸린 문제야. 난 그 정보가 필요해. 지금 당장 말이야.) – from a movie, *Wall Street*

25 I'll make it up to you.

보상하다 |
I'm gonna think of some way that you can make it up to him. (네가 그 사람에게 보상할 수 있는 방법을 좀 생각해볼게.) – from a movie, *As Good As It Gets*

---

21 그 이야기는 다시 하지 말자, 알았어?
22 사업이 몇 년 동안 계속 별로였어.   23 이 문제로 왈가왈부하지는 않겠습니다.
24 그건 내 미래에 관련된 문제야.   25 그 대신에 제가 잘할게요.[충분히 보상해드릴게요.]

26 One day you'll be proud of me.

~을 자랑스러워하다, ~에 자부심을 갖다 |
You know, Grace was so proud of you. She saved all your articles. She bragged about you. (있잖니, 그레이스는 너를 정말 자랑스러워했어. 네 기사는 다 모았어. 그리고 너를 얼마나 자랑하고 다녔는지 몰라.) – from a movie, *Perfect Stranger*

27 I can't believe she didn't tell you all this.

믿을 수가 없다 |
I can't believe we're doing this! I would only do this with you! (우리가 이런 짓을 하다니 정말 믿어지지 않아! 너하고 있을 때만 내가 이래.) – from a novel, *Choosing To See: A Journey of Struggle And Hope*

28 He's very serious about this.

진지한, 심각한 |
I'm serious. I could really use the money right now. (나 지금 심각해. 지금 당장 그 돈이 절실히 필요해.) – from a movie, *Man On The Moon*

29 We need to keep in touch.

계속 연락하다 |
How can I keep in touch with you? (어떻게 당신과 계속 연락을 할 수 있을까요?) – from a movie, *Fled*

30 We can't be seen together.

남의 눈에 띄다, 들키다 |
On weekends he could be seen lounging on the quad in blue jeans. (주말이면 그는 건물로 둘러싸인 뜰에 청바지를 입고 느긋하게 앉아 있는 모습이 눈에 띄곤 했다.) – from a novel, *Angles & Demons*

---

26 언젠가 나를 자랑스러워하게 될 거야.
27 그녀가 네게 이 모든 것을 말해주지 않았다니 믿어지지 않는걸.
28 그는 지금 이 문제에 대해서 대단히 진지해.   29 우린 계속 연락하면서 지내야 돼.
30 우리가 함께 있는 모습이 남의 눈에 띄면 안 돼.

MP3 #133

01 You need to unwind.

긴장을 풀다 |
If you don't get her to unwind a little bit and clear her head, she's getting loopy. (그녀가 긴장을 좀 풀고 머리가 개운해지도록 해주지 않으면 걔 미쳐버릴 거야.) – from a movie, *Tail Lights Fade*

02 Look on the bright side.

긍정적으로 생각하다 |
If there was one thing Mrs. Huber was known for, it was her ability to look on the bright side. (허버 여사가 사람들에게 잘 알려진 특징이 하나 있다면 세상을 긍정적으로 바라보는 능력이다.) – from a TV series, *Desperate Housewives*

03 The car is gas-guzzling.

기름을 많이 먹는 |
Can you swap your gas guzzler for public transportation? (기름 많이 먹는 차량을 대중교통으로 바꿀 수 있을까?) – from a magazine, *Oprah Magazine*

04 Don't let anybody touch it.

만지다 |
She touched his hand and he turned to face her again. "I must go now." (그녀는 그의 손을 만졌고 그는 몸을 돌려 그녀와 다시 얼굴을 마주했다. "나 지금 가야 돼.") – from a novel, *A Perfect Stranger*

05 It didn't affect her.

영향을 주다 |
It really doesn't affect me. (그렇게 한다고 내가 달라지는 건 정말 하나도 없어.) – from a movie, *One True Thing*

---

01 너 긴장 풀고 좀 쉬어야겠다.   02 사물의 밝은 면을 보도록 해. 긍정적으로.
03 그 차는 기름 엄청 먹어.   04 그거 아무도 못 건드리게 해.
05 그건 그녀에게 별다른 영향을 주지 못했어.

06 I haven't seen him in ages.

오랫동안 |
I haven't been to the movies in ages. (난 영화 보러 간 지가 정말 오래됐어.) – from a movie, *My Girl*

07 Nothing is the way it used to be.

한 때 ~했었다 |
I used to feel the same way. (나도 한 때 같은 기분이었어.) – from a TV series, *Desperate Housewives*

08 We ended up hating each other.

결과적으로 ~하게 되다 |
How did you end up writing obituaries? (어떻게 사망기사를 쓰는 일을 하게 되었어요?) – from a movie, *Closer*

09 Your worries are over.

끝나다 |
She regained her balance and fixed her dark eyes on the phone. "I swear on my life, before this night is over, I will find you." (그녀는 다시 균형을 잡고 자신의 검은 눈을 전화기에 고정시켰다. "내 목숨을 걸고 맹세할게. 이 밤이 끝나기 전에 너를 반드시 찾겠어.") – from a novel, *Angles & Demons*

10 I'm far from perfect.

완벽한 |
Everything Jacques Saunière had done tonight suddenly made perfect sense. (Jacques Saunière가 오늘 밤에 한 모든 행동들이 갑작스럽게 완벽한 조화를 이루며 논리적으로 다가왔다.) – from a novel, *The Da Vinci Code*

---

06 그를 본지가 정말 오래됐어.   07 아무 것도 옛날 모습 그대로인 건 없어.
08 우리는 결국 서로 미워하게 됐다.   09 네 걱정거리도 끝났어 이젠.
10 난 완벽과는 거리가 멀어.

MP3 #**134**

11 He called in sick.

아파서 출근하지 못한다고 전화하다 |
I called the office this morning. They said you called in sick. (아침에 사무실로 전화했었어. 네가 아파서 출근 못한다고 전화했다면서.) – from a movie, *She's The One*

12 I'm a bit worn out.

몹시 피곤하다, 고달프다 |
You're wearing yourself out with those walks every day. (매일 그렇게 걸으니 피곤하죠.) – from a movie, *The Green Mile*

13 I don't know how to start the engine.

어떻게 해야 되는지 |
I'd like to talk with you about how to handle a problem I have with my boss at work. (너하고 대화 좀 하고 싶어. 직장에서 상사와 문제가 있는데 그걸 어떻게 풀어야 될까 말이야.) – from a novel, *Why Men Don't Listen And Women Can't Read Maps*

14 I smelled coffee on your breath.

냄새를 맡다, ~의 냄새가 나다 |
Tench leaned across the desk, and Gabrielle could smell her nicotine breath. (텐치는 책상에 기댔고 가브리엘은 그녀의 입에서 니코틴 냄새를 맡았다.) – from a novel, *Deception Point*

15 Have it your way.

당신 방식대로 |
Don't worry if she's quiet—that's just her way. (그녀가 말이 없더라도 걱정하지마. 그건 그녀의 스타일이야.) – from a movie, *The Green Mile*

---

11 걔는 아파서 출근 못한다고 전화했어. 12 제가 좀 피곤해서요.
13 시동 거는 법을 모르겠어. 14 너 입에서 커피 냄새 난다. 15 너 좋을 대로 해. 마음대로.

16 The weather got nasty.

형편없는, 고약한 |
Even when you guys are nasty it sounds polite. (댁 같은 사람들은 말을 고약하게 할 때도 공손하게 들리는군요.) – from a movie, *If Only*

17 It's supposed to snow this afternoon.

~하기로 되어 있다 |
He's not supposed to be here till 11:00. (그는 11시나 되어야 올 거야.) – from a TV series, *Sex and the City*

18 You'll find a parking lot on your right.

주차장 |
Suddenly you're the woman who's wandering around the parking lot looking for your car. (갑자기 차를 찾으러 주차장을 헤매고 다니는 여자가 된 거야.) – from a magazine, *Shape*

19 The company went broke.

파산하다 |
I used to manage an art gallery in SoHo. But it went broke. (한때 소호에서 미술갤러리를 운영했어요. 하지만 파산했죠.) – from a movie, *Eyes Wide Shut*

20 He's not only angry but hurt.

A뿐 아니라 B도 |
I wanted to provide not only the answer, but an unexpected fresh perspective. (나는 질문에 대한 대답뿐 아니라 예상치 못했던 신선한 시각까지도 보여주고 싶었다.) – from a book, *Jack*

---

16 날씨가 아주 고약해졌어.　17 오늘 오후에 눈이 온대.　18 오른쪽에 주차장이 있을 거야.
19 그 회사 파산했어.　20 개는 화도 난 데다가 마음에 상처까지 입었어.

MP3 #**135**

21 That's what I said.

내가 말한 것[내 말이 그 말] |
You've heard me, but you aren't really mulling over what I've said. (넌 내 말을 들었으면서도 내가 한 말을 심사숙고 하지 않잖아.) – from a book, *Who's Got Your Back*

22 I have no desire to see him.

욕구, 바라는 것 |
Has he expressed a desire? (걔가 그걸 원한대?) – from a movie, *Match Point*

23 I can't tell instant coffee from real.

구별[분간]할 수 없다 |
She might have been lying. Benjy couldn't tell. (그녀가 거짓말을 한 것일 수도 있었다. 벤지는 그걸 분간할 수가 없었다.) – from a dictionary, *Longman Contemporary Dictionary*

24 Where did you go to college?

어느 대학에 다니다 |
Where'd you go to med school? (어느 의대를 다녔어요?) – from a TV series, *Grey's Anatomy*

25 You may wonder why I am here.

~일지 모르겠다, ~일 수 있다 |
I may need to have somebody drive me into the garage to get my car. Or I'll take a cab if everyone's busy. (난 누군가에게 차를 가지러 차고까지 데려다 달라고 부탁해야 할 지도 몰라. 아니면 다들 바쁘다면 택시를 탈 수도 있고.) – from a novel, *Happy Ever After*

---

21 내 말이 그 말이야.   22 난 그를 만날 생각이 전혀 없어.
23 난 인스턴트 커피와 진짜 커피를 구별 못하겠어.
24 어느 대학을 다니셨어요?   25 내가 왜 여기에 왔는지 궁금할지 모르겠어요.

26 She's quite busy at the moment.

지금 |
Jenna, you're not yourself at the moment. (제나야, 넌 지금 원래 너 같지가 않아.) – from a movie, *13 Going On 30*

27 I'll be happy to wait.

기쁜 마음으로 ~을 하다 |
He was happy to put it off until he finished the next autopsy. (그는 다음 부검을 끝낼 때까지 기꺼이 그 일을 연기했다.) – from a novel, *Intervention*

28 Sorry to barge in like this.

불쑥 끼어들다[뛰어들다] | I'm sorry to barge in on you like this, but I really have to talk to you. (이렇게 불쑥 찾아와서 미안한데 난 정말 너하고 얘기를 좀 해야겠거든.) – from a movie, *13 Going On 30*

29 This takes less than five minutes.

~보다 덜 |
In less than 3 months, my life had gone from good to great. (3개월도 되지 않아서 나의 삶은 '좋다' 에서 '대단하다' 로 바뀌었다.) – from a novel, *The Success Principles*

30 I've worked my way through school.

계속 일을 하면서 다니다 |
I want to move into the city. And, hopefully, get a job as a photographer. Work my way through college. (도시로 이사하고 싶어. 그리고 희망하기로는 사진작가 직업을 갖고 싶고. 그래서 작가로서 일하면서 대학을 다니는 거지.) – from a movie, *Spiderman*

---

26 그녀는 지금 대단히 바빠.   27 기꺼이 기다리겠습니다.
28 이런 식으로 불쑥 찾아와서 미안해.   29 이건 시간이 걸려봐야 5분도 안 걸려.
30 저는 계속 일하면서 학교를 다녔어요.

MP3 #136

01 I thought I told you that.

~한 줄 알았는데[시제의 일치] |
"You really think I'm in great shape?" "Yes, I thought I made that clear." ("너 정말 내 몸이 아주 보기 좋다고 생각하는 거야?" "그래, 그건 내가 분명히 말한 것 같은데 왜.") – from a novel, *You Suck*

02 Don't expect a quick solution.

해결책, 해답 | How can she feel better when solutions are not what she needs? (해결책이 자신이 원하던 게 아닌데 그녀가 어떻게 기분이 좋아질 수 있겠어?) – from a book, *Mars & Venus*

03 Don't lecture me.

잔소리하다, 설교하다 |
Make his feelings more important than perfection and don't lecture or correct him. (완벽을 원하기보다는 그의 감정을 더 소중하게 받아들여라. 또한 그에게 잔소리를 하거나 그의 실수를 지적하려고 하지 말아라.) – from a book, *Mars & Venus*

04 You have my word.

약속 | Do I have your word on that, sir? (그것을 분명히 약속해주시는 겁니까?) – from a movie, *The American President*

05 I've had a rough day.

아주 힘든 날 |
A: Hey, Mike. Give me a pint. B: Rough day, huh? A: The worst. B: Sure you want a whole one? (A: 안녕, 마이크. 아이스크림 파인트로 하나 줘. B: 오늘 힘들었지? A: 최악이었어. B: 진짜 파인트를 통째로 달라고?) – from a movie, *Miss Congeniality*

---

01 내가 너한테 그 말을 한 줄 알았는데. 02 빠른 해결책을 기대하지는 마.
03 나한테 잔소리하지 마. 04 내가 약속할게. 05 오늘 정말 힘들었어.

06 I haven't had dinner.

저녁을 먹다 |
"I'm not getting back on that motorcycle." "You're not afraid of the bike, or of having dinner with me." "It's not a matter of fear but preference." ("다시는 그 오토바이 안 타." "오토바이가 무섭거나 나하고 저녁 먹는 게 무서운 건 아니지?" "두려움의 문제가 아니라 선호도의 문제지.") – from a novel, *Happy Ever After*

07 I'll make you a sandwich.

네게 ~을 만들어주다 | I have explicit orders to escort you down to the kitchen, have our chef make you anything you want. (내가 분명한 명령을 받았어. 널 부엌까지 에스코트하고 우리 주방장을 시켜서 네가 원하는 건 뭐든지 만들어주도록 하라는 명령 말이야.) – from a novel, *Deception Point*

08 I suggested we go have a beer and a sandwich.

제안하다 | I suggested that she do something with her talent. (나는 그녀가 자기 재능을 이용해서 뭔가를 하도록 제안했다.) – from a movie, *One True Thing*

09 I'm expected at the office in an hour and a half.

한 시간 반 | And the freeway, it was so much traffic. It took me an hour and a half to get here. (게다가 고속도로 말이야, 어찌나 교통이 혼잡하던지. 여기 오는 데 한 시간 반이나 걸렸어.) – from a movie, *Man On The Moon*

10 Nobody's said a word to me.

한 마디도 하지 않았다 |
"Did you know this is where I met James?" "You never said a word about his, Bernie." "Well, I'm telling you now." ("여기에서 내가 제임스를 만났다는 거 알고 있었어?" "버니, 너 이런 얘기 나한테 한 번도 한 적 없어." "지금 말하잖아.") – from a novel, *Getting To Happy*

---

06 나 아직 저녁 안 먹었어.   07 내가 샌드위치 만들어줄게.
08 나는 다같이 가서 맥주와 샌드위치를 먹자고 제안했어.
09 한 시간 반 후까지 사무실에 들어가 봐야 돼.   10 아무도 나한테 한 마디도 안 했어.

MP3 #**137**

11 He's a complete stranger.

완전한 |
At least he hasn't turned you into a complete idiot. (적어도 그는 당신을 완전 멍청이로 만들지는 않았잖아요.) – from a novel, *The Post-Birthday World*

12 I was in excellent physical condition.

훌륭한 |
I thought it was an excellent speech. (아주 훌륭한 연설이었어.) – from a movie, *The Sentinel*

13 I just got a phone call from her.

전화 한 통 |
Did Mordecai stop by? When he lived ten blocks away? Not one phone call! (모데카이가 언제 잠깐이라도 들렀어? 열 블록 떨어져 살면서? 전화 한 통도 없었잖아!) – from a novel, *A Perfectly Good Family*

14 He's not going to change his mind.

생각을 바꾸다 |
What can I do to change your mind? (내가 어떻게 해야 생각을 바꿀래?) – from a movie, *The Notebook*

15 He fell asleep on the sofa.

잠이 든, 자고 있는 |
I'm just getting Lucy asleep and you're making noise and everything. (나 지금 루시를 재우고 있는데 네가 시끄럽게 굴었어.) – from a movie, *I Am Sam*

---

11 걘 전혀 모르는 애야.　12 전 건강상태가 아주 좋았어요.　13 방금 그녀에게서 전화를 받았어.
14 걘 절대로 생각을 바꾸지 않을 거야.　15 그는 소파에서 잠들었다.

16 I'm not a morning person.

아침 형 인간 | "What time did you get up today?" "I was up at 6." "Why so early?" "Because I'm a morning person and am most awake then." ("오늘 몇 시에 일어났어?" "6시에." "왜 그렇게 일찍?" "아침 형 인간이잖아. 그 시간이면 거의 깨어있어.") – from a slang dictionary, *Urban Dictionary*

17 I can't afford a lawyer.

변호사 | Langdon suddenly sensed that he needed a lawyer. "I didn't do this." (랭든은 갑자기 변호사가 필요함을 느꼈다. "난 이런 짓 안 했어.") – from a novel, *The Da Vinci Code*

18 I told you things would work out.

해결되다 | It'll be all right, George. It'll work out. It always does. (조지, 괜찮아질 거야. 잘 해결될 거라고. 항상 그래왔어.) – from a movie, *Blow*

19 You're gonna learn a lot.

많이 배우다 | I always get a good laugh and learn a lot from him every time I see him. (항상 기분 좋은 웃음을 웃게 되고 그에게 많은 것을 배우게 돼. 그를 만날 때마다 말이지.) – from a book, *Who's Got Your Back*

20 How long have you worked for the company?

~에서 일하다 | Mr. Torrance, my name is Michael Haller. I work for the Public Defender's Office. Have we met before? (토랜스씨, 제 이름은 마이클 할러에요. Public Defender's Office에서 일하고 있죠. 우리 전에 만난 적 있던가요?) – from a novel, *The Concrete Blonde*

---

16 저는 아침형 인간이 아닙니다.　17 변호사를 살 돈이 없어.
18 일이 다 잘 해결될 거라고 말했잖아.　19 너는 많은 것을 배우게 될 거야.
20 그 회사에서 얼마 동안 일했어?

MP3 #**138**

21 There's a lot of competition out there.

경쟁 |
Don't look at this as a competition. (이것을 경쟁이라고 생각하지 말아요.) – from a movie, *Music and Lyrics*

22 At the moment I have nothing else to do.

그밖에는 ~할 게 아무 것도 없다 |
"I have nothing else to live for," she said suddenly. ("내겐 그밖에 다른 삶의 이유가 없어." 그녀는 갑작스럽게 말했다.) – from a novel, *On Bear Mountain*

23 He said with great hesitation.

망설임, 주저 |
After some initial hesitation, she decided to return the blender she had borrowed from me six months before. (처음에 조금 망설인 후에 그녀는 6개월 전에 나에게 빌려 간 믹서기를 돌려주기로 마음 먹었다.) – from a TV series, *Desperate Housewives*

24 I need to get a ton of information from her.

정보 |
Information later came out that the inmate wasn't licensed to drive the truck. (나중에 밝혀진 정보에 의하면 그 재소자는 그 트럭을 운전할 수 있는 면허가 없었다고 했다.) – from a book, *90 Minutes In Heaven*

25 You have my number.

전화번호를 갖고 있다 |
She's cute. Mind if I have her number? (저 여자 귀여워. 번호를 좀 딸 수 있을까?) – from a movie, *Diamonds*

---

21 바깥 세상에는 경쟁이 정말 치열해. 22 지금 다른 거 할 게 아무것도 없어.
23 그는 대단히 망설이면서 말했어. 24 난 그녀로부터 많은 정보를 얻어내야 돼.
25 너 내 전화번호 가지고 있잖아.

26 Have him call me this afternoon.

오늘 오후 |
So where did you go this afternoon after your meeting I called your cell a zillion times. (오늘 오후에 회의 끝나고 어디 갔었어? 휴대전화로 수도 없이 전화했는데.) – from a movie, *If Only*

27 It's time for us to go before he changes his mind.

우리가 ~을 할 시간이다 |
A: Maybe it's time for us to move on. B: Not everybody heals as fast as you, Logan. (A: 이젠 좀 훌훌 털고 앞으로의 일에 매진해야 될 때가 아닐까 싶은데. B: 모두 다 자네처럼 빨리 치유되는 건 아니야, 로건.) – from a movie, *X-Men: The Last Stand*

28 That's how it's done.

다 끝나다, 마무리되다 |
I thought you were, you know, done with me. (넌 나하고 끝난 줄 알았는데.) – from a movie, *Mona Lisa Smile*

29 It's a piece of cake.

대단히 쉬운 일 |
He makes that dance look like a piece of cake. (그가 그 춤을 추는 걸 보면 정말 쉬워 보여.) – from a dictionary, *Urban Dictionary*

30 He's quiet by nature.

선천적으로, 본래 |
I'm cautious by nature. (내가 원래 성격이 좀 신중해서 그래.) – from a novel, *The Object of My Affection*

---

26 걔한테 오늘 오후에 내게 전화를 좀 해달라고 부탁해줘.
27 걔가 생각을 바꾸기 전에 우린 지금 떠나야 돼.
28 그렇게 해서 그 일이 마무리 된 거야.   29 그건 식은 죽 먹기야.
30 그는 선천적으로 말이 없어.

MP3 #**139**

01 Thanks for offering to pick me up.

기다리는 사람을 차에 태우다 |
And remember, you're picking up David from school and we need milk. (그리고 잊지 마요. 학교에서 데이빗을 픽업하고 우유 사오는 거요.) – from a movie, *Trust The Man*

02 I was looking in the mirror.

거울을 들여다 보다 |
Have you looked in the mirror this morning? (오늘 아침에 거울 봤어?) – from a TV series, *Absolutely Fabulous*

03 Traffic was worse than I had expected.

~보다 나쁜 |
Kohler looked decidedly not well... he looked worse than usual. (콜러는 확실히 좋아 보이지 않았다. 평소보다 훨씬 안 좋아 보였다.) – from a novel, *Angels & Demons*

04 Don't flatter yourself.

알랑거리다, 자기가 잘난 줄 착각하다 |
Is everybody in this city so flattering? (이 도시 사람들은 모두 다 알랑거리기를 잘 해?) – from a movie, *Shallow Hal*

05 He helped himself to a cup of coffee.

알아서 자유로이 먹다 |
Please help yourself to some cake. (케이크 마음껏 먹도록 해.) – from a dictionary, *Longman*

---

01 저를 픽업해 주시겠다니 감사합니다.   02 나는 거울을 들여다보고 있었어.
03 교통이 내가 예상했던 것보다 훨씬 안 좋았어.   04 잘난 척하지 마. 너 아니거든.
05 그는 스스로 커피를 한 잔 끓여서 마셨다.

06 Her eyes were filled with tears.

~로 가득 차있다 |
You're filled with doubts. (넌 의심으로 가득하구나.) – from a magazine, *Elle*

07 She was completely dependent on him.

의지하는, 의존적인 |
He is a sweet child who is totally dependent on me. (그는 정말 사랑스럽고 나한테 완전히 의지하고 있는 아이이다.) – from a magazine, *Oprah Magazine*

08 She's always mad at me about something.

미친 듯이 화가 난 |
Why are you getting mad at me? (너 나한테 화내는 이유가 뭐야?) – from a movie, *Tail Lights Fade*

09 It'll happen before you know it.

순식간에 |
I should be back before you know it. (눈 깜짝할 사이에 돌아올 거야.) – from a movie, *Step Up*

10 Are you going to be okay without him?

괜찮은, 견딜만한 |
Is it okay, I asked, to tell these stories, when I... you know... do the eulogy? (괜찮을까요? 내가 물었다. 이런 얘기를 해도 되는 건지요. 제가…추도 연설을 할 때 말이에요.) – from a book, *Have A Little Faith*

---

06 그녀의 눈은 눈물로 가득 차 있었다.   07 그녀는 완전히 그에게 의지하는 상태였어.
08 그녀는 항상 나한테 뭔가 화가 나있어.   09 그 일은 너도 모르는 사이에 일어날 거야.
10 걔가 없어도 괜찮겠어?

MP3 #**140**

11 You've made me feel so good.

나를 ~하게 만들었다 |
I like to think it was a fleeting moment of satisfaction for my dear old professor: he had finally made me cry. (이렇게 생각하고 싶다. 그 순간이 존경하는 노교수께는 짧으나마 만족의 순간이었기를: 교수님을 보며 나는 결국 눈물을 흘렸다.) – from a novel, *Tuesdays With Morrie*

12 Who do you think is better-looking?

당신 생각에는 |
"Where do you think he stashed everything, Harry?" Nixon asked as he was pouring coffee. ("해리, 당신 생각에는 그가 그 모든 걸 다 어디에다 감춘 것 같아?" 닉슨은 커피를 따르면서 물었다.) – from a novel, *The Concrete Blonde*

13 You're more gorgeous in person.

직접 보니까 |
We're not going to have to meet every one of them in person, are we? (우리가 모든 사람을 다 직접 만나볼 필요는 없는 거잖아요, 안 그래요?) – from a movie, *X-Men: The last Stand*

14 She came over for lunch.

집에 들르다 |
Do you want me to come over, we'll talk about it? (내가 집으로 갈까? 그래서 그 얘기를 좀 할까?) – from a movie, *Man On The Moon*

15 I begged for forgiveness.

간청하다, 애원하다 | Please I'm begging you. Please let me have this Christmas with my family. (제가 간청합니다. 이번 크리스마스를 가족들과 함께 보낼 수 있도록 해주세요.) – from a movie, *Notes On A Scandal*

---

11 너 때문에 기분이 정말 좋았어. 12 네 생각에는 누가 더 잘 생긴 거 같아?
13 직접 뵈니까 훨씬 멋지시네요. 14 그녀는 점심을 먹으러 집에 들렀다.
15 나는 용서해달라고 간청했다.

16 It takes two to tango.

손바닥도 마주쳐야 소리가 난다 |
Don't blame him only for cheating the old woman out of her money, his wife helped. It takes two to tango. (그 할머니를 속여서 돈을 빼앗았다는 것에 대해 그만 탓하지 말라. 그의 아내가 도왔으니까. 결국 손바닥도 마주쳐야 소리가 나는 법이니까.) – from a dictionary, *Urban Dictionary*

17 She was worth the wait.

~의 값어치가 있는 |
Your reputation is still worth something to this hospital. (당신 명성은 아직 이 병원에 뭔가 값어치가 있어.) – from a TV series, *House*

18 I don't know how to win over her family.

자기편으로 끌어들이다 |
We'll be working hard over the next ten days to win over the undecided voters. (우리는 앞으로 10일 동안 열심히 뛰어서 아직 결정하지 못한 투표자들의 마음을 사로잡을 겁니다.) – from a dictionary, *Longman*

19 I don't want to see you get hurt.

상처를 받다[입다] |
Mr. Thurman looks after people if they get hurt on the job. (서먼 씨는 사람들이 근무 중에 상처를 받으면 그들을 돌봐준다.) – from a novel, *Nothing To Lose*

20 Don't be so sarcastic.

빈정대는, 비꼬는 |
A soft answer is always better than a sarcastic one. (부드러운 대답이 빈정대는 대답보다 좋다. 항상.) – from a book, *Purpose Driven Life*

---

16 손바닥도 마주쳐야 소리가 난다. (고장난명: 孤掌難鳴)
17 그녀는 기다릴만한 값어치가 있었어.
18 그녀의 가족을 어떻게 해야 내 편으로 만들 수 있을지 모르겠어.
19 난 네 마음이 다치는 걸 보고 싶지 않아.   20 그렇게 빈정대지 마.

MP3 #**141**

21 She isn't the girl for me.

나를 위한[위해서] |
"You couldn't stand up for me?" "I'm sorry. It's complicated. There's his family, too. And they?" "Did you go with someone?" ("날 지지해줄 수는 없었어요?" "미안해. 상황이 좀 복잡했어. 걔 가족도 있었고. 게다가 그 사람들이?" "누구하고 같이 갔어요?") – from a novel, *For One More Day*

22 Express your opinions.

표현하다, 의사표시를 하다 |
It was how I felt. I wanted to express myself. (난 그렇게 느꼈어. 난 내 생각을 말하고 싶었던 거야.) – from a movie, *How To Lose A Guy In 10 Days*

23 I was 45 minutes late to dinner at their house.

저녁식사에 | I wanted to invite you to a dinner Orson and I are having this Saturday. (너희들을 오슨과 내가 이번 토요일 저녁식사에 초대하고 싶었어.) – from a TV series, *Desperate Housewives*

24 He answered the door.

답하다 | Trish reported that, according to neighbors, JoLayne had not come out of her house all morning and was not answering the telephone. (트리쉬의 보고에 의하면, 이웃의 이야기로는, 조레인이 아침 내내 집밖으로 나오지 않았고 전화도 받지 않았답니다.) – from a novel, *Lucky You*

25 I completely blanked on her name.

갑자기 아무 생각이 안 나다 |
I just blanked in the oral exam. (구술시험을 보는데 갑자기 아무 생각이 안 나는 거야.) – from a dictionary, *Longman*

---

21 그녀는 내 여자가 아니야.   22 너의 의견을 말해봐.
23 난 걔들 집에서 있었던 저녁식사에 45분 늦었어.   24 그가 문을 열어줬어.
25 갑자기 그녀의 이름이 까맣게 생각나지 않는 거야.

26 She's not really into it.

그것에 빠지다, 그것을 좋아하다 |
I'm really into folk music. (나는 정말 포크음악을 좋아해.) – from a dictionary, *Longman Contemporary Dictionary*

27 It was totally awesome.

굉장한, 최고의 | I just wanted to say I think you're awesome. (난 그저 당신이 정말 대단하다고 말하고 싶었어요.) – from a movie, *Trust The Man*

28 It was a nice surprise.

뜻밖의 놀라운 일[소식] | Mindy stood up and leaned over the desk to shake his hand. "Hello, Paul," she said. "This is a surprise. Have a seat." (민디는 일어서서 책상에 몸을 기대고는 그와 악수를 했다. "잘 있었어, 폴?" 그녀가 말했다. "정말 놀라운 걸. 앉아.") – from a novel, *One Fifth Avenue*

29 He gave me a lot of advice on it.

충고 | "Because I'm getting married soon, and I would like some advice." "You're too old to be getting married." ("내가 곧 결혼할 거라서 충고를 좀 듣고 싶어서." "넌 너무 나이 들어서 결혼 못할 텐데.") – from a novel, *Committed*

30 The way I work, I'm always very prepared.

준비된, 준비된 상태에 있는 |
He wasn't sure why Mr. Maynard wanted him to appear at Langley to discuss such a matter, but he was determined to be prepared. (그는 왜 메이너드씨가 자기를 Langley에 불러 그런 문제를 상의하고 싶어하는지는 확실히 몰랐지만 준비는 제대로 해야겠다고 다짐했다.) – from a novel, *The Brethren*

---

26 그녀는 그 일에 그렇게 빠져 있진 않았어.   27 그건 정말 엄청났어. 최고였지.
28 정말 깜짝 놀랄 일이었어. 아주 기분 좋았어.
29 그는 내게 그 일에 대해서 많은 충고를 해주었어.
30 내가 일하는 스타일은, 난 항상 철저하게 준비된 상태에서 일한다는 거야.

MP3 #**142**

01 You got that wrong.

그걸 오해했다 |
He doesn't care about you like that. I don't know. I mean, maybe I got it all wrong. Has the guy asked you to the prom? (걔는 너한테 그런 식으로 관심 있는 게 아니야. 모르겠다. 그러니까, 아마 내가 완전 오해했을 수도 있지. 걔가 너한테 프롬에 같이 가자고 부탁하든?) – from a movie, *She's All That*

02 We'll have to just wait and see.

두고 보다 |
We will just have to wait and see how things develop. (상황이 어떻게 전개되는지를 우린 그냥 두고 볼 수밖에요.) – from a dictionary, *Longman Contemporary Dictionary*

03 I can't take on that responsibility.

일을 맡다, 책임을 지다 |
I used to take on more work than I could handle. (난 내가 처리할 수 있는 이상의 일을 떠맡곤 했어.) – from a magazine, *Cosmopolitan*

04 I'm not going to do anything I think is wrong.

절대로 ~을 하지 않을 것이다 |
I'm not going to let my brother die for this. Whatever this capstone says... (절대로 우리 오빠가 이것 때문에 죽게 두지는 않을 거야. 이 관석에 뭐라고 쓰였든…) – from a novel, *The Lost Symbol*

05 Things happen.

세상의 모든 것, 어떤 일이든 |
"Ah," the Blue Man said. "I imagined as much. Things don't change here."("아," 그 파란 사람이 말했다. "나도 같은 생각을 했어요. 여기에서는 그 어떤 것도 변하지 않는답니다.") – from a novel, *The Five People You Meet In Heaven*

---

01 네가 그걸 오해한 거야.   02 우린 그냥 두고 볼 거야.
03 내가 그 책임을 질 수는 없어.   04 난 내 생각에 잘못된 짓은 절대 하지 않아.
05 그런 일은 늘 일어나잖아.

06 You should learn to cope with it.

이겨내다, 대처하다 | How does he cope with that? (그는 그 상황을 어떻게 이겨내나요?) – from a movie, *About A Boy*

07 You have to move on.

계속 움직이다, 극복하고 앞으로 나가다 | Someone provokes you, and instead of just smiling and moving on, you zing them? (누군가 짜증나게 할 때 웃고 그냥 넘어가는 대신에 그들을 맹렬히 비난한다고?) – from a movie, *You've Got Mail*

08 I was at a friend's place for dinner last night.

저녁을 먹으러, 저녁식사를 위해서 | When she'd finished her last interview, they'd met for dinner at Da Silvano. (그녀의 마지막 인터뷰가 끝나고 나서 그들은 저녁식사를 위해 다 실바노에서 만났다.) – from a novel, *One Fifth Avenue*

09 Keep your hands off me.

~에서 손을 떼다 | What's going on is if anybody sees us together, both of us are gonna be dead. So will you just take your hands off me? (지금 돌아가는 상황은 우리가 함께 있는 걸 누가 보면 우리 둘 다 죽는다는 거야. 그러니까 손 좀 치워줄래?) – from a movie, *The Island*

10 It blew my mind.

흥분이나 감동으로 어쩔 줄 모르게 하다 | Your uncle says you have something to tell me that will absolutely blow my mind. (너희 삼촌이 그러던데 너 나를 완전 감동시킬 무슨 할 말이 있다면서.) – from a movie, *Roger Dodger*

---

06 그런 일에 대처하는 법을 배워야 해. 07 그렇게 침체되어 있지 말고 움직여. 앞으로 나가야지.
08 어젯밤에는 친구 집에서 저녁을 먹었어. 09 나 붙잡지 마. 손 떼라고.
10 나 그거에 완전 감동 먹었어.

MP3 #**143**

11 Don't leave it all to the imagination.

상상 |
Your imagination to explain this monthlong delay gains our admiration, if not our credence. (한 달간 계속된 이 지연사태를 설명하는 너의 상상력은 우리의 감탄을 자아내고 있어. 신뢰감은 아닐지라도.) – from a novel, *Pirate Latitudes*

12 What does it matter if she doesn't love me?

그게 뭐가 중요한가? |
"What do you think happened to him?" "I don't know. What does it matter?" ("그에게 무슨 일이 있었던 것 같아?" "모르지. 그게 뭐가 중요한데?") – from a movie, *Valentine*

13 He started seeing her.

~와 데이트하다 |
"So, you, um... seeing anybody?" "Actually... I'm married." "Oh. How wonderful." ("그게, 음…만나는 사람 있어?" "사실…나 결혼했어." "아. 잘됐다.") – from a TV series, *Ally McBeal*

14 He wasn't himself that day.

자신의 본연의 모습 |
Believe in yourself. (너 자신을 믿어야 돼.) – from a movie, *Summer Catch*

15 I couldn't stop thinking about it.

~에 대해서 생각을 멈출 수가 없다 |
I can't stop thinking about what she sprung on me the last time. (그녀가 지난 번에 나한테 덤벼들었던 일이 계속 생각나는 걸.) – from a novel, *Basket Case*

---

11 너무 상상에만 맡기지 말고. 12 그녀가 나를 사랑하지 않는 게 뭐가 어때서?
13 걔 그녀와 데이트하기 시작했어. 14 그는 그날 자신의 본 모습이 아니었어.
15 그 생각을 멈출 수가 없었어.

16 I can't explain the feeling I had.

설명할 수가 없다 | "I can't explain it," he said. "I can't say anything about it. I just need to know what happens next." ("난 그걸 설명할 수가 없어," 그가 말했다. "난 그것에 대해서 아무 것도 설명할 수 없어. 난 그저 다음에 무슨 일이 일어나는지만 알아야겠어.") – from a novel, *Killing Floor*

17 They kept it a secret to protect me.

보호하다, 지키다 | You don't need to protect him. He's no friend of mine. (그를 보호할 필요 없어. 걔 내 친구 아니야.) – from a movie, *Bridget Jones's Diary*

18 He retired from work earlier this year.

퇴직하다, 퇴직시키다 | It says here you're already retired. (여기 적힌 대로라면 당신은 이미 퇴직된 상태인 걸요.) – from a movie, *Ocean's Twelve*

19 It makes me really depressed when I think about it.

우울한, 우울증에 걸린 | Didn't you admit to Dr. Cusamano that you were feeling depressed? (의사 쿠사마노에게 당신이 우울증에 걸려있다는 사실을 인정하지 않았어요?) – from a TV series, *Sopranos*

20 That night will stay with me forever.

영원히, 오랜 시간 | "That's a long way," Neagley said. "It could take forever. Rush hour has started." ("거긴 정말 멀어," 니글리가 말했다. "아마 하루 종일 걸릴 거야. 러시아워가 이미 시작됐거든.") – from a novel, *Bad Luck And Trouble*

---

16 내가 느꼈던 감정을 지금 설명할 수가 없어.　17 그들은 나를 보호하는 것을 비밀로 했다.
18 그는 올해 초에 퇴직했어.　19 그걸 생각하면 정말 우울해.
20 그날 밤은 영원히 잊혀지지 않을 거야.

MP3 #**144**

21 I met him through friends.

~을 통해서 |
We found one in a closed two-car garage standing separate from the house. We could see it through the window. (우리는 두 대의 차가 들어갈 수 있는 닫힌 차고 안에서 한 대를 발견했다. 차고는 집하고 분리되어 있었다. 우리는 그 차를 창문을 통해서 볼 수 있었다.) – from a novel, *The Enemy*

22 I was in the shower.

샤워를 하고 있다 |
Miss Jessica, you had a phone call when you were in the shower. I think they left you a message. (제시카 양, 샤워 중에 전화가 왔었어요. 메시지를 남겨 놓았을 거예요.) – from a movie, *Cellular*

23 He isn't the man I want to marry.

결혼하다 | What I want to say to you, Charley, is you are marrying a wonderful girl. (내가 너에게 말하고 싶은 건, 찰리, 넌 정말 멋진 여자와 결혼하는 거야.) – from a novel, *For One More Day*

24 We had a massive argument in the street.

심각한, 엄청나게 큰 |
He has massive amounts of family money. (그는 집에 돈이 엄청나게 많아.) – from a magazine, *Details*

25 Our relationship died that day.

죽다, 끝나다 | I would rather die than stay away from you. (차라리 죽는 게 낫겠어. 너와 떨어져서 지내느니.) – from a novel, *Twilight*

---

21 나는 그를 친구들을 통해서 만났어.   22 나 샤워하고 있었어.
23 그는 내가 결혼하고 싶어하는 남자가 아니야.
24 우리는 거리에서 말다툼을 엄청 했어.   25 우리 관계는 바로 그날 끝났어.

26 I've never regretted my decision for a moment.

후회하다 |
Don't make me regret my decision. (내가 나의 결정에 대해서 후회하게 만들지 마.) – from a movie, *Step Up*

27 I freaked out when I put on weight.

살찌다 |
I kept promising my parents I'd put on weight, but I didn't. (난 계속 부모님에게 살찌겠노라고 약속을 했지만 그러지 못했다.) – from a magazine, *Cosmopolitan*

28 He drove me to the hospital.

자동차로 바래다 주다 |
Do you want me to drive you home now, or... (내가 집까지 차로 바래다줄까, 아니면…) – from a movie, *The Door In The Floor*

29 It is his way of coping.

~의 방법 |
"I'm not ashamed to be seen here," adds Mum. "Why should I be ashamed? This is our new way of life." ("난 여기에서 사람들의 눈에 띄는 거 창피하지 않아," 엄마가 덧붙였다. "내가 왜 창피해야 돼? 이건 우리의 새로운 생활 방식이야.") – from a novel, *Mini Shopaholic*

30 You have given my life meaning.

의미 | I expect to board and eat, at the same table. I ain't a servant, if you get my meaning. (나는 자고 먹으면 돼요. 같은 테이블에서요. 난 종이 아니라고요. 무슨 의미인지 아시겠어요?) – from a movie, *Cold Mountain*

---

26 나는 잠시도 내 결정을 후회해본 적이 없어.   27 나는 살이 쪘을 때 기겁했다.
28 그는 차로 나를 병원까지 바래다 주었다.   29 그게 그가 어려움을 대처해나가는 방법이야.
30 네가 내 삶에 의미를 주었어.

MP3 #**145**

01 I can't bear to be without you.

참다, 견디다 |
Grin and bear it, like I usually do. And hope it doesn't get worse. (참아야지 뭐. 내가 보통 그렇듯이. 그리고 더 나빠지지 않기를 바라는 거야.) – from a movie, *Disclosure*

02 I get a kick out of thinking the results.

기쁨, 쾌감 |
I bet you even get a kick out of their suffering. (분명히 넌 그들이 고통 받을 때 쾌재를 부를 거야.) – from a novel, *Doctors n*

03 Out of the blue, it happened.

갑자기 |
An old girlfriend calls you out of the blue on Christmas eve. What do you do? (옛날 여자친구가 크리스마스 이브에 갑자기 전화를 한다. 그때는 어떻게 하세요?) – from a movie, *The Family Man*

04 I was petrified.

겁에 질린 | I can't help it. I'm absolutely petrified. (어쩔 수 없어. 나 너무 겁나서 정신 못 차리겠어.) – from a novel, *Doctors*

05 I started jogging after work.

조깅하다 |
Langdon looked up. Vittoria was pointing around the back of the church and waving to him. Langdon jogged reluctantly toward her. (랭든은 올려다 보았다. 비토리아는 교회 뒤편 주위를 가리키며 그에게 손을 흔들고 있었다. 랭든은 마지못해 조깅을 하며 그녀에게 다가갔다.) – from a novel, *Angels & Demons*

---

01 당신 없이 지내는 건 참을 수 없어요.　　02 그 결과를 생각만해도 쾌감이 느껴져.
03 갑자기 그 일이 생긴 거야.　　04 난 정말 겁에 질렸어.
05 나는 퇴근 후에 조깅을 시작했지.

06 He did it against her will.

~의 의지에 역행해서 |
Collier claims that police forced him to sign a confession against his will. (콜리어가 주장하기로는 경찰이 자기를 강요해서 자신의 의지와는 다른 자백에 서명하도록 했다는 것이다.) – from a dictionary, *Longman*

07 I turned down his offer to take me home.

거절하다 |
He threatened to kill himself if I turned down his proposal. (그는 내가 자기 청혼을 거절하면 죽어버리겠다고 협박했어.) – from a movie, *Running With Scissors*

08 Why didn't I see it coming?

그렇게 될 줄 알았다 |
I'm shocked. Did you see that coming? (충격이야. 넌 그렇게 될 줄 알았니?) – from a movie, *50 First Dates*

09 It can take a little while for them to realize it.

약간의 시간 |
I'll talk to him for a little while. See what he has to say. (걔하고 잠깐 얘기를 좀 해볼게요. 무슨 말을 하려는지 알아봐야죠.) – from a novel, *Deception Point*

10 Don't downplay the situation.

경시하다, 대수롭지 않게 생각하다 |
One person in Spears's camp downplays her heartbreak. (스피어즈 캠프의 한 사람은 스피어즈가 겪는 상심을 대수롭지 않게 말하고 있다.) – from a magazine, *US*

---

06 그는 그녀의 의지와는 달리 그런 행동을 했던 거야.
07 나는 나를 집까지 데려다 주겠다는 그의 제안을 거절했다.
08 나는 왜 그런 일이 있을 줄 진작에 몰랐을까?
09 그들이 그 사실을 깨달으려면 시간이 좀 걸릴 거야.
10 그 상황을 대수롭지 않게 생각하면 안 돼.

MP3 #**146**

11 Don't let him know your intentions.

의도 |
Lindsay broke up with Jasper and announced her intention to enter the convent the following June, after her graduation. (린제이는 재스퍼와 헤어지고 돌아오는 6월, 졸업 후에 수녀원에 들어가겠다는 자신의 의지를 밝혔다.) – from a novel, *South Of Broad*

12 Your life will never be the same.

같은 것 | He lay down on his bed. Put his hands behind his head. Started at the ceiling. I did the same. But I was thinking hard. (그는 침대에 누웠다. 손을 머리 뒤에 놓았다. 천정을 응시했다. 나도 똑같이 했다. 그러나 나는 열심히 생각하고 있었다.) – from a novel, *Killing Floor*

13 I felt uneasy with him.

마음이 불편하다 | Jeffrey had never seen so much money in one place. He felt increasingly uneasy. (제프리는 그렇게 많은 돈이 한 곳에 있는 걸 본 적이 없었다. 그는 마음이 점점 더 불편해졌다.) – from a novel, *Harmful Intent*

14 Get regular exercise.

정기적인 | It was open seven days a week. They said Snapper was a regular customer, one of their best. (그 가게는 1주일 내내 열었다. 그들의 말로는 스내퍼는 단골 손님으로서 최고의 고객이었다.) – from a novel, *Stormy Weather*

15 Take the stairs at work instead of the lift.

직장에서 |
After a bad day at work, a man suddenly gets a new job. (직장에서 힘든 하루를 보낸 후에 남자는 갑자기 새로운 직업을 갖게 된다.) – from a plot synopsis, *Bruce Almighty*

---

11 그가 너의 의도를 눈치채지 못하게 해.   12 너의 삶은 앞으로 결코 지금과 같지 않을 거야.
13 그와 함께 있으면 마음이 불편했어.   14 규칙적으로 운동을 해라.
15 직장에서는 엘리베이터 대신에 계단을 이용해라.

16 I agree with the decision made by you.

동의하다, 뜻이 같다 |
He may not agree with all your life choices either, but I'll bet he loves you. (그가 당신의 인생에서의 모든 선택에 동의할 수는 없겠지만 분명 그는 당신을 사랑하고 있을 겁니다.) – from a movie, *Good Advice*

17 I did it with a great deal of pride.

많이, 상당량 |
Thank you again for writing about this; you have helped me a great deal. (이것에 관해 글을 써주셔서 감사합니다; 제게 많은 도움이 됐어요.) – from a magazine, *Seventeen*

18 I went out with him for a short while.

~와 데이트하다 |
I'm not going out with this guy. (난 이 사람하고는 데이트하지 않을 거야.) – from a movie, *Must Love Dogs*

19 Don't let it ruin the mood.

망치다 |
You've ruined my life. (네가 내 인생을 망쳤어.) – from a movie, *Closer*

20 I was sitting with my bag on my legs.

~한 상태에서 |
We lay in bed with the window open. (우리는 창문이 열린 상태로 침대에 누워 있었다.) – from a dictionary, *Longman Contemporary Dictionary*

---

16 나는 네가 내린 결정에 동의해. 17 난 정말 커다란 자부심을 가지고 그 행위를 했던 거야.
18 잠깐 동안 그와 데이트를 했었어. 19 그런 일로 기분 상하지 마.
20 나는 가방을 무릎 위에 놓고 앉아 있었어.

MP3 #**147**

21 Don't try to solve your problems on your own.

풀다, 해결하다 |
This is how Wisconsin solved the problem. The first thing they did was to run the skull through a CT scan. (이렇게 위스콘신은 그 문제를 해결했다. 제일 먼저 그들이 한 것은 두개골을 CT 스캔하는 것이었다.) – from a novel, *The Burnt House*

22 It was dark by the time I got home.

어두운 | She shook her head, glad that the car was dark so they couldn't see her embarrassment. (그녀는 머리를 좌우로 흔들었고 자동차가 어두워서 자기가 당황하는 모습을 그들이 볼 수 없는 게 정말 좋았다.) – from a novel, *Stalker*

23 As I pushed open the door I smelt cooking.

밀다 |
Decker pushed the buzzer, and a moment later, the door clicked open. (데커는 버저를 눌렀고 잠시 후에 문이 찰칵 소리를 내며 열렸다.) – from a novel, *Cold Case*

24 I had no doubts.

의심 | His wife had class, no doubt about it. (그의 아내는 기품이 있었다. 거기에는 일말의 의심도 없었다.) – from a novel, *Skinny Deep*

25 I'm happily married.

결혼한 상태인 |
He knew that he had been married and had children, but he did not know the daughter's name. (그는 자기가 결혼했고 아이들이 있다는 사실을 알고 있었다. 하지만 딸의 이름은 몰랐다.) – from a novel, *The Girl Who Kicked The Hornets' Nest*

---

21 문제를 혼자서 풀려고 애쓰지 마.   22 내가 집에 도착했을 때는 날이 어두웠어.
23 문을 밀어젖혔을 때 요리냄새가 났다.   24 난 전혀 의심하지 않았어.
25 저는 행복한 결혼생활을 하고 있어요.

26 How can you do this to me?

네가 어떻게 ~할 수 있니? |
<But how can you be chatting with me?> <I'm pretty good with computers.> (《그런데 지금 어떻게 나하고 채팅을 할 수 있는 거니?》〈저 컴퓨터 굉장히 잘해요.》) – from a novel, *The Girl Who Kicked The Hornets' Nest*

27 To take my mind off it, I began redecorating.

~을 생각에서 지우다 |
Have dinner with a friend to take your mind off your troubles. (친구와 저녁을 먹으면서 골치 아픈 문제들을 좀 생각에서 떨쳐버리도록 해라.) – from a magazine, *Shape*

28 I put the house up for sale.

집을 팔려고 내놓다 |
As soon as you graduate from college I can put up the house for sale. (네가 대학을 졸업하자마자 그 집을 내놓으면 돼.) – from a novel, *Doctors*

29 She is fantastic at make-up.

굉장한, 최고의 |
You look fantastic. (너 정말 무지하게 멋있어 보여.) – from a TV series, *Sex and the City*

30 I was stunned by her reply.

크게 감동한 |
I can't say how much I appreciate this, Roy. I'm sort of stunned. (로이, 이거 정말 너무너무 고마워. 정말 감동 그 자체야.) – from a movie, *Angels In America*

---

26 네가 어떻게 나한테 이럴 수 있어?
27 그걸 마음에서 떨쳐 내보려고 난 실내장식을 다시 시작했다.
28 나는 집을 팔려고 내놓았다.   29 그녀는 화장을 정말 잘한다.
30 나는 그녀의 답장에 감동 먹었다.

DAY 50

MP3 #148

01 Don't bring up the subject.

꺼내다, 끄집어내다 |
Diane won't bring it up and we'll plant somebody in the audience. (다이앤은 절대 그 이야기를 꺼내지 않을 거고 우리는 청중 속에 사람을 심어놓을 거야.)
– from a movie, *Someone Like You*

02 I want you around all the time.

항상 | Amy is almost five years old, and you know how active they are at that age. I'm afraid she has to be watched all the time. (애이미는 거의 다섯 살이야. 그 나이면 얼마나 열심히 움직이는지 잘 알잖아. 항상 옆에서 지키고 있어야 될 정도야.) – from a novel, *I Tomorrow Comes*

03 He's addicted to being nice.

중독된 | Are you just addicted to causing trouble? (넌 지금 문제 일으키는 일에 중독된 거야 뭐야?) – from a movie, *Man On The Moon*

04 I find it impossible to say no.

불가능한 | The shuttle ran during the daylight hours. After dark it was pretty much impossible to get around without your own car. (셔틀버스는 낮 시간 동안 다녔다. 어두워지면 자기 차 없이 돌아다니는 것은 거의 불가능했다.) – from a novel, *The Girl Who Played With Fire*

05 She fell ill suddenly.

병에 걸리다 | Louise fell ill while she was on holiday. (루이스는 휴가중에 병에 걸렸다.) – from a dictionary, *Longman Contemporary Dictionary*

---

01 그 얘기는 꺼내지 마.   02 난 네가 항상 곁에 있으면 좋겠어.
03 그는 남을 향한 친절 행위에 중독되어 있어.   04 난 절대 거절을 못해.
05 그녀는 갑자기 아팠다.

06 He's a worthwhile person.

가치 있는 |
I hope you find it worthwhile. (나는 네가 그 일이 가치 있다는 사실을 알게 되었으면 좋겠어.) – from a movie, *The Door In The Floor*

07 I was emotionally exhausted.

지친, 기진맥진한 |
You must be exhausted. You look exhausted. (너 완전히 지쳤어. 정말 지쳐 보여.)
– from a movie, *Chances Are*

08 He's happy with my performance.

연기, 연주, 실적, 성과 |
They are based on performance. (그것들은 실적에 기초한다.)
– from a novel, *The Firm*

09 We met in our mid-20s.

20대 중반인 |
Everybody in here is in their 20s. (이 안에 있는 모든 사람들이 20대이다.)
– from a TV series, *Sex and the City*

10 Don't tell him I said so.

그렇게 말했다 |
They were a bit irritated and said so. 'God, we don't understand this. We spent all that time praying for things to go smoothly.' (그들은 좀 짜증이 나서 그렇게 말했다. '하나님, 이건 정말 이해가 안되네요. 그 시간 내내 상황이 순조롭게 진행되기를 기도했잖아요.') – from a novel, *Your Best Life Now*

---

06 그는 가치 있는 사람이야.　07 나는 감정적으로 너무 지쳐있었다.
08 그는 내 연기[실적]에 만족해하고 있다.　09 우리는 20대 중반에 만났다.
10 그에게 내가 그렇게 말했다고 얘기하지 마.

MP3 #**149**

11 I'll keep you safe.

안전한 |
Sophie checked her rearview mirror. "We need a safe place to figure out what that key opens." (소피는 백미러를 확인했다. "우리는 그 키로 열 수 있는 게 뭔지를 생각할 안전한 장소가 필요해.") – from a novel, *Da Vinci Code*

12 I'll tell you everything I know.

내가 ~을 잘 안다 |
I know you. We haven't seen each other or talked in a long time but I know you. (난 너를 잘 알아. 우리가 그 동안 제대로 만나지도 못했고 오랫동안 대화도 못했지만 난 널 잘 알아.) – from a novel, *A Darkness More Than Night*

13 There were signs of a fight.

흔적, 기색, 조짐 |
There was still no sign of them leaving. (여전히 그들이 떠날 기색은 없었다.) – from a magazine, *Glamour*

14 The rumors were groundless.

근거 없는 |
Fortunately my suspicions proved groundless. (다행스럽게도 나의 혐의는 근거 없다고 밝혀졌다.) – from a dictionary, *Longman*

15 He accused her of trying to ruin his life.

비난하다, 고소하다 |
When I revealed that an old girlfriend e-mailed me, Sara accused me of still having feelings for her. (옛 여자친구가 나에게 이메일을 보냈다고 사실대로 말하자 사라는 내가 아직도 그 친구에게 감정이 남아있다고 비난했다.) – from a magazine, *Cosmopolitan*

---

11 내가 너를 안전하게 지켜줄게.   12 내가 알고 있는 모든 것을 말해줄게.
13 싸운 흔적이 있었다.   14 그 소문은 전혀 근거 없었다.
15 그는 그녀가 자기 인생을 망치려고 했다고 비난했다.

16 That was a difficult decision for her.

결정 |
People make stupid decisions every day. (사람들은 매일 바보 같은 결정을 내리면서 살아간다.) – from a movie, *Step Up*

17 I don't want to cause you any more pain.

~을 하고 싶지는 않다 | "But I don't want to do that," I said. "No reason to penalize my guys, just because you're an asshole." ("하지만 난 그러고 싶지 않아," 내가 말했다. "우리 아이들을 처벌할 이유가 없어. 너같이 거지 같은 놈 때문에 내가 왜 그래야 되는데.") – from a novel, *The Enemy*

18 Did I do the right thing?

옳은 일 | When you heard the news that he'd confessed, you figured you'd done the right thing. (그가 자백했다는 뉴스를 들었을 때 넌 네가 옳은 짓을 했다고 생각했잖아.) – from a novel, *The Confession*

19 That's good thinking.

생각, 사고 |
I just need to do some thinking, that's all. (난 그저 생각을 좀 하고 싶다는 거야. 그게 다야.) – from a novel, *The Object of My Affection*

20 Will this do?

이거면 될까? | The feeling in the center of her palm was delicious. "Oh, that was nice." "You're a tease. All right then, will this do?" (그녀 손바닥 한가운데의 느낌은 아주 좋았다. "오, 아주 좋았어." "놀리긴. 좋아 그럼. 이거면 된 거야?") – from a novel, *Now And Forever*

---

16 그것이 그녀에게는 힘든 결정이었다.　17 네게 더는 고통을 주고 싶지 않아.
18 내가 옳은 짓을 한 거야?　19 그거 좋은 생각이야.　20 이거면 돼?

MP3 #**150**

21 You're getting personal!

개인의 신상에 관한, 개인적인 |
Why is it so important for you to know about my personal life? (내 사생활에 대해서 아는 게 당신에게 왜 그렇게 중요한 건데?) – from a movie, *Trust The Man*

22 I'm just telling you for your own good.

너(자신)의 이익을 위해서 |
Most self-criticism and self-judgment is motivated by love. Part of you is trying to motivate the rest of you to do something for your own good. (대부분의 자기비평과 자기판단은 사랑이 동기가 된다. 자신의 일부가 나머지에 자극을 주어서 뭔가 자신의 이익을 위한 일을 하게 만드는 것이다.) – from a novel, *The Success Principles*

23 My father's word was law.

법, 법률 | Your blood obeys the law of gravity. (혈액은 중력의 법칙을 따른다.) – from a novel, *Killing Floor*

24 What did you want to talk to me about?

나와 대화하다 |
I was just getting into a bath. You'll have to talk to me while I'm under bubbles. (나 지금 막 목욕 시작했어. 내가 거품목욕 중에 나하고 얘기해야 될 거야.) – from a novel, *One Fifth Avenue*

25 I could tell she was surprised.

~을 간파할 수 있었다 |
..., but she liked me. I could tell, because she brought me coffee. (…, 하지만 그녀는 나를 좋아했다. 난 알 수 있었다. 왜냐하면 그녀가 내게 커피를 가져다 주었으니까.) – from a novel, *The Enemy*

---

21 지금 너무 개인신상에 관한 걸 캐묻는 거 아니에요?
22 난 그저 너 자신의 이익을 위해서 말해주고 있는 거야.
23 우리 아버지의 말씀이 그 자체가 법이었어.　24 나하고 무슨 이야기를 하고 싶었던 거야?
25 그녀가 놀랐다는 걸 알 수 있었어.

26 That's why I came early.

일찍, 이른 시간에 | Judge Atlee arrived late for the commencement, sat in the back of row, left early, and said nothing to Ray. (판사 애틀리는 졸업식에 늦게 도착해서 줄 뒤쪽에 앉았다가 일찍 자리를 떴다. 그리고 레이에게는 아무런 말도 하지 않았다.)
– from a novel, *The Summons*

27 How do you know all that?

~을 어떻게 알아? | How do you know that guy isn't after your Lotto money? (그 남자가 네 로또 맞은 돈을 쫓는 사람이 아니라는 걸 네가 어떻게 알아?) – from a novel, *Lucky You*

28 She's not that kind of girl.

그런 류의 여성 | She was cute as hell, popular, hot, the kind of girl you want to put in your pocket and take home forever. (그녀는 정말 매력적이고 인기가 많았으며 섹시했다. 주머니에 넣어서 집으로 데려가 영원히 함께 있고 싶게 만드는 그런 여성이었다.) – from a novel, *The Confession*

29 My first crush was Barry Manilow.

열렬히 짝사랑하는 사람 | I wore a lot of makeup to the mall and thought I looked great, but my crush didn't say a word. (나는 화장을 짙게 하고 몰에 갔다. 난 스스로 그 정도면 아주 예뻐 보인다고 생각했지만 내가 짝사랑하는 그 사람은 아무 말도 하지 않았다.)
– from a magazine, *Seventeen*

30 It seemed like a chance to escape.

달아나다, 벗어나다 | I'm just tying you up so you can't escape in the night. (난 그저 당신이 밤에 도망갈 수 없게끔 묶어두는 것 뿐이야.) – from a movie, *A Life Less Ordinary*

---

26 그래서 내가 일찍 온 거야.   27 네가 그걸 다 어떻게 알아?
28 걔는 그런 여자가 아니야.   29 내가 처음 정열적으로 짝사랑했던 사람은 배리 매닐로우야.
30 그게 도망갈 수 있는 좋은 기회였던 것 같았어.

부록

오석태가 제안하는 바람직한 영어학습법 핵심 10가지

1. 원어민이 옆에 없어서 영어를 자꾸 까먹어요!!!

어찌 보면 참 당연한 변명 같죠? ^_^ 원어민이 없으면 영어를 활용할 기회가 없으니 기껏 공부해놓은 것을 다 까먹고 마는 거잖아요. 그럼 대책이 뭘까요? 원어민이 있으면 영어 절대로 잊어버리지 않고 잘할 수 있겠어요? 정말이요? ^_^ 그건 아니죠.

원어민의 유·무는 내 영어실력 향상에 결정적인 영향을 주지 못합니다. 물론 대화할 수 있는 원어민이 늘 옆에 있다면 그렇지 못한 경우와 비교해서 이득일 수는 있겠지만 그 이득이 절대적이지는 않다는 겁니다. 어차피 원어민과의 대화는 거의 변화 없이 정해져 있는 문장들과 똑같은 수준의 대화일 뿐 영어실력이 확장 발전되는 데에는 그다지 영향을 미치지 못합니다.

책을 보면서 좋은 표현들을 큰 소리로 변함없이 읽는 연습, 그게 절대적이에요. 표현들이 입에 붙어 다닐 정도로 많이 읽어서 거의 습관화시켜 놓으면 언제 어떤 다양한 상황이 발생해도 그 상황들에 맞는 적절한 표현들이 입에서 반사적으로 나가게 되는 겁니다. 한글로 생각하고 다시 영어로 번역하는 과정을 거치지 않고 말입니다. "설마~" 하지 마세요. 반드시 됩니다. 암요, 반드시 됩니다.

2. 영어는 해도 해도 안 돼요!!!

정말이요? 정말 해도 해도 안 되던가요? 그렇게 말할 수 있을 정도로 열심히 해 보셨어요? ^_^

가슴에 손을 얹고 생각해보니 그렇게까지 열심히 한 건 아니죠? 맞아요. 영어는 해도 해도 안 되지는 않습니다. 열심히 하면 반드시 됩니다. 단, 잘못된 방법으로 열심히 하면 아무 소용 없어요. 간단히 말해서 그냥 이 책에 제가 말씀 드리는 대로만 하세요. 그러면 됩니다.

그럼 진짜 어떤 상태를 보고 '열심히' 라고 말할 수 있을까요?
1년 365일 단 하루도 빠뜨리지 않고 하루에 최소 1시간 이상 영어문장을 읽으시는 겁니다. 그게 바로 '열심히' 의 뜻입니다. 그래 봐야 꼴랑 365시간이에요. 하루 24시간으로 따져보면 15일 밖에 되지 않죠. 허무하죠? 15일밖에 안 된다니 말이에요.
여기에서 가장 중요한 말은 '단 하루도 빠뜨리지 않고' 입니다. 이건 흥정의 대상이 아니에요. 하루에 30분만 하면 안 될까요? 이렇게 흥정하지 마세요. 물론 30분만 해도 안 될 건 없지요. 대신 영어가 가능해지는 시간이 길어질 뿐입니다.
기왕에 하시겠다고 마음먹었으면 악착같이 하세요. 그리고 1년 후에 당당해지세요. 그렇게 해보는 것이 1년 후에 지금과 전혀 변화 없이 여전히 영어 방랑자의 길을 걷는 것보다 훨씬 낫지 않을까요? ^_^

3. 영어회화에 문법은 필요 없는 거 아닌가요?

필요 없다고요? 아니죠, 절대적입니다. 문법을 모르면 영어를 절대 잘할 수 없습니다. 단, 무엇이 문법인지를 정확히 알고 하는 소리냐가 중요합니다.
우리가 이제껏 배워왔던 문법은 그저 형식적인 문법에 불과합니다. 그저 중요하죠. 하지만 그게 다가 아니라는 겁니다. 문법은 형식만으로 완성되는 게 아닙니다. 형식보다 중요한 건 문법의 내용입니다.
문법이 갖는 형식은 문장의 물리적인 뼈대를 결정하는 것이지 문장의 의미를 전달하지는 못합니다. 문법이 갖는 내용을 통해서 내 의사를 타인에게 전달할 수 있게 되는 겁니다. 문법의 내용이 내 생각을 표현하는 통로라는 겁니다.

will을 쓸 때와 be going to를 쓸 때 의미가 어떻게 달라지는지를 알아야 합니다. must를 쓸 때와 should를 쓸 때, 그리고 have to를 쓸 때 문장의 의미가 어떻게 달라지는지를 모르면 대화 도중에 엄청난 오해가 발생합니다.

어떤 상황에서 어떤 의도로 능동태를 쓰고 수동태를 써야 하는지를 정확히 알아야 대화가 물 흐르듯이 진행됩니다.

문법이요? 언어를 배울 때 그 필요성은 절대적입니다. 형식과 내용 모두를 완벽하게 이해하고 있어야 영어를 잘 할 수 있습니다.

4. 리스닝을 잘하려면 어떻게 해야 돼요?

리스닝을 잘할 수 있는 방법이요? 그 해답으로 참 많은 방법들이 제시되어 왔습니다. 단어를 많이 알아야 한다, 연음을 알아야 한다, 속어를 많이 알아야 한다 등등…. 다 맞는 말이죠. 당연히 단어를 많이 알아야 하고 연음을 제대로 할 줄 알아야 하며 속어도 많이 알아야 하고, 또 숙어도 많이 알고 있으면 좋고요.

그런데 그 방법이라는 게 뭡니까? 그 방법대로 내가 말을 할 줄 알아야 되는 겁니다. 그래야 들리는 겁니다.

무슨 소리냐고요? 단어를 많이 알아서만 되는 게 아니라 내가 알고 있는 단어들을 모두 문장 안에서 말로 구사할 수 있는 능력이 있어야 리스닝이 됩니다. 연음법칙을 알고 있다고 리스닝이 되는 게 아니라 정확한 연음으로 내가 많은 문장들을 말할 수 있어야 그에 따른 리스닝이 된다는 겁니다. 속어를 그냥 알고 있어서 되는 게 아니라 그 속어들을 정확한 발음으로 내가 평소에 구사할 수 있어야 리스닝이 됩니다.

숙어도 마찬가지입니다. 숙어를 외우고 있다고 리스닝이 되는 게 아니라 그 숙어들을 대화 중에 내가 정확히 구사할 수 있어야 리스닝이 되는 겁니다.

다시 정리해볼까요? 내가 아는 것만, 내가 직접 정확히 구사할 수 있는 것들만 리스닝이 된다는 겁니다. 결국 우리는 많은 문장들을 내 것으로 완전히 만들기 위해서 무진 애를 써야 된다는 거죠. 이게 정답 아닙니까?

5. 단어를 도대체 몇 개나 외워야 되는 건가요?

참 어리숙한 질문인데 우리는 이 질문을 정말 끝없이 하게 됩니다. 많이 외우고 있어야 좋다고요? 당연하겠죠. 하지만 10,000개의 단어를 외우고 있는 것보다 1,000개의 단어를 정확히 활용할 수 있는 능력을 갖추는 게 중요합니다. 10,000개를 모두 다 활용할 수 있다면 그거야 금상첨화죠.

하지만 우리 대부분은 10,000개의 단어 중에 100개도 제대로 활용할 능력이 안 된다는 게 지금의 현실입니다. 왜 그런 줄 아세요? 단어를 무조건 외워서 그렇습니다.

단어는 외우는 게 아닙니다. 이해하는 겁니다. 단어들을 정확히 활용할 수 있으려면 단어들의 근본적인 의미를 이해하고 있어야 합니다. 그래야 그 다양한 파생의미들을 감각적으로 처리할 수 있습니다.

hassle, harass, annoy이 세 개의 어휘가 모두 같은 뜻인 냥 사전에 나옵니다. 영한사전, 영어사전 등에 모두 그렇게 나옵니다. 이 세 단어가 모두 '괴롭히다'의 느낌을 전한다는 점에서는 같습니다. 하지만 그 근본의미는 모두 다릅니다. 그 근본의미를 모르면 절대 활용불가능입니다.

물론 정확히 리스닝을 할 수 없음도 당연한 결과입니다. 리스닝이란 어떤 특정한 단어를 듣는 것으로 끝나는 게 아니라 그 단어가 포함된 문장을 듣고 그 문장의 의미를 정확히 이해하는 것을 뜻합니다. 단어의 올바른 이해를 위해서 최선을 다하세요.

6. 수없이 많은 영어회화 책들, 도대체 어떤 책을 봐야 하나요?

아주 간단합니다.

페이지의 빈 공간을 채우기 위해서 의미 없는 문장들을 나열해 놓은 책을 선택해서는 안 됩니다. 한 문장, 한 문장이 실생활에 쓰일 수 있는 좋은 문장들로 가득한 책을 선택하셔야 합니다.

어떤 게 좋은 문장인지 어떻게 아냐고요? 그건 영어문장으로 이해하는 게 아니라 한글로 해석된 부분을 보면 알 수 있습니다.

예를 들어볼까요? "나는 커피를 마신다." 우리 말에 이런 말 있습니까? 없습니다.

"나 지금 커피 마시고 있어", "나 커피 마셔도 돼", "나 커피 못 마셔" 이런 문장들이 실제로 사용되는 우리 말입니다. 우리말 자체가 성립되지 않는 문장해석이 덕지덕지 붙어 있는 책은 좋은 책이 아닙니다.

"나는 커피를 마신다"가 영어로 뭐냐고요? 없습니다. 그런 문장은 절대 존재하지 않습니다. 그런데 우리 영어회화 책들을 보면 그 해석을 어떤 영어문장에 붙여 놓는지 아십니까? I drink coffee에 붙여 놓습니다. 그렇게 해석해놓은 책 보신 적 없으신가요? I drink coffee는 "나는 커피를 마신다"가 아니라 "나 평소에 커피 잘 마셔"라는 뜻입니다. "나 지금 커피 마시고 있어"는 I'm drinking coffee죠. 당연히. "나 커피 마셔도 돼"는 뭘까요? I can drink coffee입니다. 조동사 can이 '허락'과 '가능성'의 의미를 동시에 포함하고 있지요.

실생활에 바로 활용할 수 있는 표현들로 구성되어 있고 그 표현들에 대한 정확한 해석과 해설을 포함하고 있는 책, 그런 책으로 공부하셔야 합니다.

7. 받아쓰기는 좋은 방법인가요?

여러분은 한국어를 공부하는 외국인들에게 받아쓰기를 권하시겠습니까? 뭘 받아써야 하나요? 아니, 왜 받아쓰기를 해야 하는 겁니까? 받아쓰기가 필요한 이유가 뭘까요?

우리말로 돌아가볼까요? 우리는 언제 우리말 받아쓰기를 합니까? 초등학교에서 하지요? 왜 그걸 하는 겁니까? 내가 하고 있는 말과 어휘의 정확한 철자법을 알고 있는지를 확인하기 위해서입니다. 이미 말을 통해서 의사소통이 가능한 사람을 상대로 '철자법 확인의 방법'으로 받아쓰기를 한다는 겁니다. 이해되시죠?

그런데 우리는 영어로 대화를 전혀 할 수 없는 상태에서 받아쓰기 연습을 합니다. 영어뉴스를 틀어놓은 상태로 뉴스 내용 중에 빈칸이 그려져 있는 시험지를 앞에 놓고 학생들은 그 빈칸을 채워나가는 연습을 합니다. 그리고 나중에 선생님이 그 빈칸을 채워줍니다. 자랑스럽게. 마치 자기 귀에는 그 어휘들이 모두 들린다는 것을 자랑하듯이. 당연히 들리겠죠. 선생님은 수업시간 이전에 이미 수도 없이 듣고 연습을 해봤을 테니까. 그건 아닙니다.

받아쓰기는 영어회화 능력을 길러야 하는 사람들에게 아무런 도움을 주지 못함니다. 영어회화는 전체 영어실력 향상에 있어서 가장 먼저 정복해야 할 과제입니다. 영어회화가 잘 되는 사람이 영어뉴스를 소재로 공부할 수 있는 겁니다. 고로, 영어회화가 되지 않는 사람들끼리 앉아서 영어실력 향상이라는 명목으로 영어뉴스를 틀어놓고 받아쓰기 하는 것은 절대로 금해야 합니다. 물론, 팝송을 틀어놓고 받아쓰기 하는 것도 좋은 방법이 아닙니다. 다시 말해서, 어떤 내용으로든 받아쓰기는 하지 마십시오.

8. 친구들과 영어로 대화하는 건 좋은 방법인가요?

영어로 중무장되어 있는 상태라면 그렇게 하십시오. 그렇지 않으면 영어로 대화하는 게 아무런 의미 없습니다. 늘 같은 말과 틀린 영어만 반복되는 경우라면 절대 영어대화를 통해서 시간 낭비하지 마십시오. 그 시간에 정확한 문장을 익히기 위한 연습을 한 번이라도 더하세요. 그래도 친구들과 영어로 대화를 나누고 싶다면 나보다 영어를 잘하는 사람을 찾으세요. 그래야 하나라도 얻어갈 수 있습니다.

그렇다면 거꾸로 생각해보세요. 나보다 영어를 잘하는 사람이 왜 나하고 영어로 대화를 해야 합니까? 그 사람에게는 나와의 영어대화 시간이 시간낭비일 수밖에 없습니다. 그렇죠?

결론은 나와 영어실력이 비슷한 사람과 영어로 대화해야 하는 게 현실입니다. 친구들과 영어로 대화하고 싶다면 그렇게 하기 전에 영어실력을 한껏 높여 놓으세요. 그리고 어느 정도 자신감이 생겨서 비슷한 실력의 친구들과 영어대화를 트게 되는 시점이 왔다 해도, 그 이후에 여전히 영어회화 공부는 진행되어야 한다는 사실을 절대 잊지 마시고요.

잠깐 방심하는 사이, 영어실력은 곤두박질칩니다. 명심하세요.

9. 중학교 교과서로 영어를 다시 공부하는 건 어떨까요?

제발 그러지 마십시오. 제발 과거에 미련을 두지 마세요. 성인이면 성인에 맞는 소재로 공부해야 합니다.

중학생이 성인의 환경에 맞는 소재로 영어공부를 하는 건 나쁘지 않습니다. 하지만 성인이 중학교 교과서로 영어를 배우는 건 정말 옳은 방법이 아닙니다. 물론 의도는 좋습니다. 기초부터 다시 시작한다는 것. 중학교 교과서에 웬만한 건 다 나와 있다는 것. 맞습니다. 하지만 중학교 교과서에는 영어회화를 공부하고자 하는 성인들이 사용할만한 표현들은 전혀 나오지 않습니다. 그리고 현실과 동떨어진 내용들로 가득합니다.

단적인 예를 하나만 들죠. "한국에는 4계절이 있다. We have four seasons in Korea." 이거 공부하시렵니까? 이 말을 누구한테 하시려고요? 이게 성인이 공부해야 할 문장입니까?

과거로 돌아가서 다시 그 문장을 공부하지 않아도 여러분은 다른 방법과 소재를 통해서 이 말을 저절로 할 수 있는 능력을 충분히 갖게 됩니다. 과거로 돌아가지 마십시오. 과거로의 회귀, 그 자체가 영어학습에서는 독입니다.

성인은 성인의 지적 수준에 맞는 내용으로 공부해야 합니다. 단지 영어를 못한다는 이유로 성인의 지적 수준을 중학생 수준으로 낮춘다는 건 정말 말도 안 되는 일입니다. 지금 여러분이 보고 계신 이 책이 바로 여러분의 수준에 딱 맞는 책입니다. 자부심을 갖고 열심히 하십시오.

10. 영작공부는 어떻게 해야 하나요?

오해하지 마십시오. 우리말을 한 문장 적어놓고 그것을 영어로 바꾸는 작업이 영작이라고 생각하셨습니까? 우리말과 영어는 어순이 다르다면서 주어, 동사, 목적어, 보어의 순서를 논하면서 한 문장으로 정신 산란하게 만들어 놓는 게 영작이라고 생각하셨습니까?

아닙니다. 그런 작문은 세상에 없습니다. 지금 얘기하고 있는 그런 영작은 영작이 아니라 그냥 영어회화입니다. 영어회화를 통해서 배운 문장들을 논리적으로 펼치면서 하나의 단락을 완성시키는 것, 그것이 영작의 시작입니다.

하나의 단락에 포함되는 주제는 딱 한 가지이어야 합니다. 작문의 기본입니다. 글에는 서론, 본론, 결론이 있지요. 서론은 한 단락, 본론은 두 단락 이상, 결론은 한 단락, 그 정도로 생각하고 단락마다 하나의 주제로 논리적인 글을 써내려 가는 것, 그것을 수필이라 말하고, 그것을 작문이라고 하는 겁니다. 그 글을 일단 회화에서 배운 문장들로 꾸며나가 봅니다. 그리고 난 후에 구어체 영어문장과 문어체 영어문장의 차이를 익힙니다. 구어체 어휘와 문어체 어휘의 차이를 배웁니다.

말과는 달리 글에서는 어떻게 간결한 문장을 만들어내야 하는가를 배웁니다. 말과는 달리 글에서는 어떤 문법을 활용해야 글다운 글이 되는지를 배웁니다.

다시 말해서, 영작은 한 문장을 만드는 연습이 아니라 논리적이고 간결한 글을 써내려 가는 연습입니다. 그리고 그 영작의 시작은 역시 영어회화라는 것 잊지 마십시오.

책말미에

참 많은 책을 써오고 있습니다. 앞으로도 많은 책들을 쓰기 위해서 정말 많은 준비를 하면서 살고 있습니다. 긴 호흡과 짧은 호흡을 동시에 마스터해야 되는 과정입니다. 평생 글 쓰는 작업을 위한 긴 호흡과 한 권 한 권에 최고를 담아야 하는 짧은 호흡입니다. 세상을 떠날 때까지 50권에서 100권은 더 써야 할 것 같습니다. 그러기 위해서 규칙적인 호흡을 잃지 않으려고 무진 애를 쓰고 있습니다. 읽어야 할 책과 잡지, 봐야 할 영화와 연극, 들어야 할 음악. 떼어낼 수 없는 저의 부속품들입니다. 읽고 보고 듣고, 그리고 나서 정리해야 하는 시간들, 참 많은 시간들이 모이고 모여서 제 자신을 만들고 있습니다. 이렇게 영어로 중무장되는 이유, 단 한 가지입니다. 작게는 여러분 손에서 제대로 읽혀질 책, 크게는 여러분 인생의 큰 전환점이 될 수 있는 책을 만들어내기 위함입니다. 예, 그렇게 하기 위함입니다.

언제부턴가 교보문고 온라인에는 특정 저자들의 이력을 올려놓기 시작했습니다. 단기간 많은 책을 낸 저자들보다는 오랜 시간 꾸준히 책을 발표하고 있는 저자들 중심으로 서서히 이력을 올리고 있는 듯합니다. 이력을 올려놓는 저자들은 어떤 기준으로 정하는 것인지를 교보문고에 대놓고 전화해서 물어볼 수도 없는 노릇이므로 이력이 등재된 저자들을 surfing을 통해서 확인해본 결과 그런 인상을 받은 것입니다. 어찌됐든 교보문고 온라인에 올라있는 제 이력을 처음 본 순간 깜짝 놀랐습니다. 저의 저자 데뷔 년도가 정확히 적혀 있었던 겁니다. 1988년. 그리고 그 책 제목은 〈전화영어〉로 나와 있습니다. 데뷔라는 사실, 처음이라는 사실, 그 기억은 절대로 잊혀지지 않습니다. 지금의 제가 있게 해준 책입니다. 저를 저자로 데뷔시켜준 책입니다. 그 출판사는 〈종합출판〉이었습니다. 1988년의 〈종합출판〉. 그 〈종합출판〉의 문정구 사장님의 권유로 저는 저자로서의 첫 출발을 디뎠던 겁니다. 잊을 수 없는 이름입니다.

살아있다는 사실이, 방황하지 않고 외길을 걸어왔다는 사실이 넘치는 축복이었음을 느끼게 해줍니다. 감사합니다. 감사합니다. 눈물로 감사합니다.